*Tende o Senhor
no coração*

Dados Internacionais de Catalogação na Publicação (CIP)
(Câmara Brasileira do Livro, SP, Brasil)

São Bartolo, Mestre de
 Tende o Senhor no coração / Mestre de São Bartolo ; introdução de Daniele Libanori ; tradução de Mauricio Marsola. – Petrópolis, RJ : Vozes, 2023. – (Série Clássicos da Espiritualidade)

 Título original: Abbi a cuore il Signore.
 Bibliografia.
 ISBN 978-65-5713-736-9

 1. Manuscritos 2. Vida espiritual I. Libanori, Daniele. II. Título. III. Série.

22.133251   CDD-248.4

Índices para catálogo sistemático:
1. Vida espiritual : Cristianismo   248.4

Inajara Pires de Souza – Bibliotecária – CRB PR-001652/0

Mestre de São Bartolo

Tende o Senhor no coração

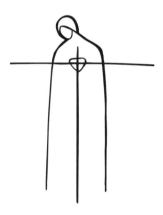

Introdução de Daniele Libanori

Tradução de Mauricio Pagotto Marsola

Petrópolis

© 2020 Edizioni San Paolo s.r.l.
Piazza Soncino 5 – Cinisello Balsamo (Milão) – Itália
www.edizionisanpaolo.it

Tradução realizada a partir do original em italiano intitulado
Abbi a cuore il Signore.
Título original: *Abbi a cuore il Signor*e. Cinisello Balsamo
(Milão): San Paolo, 2020.

Direitos de publicação em língua portuguesa – Brasil:
2023, Editora Vozes Ltda.
Rua Frei Luís, 100
25689-900 Petrópolis, RJ
Brasil

Todos os direitos reservados. Nenhuma parte desta obra poderá
ser reproduzida ou transmitida por qualquer forma e/ou quaisquer
meios (eletrônico ou mecânico, incluindo fotocópia e gravação)
ou arquivada em qualquer sistema ou banco de dados sem
permissão escrita da editora.

CONSELHO EDITORIAL
Diretor
Volney J. Berkenbrock

Editores
Aline dos Santos Carneiro
Edrian Josué Pasini
Marilac Loraine Oleniki
Welder Lancieri Marchini

Conselheiros
Elói Dionísio Piva
Francisco Morás
Gilberto Gonçalves Garcia
Ludovico Garmus
Teobaldo Heidemann

Secretário executivo
Leonardo A.R.T. dos Santos

Diagramação: Daniela Alessandra Eid
Revisão gráfica: Barbara Kreischer | Fernando Sergio Olivetti
da Rocha
Capa: Editora Vozes
Ilustração de capa: Lúcio Américo

ISBN 978-65-5713-736-9 (Brasil)
ISBN 978-88-922-2342-4 (Itália)

Este livro foi composto e impresso pela Editora Vozes Ltda.

Sumário

Introdução, 7

Tende o Senhor no coração, 11

Apêndices: por vezes repetições, 301

Introdução

Não consigo encontrar melhor introdução às páginas seguintes do que a carta com a qual o amigo que me disponibilizou este material acompanhou a transcrição do manuscrito de que ele está falando.

Caríssimo,

Pensei em colocar estes papéis à tua disposição para que pudesses ver por si mesmo se poderia fazer bom uso deles. Eles são a transcrição de um texto que eu tenho há algum tempo, desde que o comprei por uma pequena soma de dinheiro em uma dessas bancas que podemos encontrar nos mercados de rua antigos que vão de uma cidade para outra. Passando pela Piazzetta Savonarola — hoje em dia, raramente vou a Ferrara —, era um domingo, fui atraído por uma banca sobre a qual estavam deitados papéis velhos e pastas desarticuladas. Intrigado com os papéis amarelados que saíam de um canto de um deles, aproximei-me, sem qualquer intenção de comprar. Pedi para folheá-las; entre elas havia um arquivo bastante grande, que uma vez deve ter sido encadernado como um caderno: folhas dobradas em duas em que a escrita estava em tinta ácida, o que corroeu o papel em muitos lugares. Na minha opinião, a partir da caligrafia — minúscula, e as abreviações — deve ter sido um manuscrito do século XVII, em latim coloquial, fácil de en-

tender. Eu não teria prestado muita atenção se não tivesse lido no topo de uma página rasgada, colocada ao acaso de trás para frente, "... (lacuna) ex mon. S.ti Bartol." A escrita estava no meio do papel, escrita apenas no lado direito, e as margens gastas pararam a hipótese de que era a primeira de um arquivo. Pensei que deveriam ser papéis de arquivo, provavelmente o resultado de uma antiga espoliação, que tinha ressurgido naquela banca de quem sabe de que fundo. Não fiz nenhuma pergunta porque não receberia nada deles (estes vendedores nunca dizem de onde vem sua mercadoria). Pensando que poderia ter vindo do reprimido mosteiro cisterciense de São Bartolo, não muito longe da cidade, eu comprei o que pude encontrar. Em casa eu olhei o material um pouco mais de perto, confirmando a ideia de que devem ter sido as notas de algum monge, que deve ter tido papéis mais antigos em suas mãos em nenhuma ordem em particular.

A fonte é certamente um monge, de um "Mon(asterium) S(anc)ti Bartol(omaei)", assim como o copista que recolheu seus ensinamentos. Não é improvável que este seja o Mosteiro de São Bartolo, perto de Ferrara. Mas, como eu não tinha como fazer nenhuma pesquisa, e especialmente como não tinha esperança de chegar a um determinado resultado, pensei em simplesmente chamá-lo de "Mestre de São Bartolo".

Quando comecei a transcrever o texto, traduzindo-o, notei que as folhas, quase todas escritas em frente e verso, tinham sido colocadas juntas sem uma ordem precisa; notei também que eram geralmente textos curtos. No início, pensei que poderiam ser resumos de capítulos conventuais (aqueles que são feitos — ou foram feitos — pelo menos uma vez por semana nos conventos), mas não eram. Mas eu não consegui reconhecer a impressão de uma regra monástica precisa. A resposta, porém, estava nos jornais: a coleta, de fato, começa na forma habitual de correspondência: "Filho querido do Senhor, pensei em escrever algumas coisas que poderiam servir para o teu progresso espiritual, pois ajudaram o meu..." Portanto, o autor da coleção deve ter sido alguém que tinha colocado esse material junto para seu próprio uso. Estes trabalhos seriam, portanto, a transcrição de toda ou parte de várias exortações, talvez a diferentes discípulos (dada a repetição dos temas), que ele havia tomado de alguém que permaneceu desconhecido para nós e a quem decidimos chamar de "Mestre de São Bartolo"; outros textos, mais longos, são desenvolvidos, em vez disso, como meditações ou notas para a pregação.

O que se pode obter destas notas é, a meu ver, uma sabedoria de bom-senso, mas não sem interesse. Coisas que certamente são datadas, não menos que a linguagem, mas que documentam uma sensibilidade e experiência da Igreja na orientação espiritual. Onde quer que haja textos bíblicos — geralmente apenas insinuados — preferi citá-los na íntegra na tradução italiana em uso comum hoje. Também tentei colocá-los em alguma ordem, mudando o lugar de várias passagens com a intenção de agrupá-las de acordo com o tema que tratam. Há também um pequeno tratado sobre os pecados mortais, que talvez pudesse ter ficado separado: a isto achei correto acrescentar algumas notas, a fim de me referir a Santo Tomás.

Agora decidas o que fazer com elas, talvez possam ser úteis a alguém para ajudá-lo a vencer a si mesmo e avançar mais rapidamente em direção a Deus.

Guardei estas folhas de papel, escritas em uma velha Olivetti, por mais de vinte anos (nunca vi o pacote de papéis mencionado na carta), relendo-as muitas vezes. Um dia, um jovem pesquisador encontrou-se comigo; ele viu a pasta desgastada em minha mesa, abriu-a e leu algumas das primeiras páginas. Ficou interessado e perguntou se podia ler o manuscrito inteiro. Algum tempo depois, telefonou-me para me incitar a publicar. Não me pareceu que valesse a pena o esforço, pois era um livro bastante bagunçado: páginas de peso e espessura diferentes, passagens elaboradas e outras que não iam muito além de um rascunho.

No fim, disse a mim mesmo que talvez a experiência daquele antigo Mestre do Mosteiro de São Bartolo (ou quem quer que seja) poderia ser útil. E então tive que honrar o esforço daquele meu velho amigo que havia desgastado os olhos para transcrever o manuscrito.

Daniele Libanori

Tende o Senhor no coração

Pax X.ti,

Meu caro filho no Senhor, pensei em colocar por escrito alguns pontos que podem te ajudar em teu progresso espiritual, assim como eles ajudaram no meu. Estas são coisas que já ouviste em muitas ocasiões e nada de novo te será dito. Além disso, não faltam, nem faltarão, mestres que possam iluminar teu caminho com uma sabedoria mais pura. Que isto lhe sirva para começar e sustentar o início da santa jornada (cf. Sl 83,6).

Até este ponto, experimentaste a alegria de ser do Senhor. Viste ainda que é simples, ainda que não seja fácil: basta evitar, na medida do possível, abrir a porta para o que causa perturbação. Caso contrário, seria como despertar um leão adormecido: se ele acordar, será difícil enfrentá-lo.

O outro lado a ser cultivado assiduamente é o de ter em nossos corações os mesmos sentimentos que os de Jesus nosso Senhor. Acontece que, apesar de nossos esforços, a natureza ou as circunstâncias às vezes põem nossa fidelidade à prova. Bem, nesse caso, a força em nossos corações, ou seja, a caridade, pode vir em nosso auxílio. Essa é a vida que o próprio Deus colocou em nós, e é a fonte da qual podemos beber em tempos de provação. Portanto, podemos estar certos, nossas forças são fracas, porque dependem de nossa natureza, que muitas vezes não é suficientemente educada e madura; a caridade, por outro lado, é a força de Deus em nós, é comunhão com seus sentimentos, é também a vida de Deus em nós, porque Ele nos fez seus filhos no seio da Igreja, que é a fonte batismal. E assim como um inimigo não ousa atacar a casa de um homem fraco quando um amigo poderoso está ali alojado, pois mesmo que ele pudesse derrubar a casa com pouco esforço, teria que desafiar a fúria do hóspede forte, da mesma forma, quando um cristão guarda a caridade em seu coração, que é o próprio Deus, não tem nada a temer de seus inimigos, pois ele tem aquele que o defende de qualquer ataque.

Finalmente, há o Mestre interior, que nos conduz pelos caminhos da perfeição mediante inspirações. O Espírito Santo foi derramado em nós não menos do que em Maria e nos apóstolos. Mas seu poder irresistível normalmente requer um coração aberto, disposto, atento a cada inspiração. Suas inspirações, de fato, são como uma brisa suave (cf. 1Rs 19,12), elas não se impõem, mas sugerem levemente, como uma mãe atenta poderia fazer com seu olhar, um aceno ou uma palavra malsussurrada, e nos convidam a fazer o que é agradável ao Pai. É o Espírito que guia nos caminhos de Deus, pois só Ele os conhece. Portanto, saiba como ouvi-lo e Ele o levará aos cumes mais altos.

Pense no tempo em que o Senhor veio ao teu encontro e tu o conheceste

O Senhor nos ensina a construir sobre a rocha. O guia tem o cuidado de conduzir aonde o solo é sólido, embora impermeável, às vezes descrevendo rotas sinuosas ao longo de caminhos estreitos, a fim de evitar pântanos e charcos ou florestas que escondem perigos. Aquele que está sendo conduzido pode ter a impressão de estar caminhando sem um destino preciso e pode ser derrotado pela desconfiança em relação àquele que lhe está mostrando o caminho. Quando isso acontece, ele deve abrir seu coração e revelar o que o perturba. Dessa forma, será ajudado a perceber que o que lhe parecia ser uma vacância inútil nada mais era do que respeito por sua fraqueza e seu passo incerto.

Portanto, para evitar ilusões e para não se encontrar enredado, quando menos se espera, naqueles movimentos internos que facilmente enfeitiçam aqueles que não têm experiência nas coisas espirituais, fixe bem em teu coração o tempo em que o Senhor te visitou.

Há alguns que recebem de Deus a graça especial de um conhecimento tão claro que não há espaço para incertezas. Outros, porém – e estes são a maioria –, conheceram o nome do Senhor por meio de sua educação: devem aprender a experimentar e reconhecer a verdade do que lhes foi ensinado. Outros, como diz o Apóstolo Paulo ao escrever aos romanos (cf. Rm 1,18-21), podem ter ficado fascinados com a perfeição das coisas criadas. Mas há um lugar em que o Senhor se faz sentir perto da alma indigna, e esse lugar é a profundidade do coração e os desejos que ali habitam. O anseio por uma vida plena e uma terra na qual se vive em liberdade e segurança – um anseio que é despertado em cada homem e mulher, em cada criatura que vem ao mundo – é um certo lugar em que Deus se manifesta. De fato, se o que aparece no horizonte da vida como o objetivo pelo qual tudo pode ser abandonado é reforçado a ponto de despertar a capacidade de superar o medo do que é novo e desconhecido, então a criatura começa a experimentar uma solidão habitada por uma presença divina que a fortalece na esperança. Sente com profunda certeza que o desejo de vida, de segurança e de liberdade que a levou a percorrer caminhos desconhecidos e estrangeiros não é apenas uma força que habita seu coração, a perturba e a impulsiona, mas se coloca ao seu lado como um companheiro de confiança, que a reaviva quando enfraquecida e se coloca diante dela como uma presença misteriosa que nada mais deseja senão que o objetivo seja alcançado.

Poderás entender isso lendo a história do patriarca Abraão: A voz do Senhor, que o levou a deixar tudo para trás e partir por caminhos desconhecidos, não soou em seu coração como o eco de seu anseio por uma vida plena e uma terra que lhe seria um lar seguro?

Desejo mostrar outro lugar em que o Senhor vem ao nosso encontro. É um determinado ponto fraco. Como todos, te sentes intimidado por tua fraqueza. Sempre que parecer insuportável, fazei todo o esforço para escondê-lo. Sentir-se fraco e incapaz faz-te sentir ameaçado. Ora, se fores capaz de realmente aceitar em seu coração que és uma criatura fraca, frágil, incapaz de se salvar, serás capaz de sentir a benéfica presença de Deus, que como um verdadeiro pai ajuda, apoia e consola.

Considere como Deus trata o patriarca Abraão como um amigo, embora ele tenha recebido a promessa do Senhor. Não foi por causa de suas artimanhas e dos remédios com os quais havia procurado alcançar seus fins que ele se tornou amigo de Deus, mas porque ele aprendeu a confiar nele, superando a ansiedade que o consumia. Abraão aprendeu a conviver com o inimigo, suportando a ansiedade gerada em seu coração, que aumentava a sua incapacidade de agir. Ele conheceu a Deus quando se tornou evidente que o que ele desejava poderia chegar até ele como um dom. Portanto, deixe o Senhor, no processo da vida, levá-lo ao perfeito conhecimento de tua incapacidade: quando estiveres no fundo do abismo, olhe para cima e desfrute da alegria da infinita grandeza de nosso Deus e Pai.

Portanto, não imagine grandes coisas, como às vezes são contadas de alguns santos que tiveram convicções repentinas ou foram confrontados com circunstâncias tão singulares que mudaram suas vidas completamente em um instante. Considere antes a pobreza da condição comum à maioria.

Como disse, quanto mais fracos nos sentimos, mais inclinados estamos a esconder nossa fragilidade. E, pelo hábito, acabamos desenvolvendo a crença de que somos realmente o que imaginamos ou o que gostaríamos de ser. Assim, se somos fracos, tentamos esconder nossa fraqueza parecendo fortes: somos como aqueles animais que, sendo pequenos, incham o pelo para parecerem maiores e mais ameaçadores, numa tentativa muitas vezes fútil de intimidar seu adversário.

De muitas maneiras: pela força, pela arte e pela astúcia, nos esforçamos para evitar expor nossa pobre humanidade à derrota e vergonha. Mas se aceitarmos humildemente nos apresentar a Ele em nossa pobre condição de criatura, o Senhor se revelará a nós como um pai que não julga, mas ajuda com seu poder.

Então, olhe para o passado e descubra que, quando foste forçado pelas circunstâncias a admitir teu fracasso, experimentaste com admiração que o Senhor se revelou a ti como alguém que o aproximou de si mesmo e até lhe pediu para ser seu companheiro em teu esforço.

Então te perguntarás o que Ele vê em ti que não vês, o que há em ti de tão grande valor que não vês. Mas a resposta que procuras pertence ao mistério de Deus.

Toda a Sagrada Escritura dá razão a isto: ao patriarca Abraão, um homem ancião e sem filhos que já esperava deixar sua herança a um servo, Deus o fez pai de seu povo. Moisés, que havia arriscado sua fortuna na corte do Faraó, veio a conhecer o Senhor em sua velhice madura. Ele havia falhado em seus planos de juventude e vivia como um estranho no deserto. Tudo parecia perdido, mas Deus estava esperando que ele se tornasse claramente consciente de sua incapacidade para manifestar-lhe seu Nome e confiar-lhe a missão para a qual o havia preparado mediante aquelas provações; finalmente, superando sua resistência, enviou-o resolutamente para retomar, desta vez como um homem humilde e forte apenas no poder de Deus, a missão que parecia realizar pela violência, mas agora unicamente pela força das boas razões. Há muitos outros exemplos que poderíamos tomar da Bíblia. Mas estes são suficientes.

Deus virá ao teu encontro no ponto em que tua humanidade desceu todos os degraus da fraqueza e alcançarás o conhecimento de teu limite. Se não escolheres o caminho de se rebaixar, a vida o levará para onde não queres ir, porque, como ensina o Senhor, somente aquele que vive humildemente sua fraqueza será exaltado (cf. Lc 14,11); quando o orgulho não tem mais nada para se sustentar; quando só lhe resta o fôlego para pedir ajuda, então te reconhecerás pelo que realmente és: uma criatura fraca, que não pode fazer nada por si mesma, e antes sentirá a imensa grandeza do mistério de Deus. Haverá um momento de consternação e depois de consolo porque terás encontrado a rocha sobre a qual construir tua casa: ali o Senhor dará forma à fé que iluminará teus passos. Será uma fé esguia, uma chama fraca, que mal basta para dar um passo à frente, mas que nenhuma tempestade será capaz de extinguir, porque Deus não estará apenas ao teu redor, mas em ti, e o acompanhará aonde quer que vás, tornando-te capaz até mesmo de falar diante de reis sem medo.

Até o dia em que a vida o levará, por caminhos que ainda não podes conhecer – velhice, doença, as muitas ocasiões em que Deus se revela –, até o limiar da Vida. Ali, será revelado o quão frágil e amada é esta nossa humilde humanidade de barro, na qual Deus imprimiu a imagem do mais belo dos filhos dos homens. Lá retomarás, mas de uma maneira nova e única, o diálogo que balbucias todos os dias em tua oração: te ouvirás chamado pelo nome que o Pai te deu desde o início; lá poderás finalmente chamar a Deus pelo nome que Jesus colocou em teus lábios: um nome repetido muitas vezes em súplica, mas desta vez sussurrado pela alma já extasiada com a visão. E esse nome, tornado uma só coisa com o respiro de tua alma, será um eco suave que se fundirá à harmonia da criação renovada em Cristo: Ele te chamará filho! E com o coração compungido exclamarás: Pai! Então verás face a face, não mais como num espelho (cf. 1Cor 13,12), e finalmente saberás quem és tu e quem é Deus. Acima de tudo, portanto, tende o Senhor no coração!

A vida é uma verdadeira mestra de sabedoria

Muitos dos que batem à porta do mosteiro estão ansiosos para encontrar o Senhor e pensam que alcançarão seu objetivo dedicando-se ao estudo. Eles aprendem as coisas de Deus a partir de livros em que tudo é explicado em profundidade e com distinções sutis. Às vezes, há entre eles aqueles que desprezam os serviços humildes, considerando-os uma perda de tempo, e assim que podem se libertar das tarefas que lhes foram designadas apressam-se a beber da sabedoria dos antigos. Ao fazerem isso, podem cair em ilusão. Em pouco tempo, assimilam um grande conhecimento e são capazes de responder com muitas palavras àqueles que os questionam, deixando espantados aqueles simplórios que confundem grande parte do conhecimento com a complexidade do discurso. Eles pensam que podem repetir o que outros disseram sobre Deus. É como se conhecessem uma imagem moldada por artesãos habilidosos, mas nunca os conheceram. Deus se revela a quem lhe apraz, e cada um daqueles que realmente o viram de perto só foi capaz de restaurar um lampejo de sua beleza multiforme. O Senhor só se faz verdadeiramente conhecido por aqueles que desejam confiar nele e que sabem escutá-lo no silêncio de sua alma. Como a experiência nos ensina, só podemos conhecer verdadeiramente aqueles com quem estamos familiarizados e pelos quais temos um sincero afeto. Toda nossa vida é uma verdadeira escola na qual aprendemos a buscar e encontrar a Deus em todas as coisas. Dedicar-se àqueles humildes serviços que o próprio Senhor realizou durante os longos anos de sua vida oculta o permite conhecer nada menos que os reflexos agudos dos grandes mestres. Recomendo, portanto, que te dediques ao estudo, mas com grande humildade, cultivando a união íntima com Aquele que desejas conhecer mais, a fim de mais amá-lo e servi-lo.

A vida espiritual

És filho de Deus. Portanto, fazei todo o esforço para te libertares dos medos e das artimanhas do servo. A vida espiritual é obra do Espírito Santo, que abrirá teus olhos e te levará a entender as coisas de maneira diferente. Ele purificará teu olhar e abandonarás todo desejo de posse, pois descobrirás que tudo é seu e és de Cristo e Cristo é de Deus (cf. 1Cor 3,23). Ele iluminará tua mente com a sabedoria que vem do alto (cf. Tg 3,17), e terás em teu coração um amor que não te será tirado. Portanto, dispõe-te na escola do Espírito que foi derramado em teu coração.

Não tentes tornar-se perfeito da maneira que lhe parece conveniente a teus olhos: encontrarás uma amarga decepção porque a lacuna entre tua força e teus objetivos permanecerá intransponível. Deus não pede que sejas diferente do que és. Ao contrário, Ele lhe deu a capacidade de viver em Cristo. O Apóstolo Paulo não diz que nele vivemos, nos movemos e somos? (cf. At 17,28). O próprio Apóstolo, que estava ciente de ter sido um perseguidor da Igreja, exclama: "Já não sou eu que vivo, é Cristo que vive em mim" (Gl 2,20). O que poderia ser mais desejável do que te encontrares nele? És filho! Essa certeza deve criar raízes em tua mente e em teu coração.

A fé é mais preciosa do que a virtude

Quando bateste à porta do mosteiro, o abade não te perguntou: "Quem és tu?", mas "O que buscas?" E respondeste: "A vida eterna". Então foste recebido e começaste a caminhar com os irmãos que o Senhor te havia dado. O abade o conduziu pelos caminhos que levam ao deserto, onde aprendeste a reconhecer a voz do Senhor, e ele te deu nossa santa regra para te ajudar especialmente quando estás incerto ou quando tuas forças enfraquecem. Pois "o espírito está pronto, mas a carne é fraca" (Mt 26,41): uma vontade sincera não é suficiente nem duradoura. Como Jesus disse ao Apóstolo Pedro, satanás procura os servos de Deus para os peneirar como o trigo (cf. Lc 22,31). No julgamento, portanto, não se testa a sinceridade de tuas intenções, mas o quão firme é a confiança em Deus. Se, portanto, te considerares fraco no julgamento, não te julgues muito generoso. Ao contrário, considere que a carne é frágil e que somos criaturas pobres que não têm nada do que se vangloriar.

Vês monges mansos e sábios que estão neste mundo, mas em seus corações já vivem com o Senhor. Eles travaram muitas batalhas com derrotas e vitórias. Trazem as marcas de muitas feridas que ajudam a lembrá-los de sua condição de criaturas fracas, mas capazes de desejos pelo menos tão grandes quanto suas paixões. Mas a experiência lhes ensinou que a cada queda é possível levantar-se mais humilde e mais forte. Vós, que admirais sua santa conduta não penseis que não tendes falhas: embora habituados por um longo exercício de virtude, permanecem e estão prontos para ganhar força assim que a vigilância falhar. A força desses homens santos é sua confiança na fidelidade de Deus, que cresce a cada vez que eles provam sua misericórdia.

Há aqueles que pensam que se retirar do mundo para dedicar-se ao serviço de Deus é o caminho certo para escapar da fraqueza da carne. Não te deixes iludir: não há lugar onde possas te sentir seguro a não ser na misericórdia do Pai de toda a carne. Aquele que entra no deserto deve saber que lhe aguarda uma luta amarga, que lhe dará a conhecer sua fraqueza. Mas se ele puder aceitá-la, mesmo onde o inimigo da natureza humana quisesse fazê-lo desesperar, ele conhecerá o poder de Deus.

Escutai isto: aqueles que estavam mais próximos de Jesus provaram a amargura da derrota quando, acreditando serem os melhores e mais fortes por terem estado com Ele, nunca teriam pensado em traí-lo. Na noite em que deveria ser entregue a seus algozes, o Senhor voltou-se para Pedro, que acima de tudo protestou sua lealdade, e lhe disse: "Orai por ti, para que tua fé não falhe; e quando tiveres te arrependido, confirme teus irmãos" (Lc 22,32). Pois Ele sabia que logo iria negá-lo três vezes. O Príncipe dos apóstolos, a quem Ele havia dado as chaves do Reino dos Céus (cf. Mt 16,19) e a quem confiaria seus cordeiros e ovelhas (cf. Jo 21,15-17), quando questionado por uma serva, alegou que nem sequer conhecia aquele que o havia escolhido primeiro entre seus amigos. Ele foi dominado por sua própria pusilanimidade e chorou amargamente, mas não se desesperou, nem correu para a árvore, como Judas, para se enforcar; ao invés disso, lembrou-se do que o Mestre lhe havia dito e acreditou.

Nossa força é o Senhor que, como amigo fiel, intercede por nós junto ao Pai (cf. 1Jo 2,1-2; Hb 7,25) para obter o perdão e a remissão dos pecados. Pausa com frequência para contemplar nosso Senhor e Mestre em pé diante do Pai, mostrando-lhe em seu próprio sangue o amor que Ele tem por nós, que o Pai lhe deu como companheiros, amigos e irmãos. Portanto, pela experiência que continuamente temos, podemos ser testemunhas dignas de fé e testemunhar que nossa força não está em nossas próprias capacidades, mas na fidelidade de Deus (cf. 2Cor 3,5).

Tereis compreendido, portanto, que é necessário purificar-se e adquirir as virtudes que dispõem a alma ao conhecimento de Deus, mas é muito mais importante recordar a promessa de nosso Senhor e Mestre e acre-

ditar firmemente que onde abundou o pecado, supe-
rabundou a graça (cf. Rm 5,20) e que, diante do Pai,
confiar no abandono à sua misericórdia vale mais do que
as virtudes.

Antes de partir em viagem, fazei bem as contas

Tenho visto muitos começarem com entusiasmo e
logo se desvanecerem. Eles têm constante necessidade
de novidade. Mas é inadequado apenas olhar para Deus
pela novidade que ilumina os dias do homem sob o sol.
Portanto, a sinceridade de propósito carece daquela decisão que provém da descoberta daquela pérola de grande valor. Pois a vida espiritual não é uma questão de momento, mas uma viagem que não se detém no limiar do
deserto, não cede lugar ao cansaço, nem se quebra quando o hábito gostaria de ceder lugar ao tédio.

O comerciante de pérolas vende tudo para comprar
a pérola mais cara. A vida que queres começar exige auto-
negação. O homem nobre quer viver pelo mesmo motivo
pelo qual está disposto a morrer. Morte e vida são dois
lados da mesma moeda; portanto, tome cuidado para
não edificar tua casa sobre a areia, cultivando ilusões.
Não é uma questão de força, mas daquela coragem que
surpreende com seu vigor quando, tendo encontrado o
tesouro no campo, apressa-se sem demora a vender tudo.

Só poderás dizer que amas verdadeiramente aquilo
que te torna destemido. Se, então, perceberes que estaria
preparado para perder muito, mas não tudo, em nome
do que queres, detém-te humildemente e pede ao Senhor insistentemente que te dê sua medida. Pois quem
pode passar sua vida detendo-se em algo que aos seus
olhos não possui valor?

Se, então, o conhecimento de Deus lhe parece uma boa razão para morrer, vem a salvo para a terra dos livres. Se teu anseio pelo Reino de Deus e sua justiça é mais forte do que o medo que o faria desistir, arme-se com sua fraqueza, mas venha humildemente e confiante para participar da empreitada, pensando no que diz o Apóstolo: "Quando sou fraco, então é que sou forte" (2Cor 12,10).

Acerca dos pensamentos

Não menos que o bem, o mal insinua-se por meio dos pensamentos. Diante da tentação, a mortificação e a penitência são de pouca utilidade, nem longas orações, se Deus não habitar firmemente no coração. Deves entender o que muitos mestres espirituais ensinam, que as tentações começam com os pensamentos. São geralmente geradas por imagens com as quais o olhar se deparou, podendo também ser fruto de movimentos espontâneos de uma natureza não inteiramente orientada para o bem. Também podem ser o ressurgimento de experiências impressas na memória e nos membros. Tudo isso assume uma força particular e até mesmo um efeito violento, especialmente quando as condições em que nos encontramos são desfavoráveis para nós, como pode ser o caso toda vez que somos surpreendidos pelo cansaço físico ou espiritual, o fracasso de um projeto, a decepção de alguma expectativa.

Podemos nos defender contra pensamentos enfadonhos tomando cuidado para não dar espaço a situações externas que possam despertá-los, depois desviando nossa atenção para sua primeira aparição, e finalmente lutando contra eles, mesmo mortificando nossos corpos com a moderação, se eles são tão insistentes a ponto de se imporem à nossa atenção; de fato, todos sabem que mesmo os pensamentos mais paralisantes desaparecem imediatamente com o aparecimento de uma pequena dor como, por exemplo, uma picada de alfinete. Pelo contrário, a própria ideia de um desconforto prestes a ocorrer faz com que os pensamentos desapareçam.

Se, então, os pensamentos são despertados pela confusão da memória, ela deve ser purificada entregando tudo o que se tem à Igreja, pela narração sincera, humilde e sóbria de tudo ao confessor, se for o caso, ou ao diretor espiritual – se não forem a mesma pessoa. Ele, como homem experiente, saberá indicar o caminho para superar a situação.

No entanto, saiba que antes a ajuda mais eficaz geralmente virá do se ter uma vida equilibrada, evitando cuidadosamente todos os excessos, mesmo aqueles decorrentes da generosidade, tais como dedicar-se demais ao trabalho ou a obras de caridade, não havendo mais tempo para ti ou para a oração. Na verdade, embora a princípio teu coração possa ser consolado, muito em breve, sobrecarregado pela fadiga e não raramente relaxado pelo consolo, serás presa fácil de súbitas tentações que tenderão a humilhá-lo precisamente onde pensavas ser firme.

Com grande humildade, portanto, na medida em que depende de ti, estejas disposto a buscar antes de tudo a Deus e aquilo que te ajuda a desfrutar a comunhão com Ele; e se te encontrares em situações em que nada podes fazer, com a mesma humildade peça ajuda à Igreja, confiando tuas dificuldades à pessoa espiritual que o acompanha em teu caminho.

Mas muito mais do que qualquer prática, ele o ajudará a cultivar em teu coração os mesmos sentimentos de nosso Senhor; Ele foi misericordioso para com todos e cheio de piedade para com aqueles que a Ele recorreram. Ele passou suas noites em oração e fez da vontade do Pai seu páo. Entenda, então, que um coração ansioso por contemplar a face de Deus e com a intenção de perscrutar seus pensamentos, um coração que já não tem mais vontade própria, mas ama fazer sua a vontade de Deus, dificilmente pode ser conquistado por pensamentos carnais.

Após o que te disse até agora, tens que persuadir teu coração e instruí-lo a como se defender contra cada ataque. Entretanto, a fim de ilustrar melhor como o maligno realiza suas agressões, recordarei brevemente os ensinamentos dos Padres e em seguida de muitos homens e mulheres santos e almas dedicadas à busca da perfeição. Esses, portanto, querendo indicar as raízes das quais nascem as desordens que enredam a alma e a arrastam para onde ela não quer ir, enumeram oito forças que agem no homem e que, se não forem guiadas, podem trazer muito dano.

No início, as três forças que mais dominam e às quais é mais difícil impor disciplina são a gula, a sensualidade e o desejo de posse. Tomadas em si mesmas, essas forças estão a serviço da vida; pois o apetite pela comida serve para alimentar, o apetite sexual leva o homem a relacionamentos e a escolher entre outras pessoas a quem ele confiará particularmente sua vida. Por fim, o desejo de possuir nos impulsiona a adquirir os meios para suprir as necessidades presentes e dar segurança para o futuro.

Mas quando o desejo de satisfazer esses impulsos se torna tão forte que se impõe à vontade, então a liberdade está em perigo. E devemos ser cuidadosos guardiões dessa liberdade, pois ela nos foi concedida por nosso Senhor Jesus pelo sacrifício da cruz.

Com grandes frutos, os pensamentos serão mantidos sob controle, evitando que fermentem na alma, de modo a gerar desejos que são impostos à vontade e finalmente levem à ação. A experiência comum também nos ensina a manter uma distância adequada de tudo que possa apontar para a concupiscência; isto significa conter nossos olhos e não nos deter naquilo que dá prazer aos sentidos, pois quanto mais pesados formos, maior será o esforço para escalar a montanha da perfeição.

Abordemos agora as outras raízes do mal, aquelas representadas tanto por impulsos instintivos quanto por maquinações da mente. Os mestres espirituais os chamam de inveja, ira, preguiça. Como podemos ver, elas estão inter-relacionadas.

A inveja é despertada sempre que vemos que outros têm algo desejável que nós não temos, ou quando o coração é dirigido para um afeto que não está imediatamente disponível para nós. Essa falta é então sentida como uma espécie de injustiça, como um feito mortal, e tudo em nós se levanta e se une na busca da satisfação do desejo. Essa força formidável é chamada de ira e nos torna capazes de superar obstáculos impensáveis a fim de alcançar nossos objetivos.

Mas mesmo o esforço mais poderoso pode falhar. Quando isso acontece, a ira, frustrada, retorna àquele em quem foi gerada, esforçando-se como fez em direção ao objetivo, e, com a mesma violência com que buscou o sucesso, atormenta os fracassados, a ponto de o ódio e a autoaversão poderem produzir feridas graves e às vezes incuráveis.

Finalmente, considere a vanglória e o orgulho. A vanglória é a busca de aparecer a qualquer custo; aquele que se vangloria é superficial, um prisioneiro de seu senso de honra. O orgulho, por outro lado, é a convicção de ser excelente acima de todos os outros, a arrogância em exigir a obediência dos outros, o julgamento, o desprezo e a intolerância a qualquer crítica que lhe possa ser feita.

A conversão é obra da graça

Ter o desejo de conversão é uma grande graça. Mas quais são os meios para consegui-lo?

Antes de mais nada, é obra de Deus. Na verdade, o homem convertido renasce em Cristo pelo poder do Espírito Santo. Então é também o trabalho do homem que se esforça para viver de acordo com o desejo que ele tem em seu coração. Mas devemos lembrar neste ponto que a conversão não é, nem pode ser, simplesmente sobre ser diferente, ainda melhor, por causa de muitas virtudes. Ao contrário, é fruto de um amor sincero ao Senhor, que se tornou um de nós e, embora inocente, suportou a paixão e a morte injustas. Aquele que tem a mente nobre, portanto, não ficará indiferente ao que é tão manifestamente desonroso para a humanidade, ou seja, sua incapacidade de reconhecer "o Santo e Justo" (cf. At 3,14), infligindo-lhe a morte como a um malfeitor; todo espírito generoso se sentirá simpático a ele e, movido pelo afeto, ficará inquieto com o desejo de reparar de alguma forma tal injustiça. Se ele então medita sobre o fato de que o Filho de Deus queria suportar tudo isso para nossa salvação, ele ficará inquieto até descobrir o que fazer por Ele que deu sua vida pela humanidade. Então ele determinará sem hesitar não querer para si nada que tenha sido recusado ao Senhor; de fato, ele não quererá outro destino que não seja o de seu Mestre, porque isto convém a uma alma honesta e boa. Se então me perguntares como este amor por Ele pode acontecer, responderei imediatamente que ele é fruto do livre-arbítrio do Senhor, especialmente de sua paixão. Meditar sobre a Paixão do Senhor pode mudar muito mais os corações do que ler muitos livros.

Não penses, portanto, que a conversão a que o evangelho nos chama continuamente é apenas fruto de teus próprios esforços. Certamente, teu esforço não deve faltar, mas lembre-se de que é obra da graça; é Deus quem age e pede para que sejas como o barro nas mãos do oleiro.

Se quiseres saber o que significa ser dócil e como essa prontidão deve ser expressa, responderei que ela consiste em se abandonar à vontade de Deus, tirando tudo de tua mão e acreditando firmemente que tudo o que toca teu coração é como um cinzel com o qual o Senhor grava em ti a imagem de seu Filho.

E se me perguntares como o Senhor trabalha para alcançar seu propósito, digo que Ele trabalha introduzindo-te, por meio das experiências da vida, no mistério da morte e ressurreição de Jesus.

A esse respeito, lembro que perguntaste há algum tempo como é possível curar os defeitos que às vezes levam a ações desordenadas. Respondi então que a única maneira de evitar estar sujeito a desejos, especialmente os insalubres, é morrer. Os mortos não têm inclinação alguma e estão livres de toda agitação. Pois bem, se queres ser livre, tente aceitar a morte pela qual o Senhor, em sua bondade paternal, supera tuas paixões e faz de ti uma nova criatura. O que aconteceu em seu batismo é de fato realizado na vida por meio da paixão e da cruz que vem a cada passo. Humilhação e derrota, injustiça suportada com paciência, perseguição – há as sutis, não menos pesadas que as cruentas –, que estragam seus planos, o colocam em situação ruim com seus amigos... Tudo isso o leva a um rebaixamento progressivo, desprende teu coração daquilo que antes o mantinha preso, e assim te vês mais pobre e mais livre. E quando o coração está livre do que costumava inflamá-lo com paixão, não mais cai tão facilmente nas armadilhas da tentação.

A cruz, então, como sem dúvida percebeste, é o presente mais precioso que o Senhor pode te dar, mesmo que no final todos se afastem dela. Se, então, aceitares e deixares que Deus o faça, colocando toda confiança nele, terás a experiência da ressurreição, pois Ele não permite que seus amigos vejam a corrupção (cf. Sl 16,10). De fato, é precisamente pela cruz que Deus leva a termo seu desígnio, ou seja, aperfeiçoar em cada criatura a imagem de seu Filho, o mais belo dos filhos dos homens, e esta obra se realiza pela assimilação a Jesus, crucificado e ressuscitado.

Entretanto, devemos reconhecer que a conversão toca em aspectos diferentes, cada um dos quais merece atenção especial. Disse que a conversão se manifesta no abandono de tudo o que é desordenado. Mas deve ser enfatizado que a conversão é acima de tudo um ato de fé em Deus, que é reconhecido como bom e misericordioso, e a quem se pode confiar toda a vida sem medo. Se seu coração não vacilar, acreditando firmemente que o Senhor tomará sobre si os fardos que, esmagando-o, o impedem de percorrer o caminho da liberdade, a esperança renascerá nele, recuperará forças e decidirá com alegria a santa jornada (cf. Sl 84,6).

Jesus disse à mulher que tinha pecado em adultério, ou seja, tinha voltado seu coração para os ídolos: "Eu não te condeno..." (cf. Jo 8,11). Considere como essa palavra do Senhor é surpreendente para ela, cujo pecado era tão evidente. Não era possível para aqueles que exigiam julgamento em nome da Lei condená-la, pois tinham que reconhecer que, com ela, também se condenariam a si mesmos; e ao Senhor, que conhece o coração do homem e de quem nada se esconde, que poderia julgar e condenar corretamente, diz ao contrário: "Eu não te condeno", mostrando assim, para o espanto daqueles que confiam na Lei para restaurar a justiça, que Deus é o Pai da vida e não da morte e se compraz em usar de misericórdia (cf. Mq 7,18). Que surpresa para a mulher encontrar no juiz seu defensor! Pelo poder de sua palavra, Jesus a havia libertado daqueles que se fizeram seus inimigos em nome de Deus. Que gratidão por tanta misericórdia! "Que poderei retribuir ao meu Senhor por tudo que Ele fez em meu favor?" (Sl 116,12). "Ide em paz", diz o Senhor, "e não peques mais"; Ele não nega a culpa, mas não apela para ela a fim de condená-la. Portanto: "Ofertarei um sacrifício de louvor, invocando o nome santo do Senhor" (Sl 116,17). Diante de tal bondade, a mulher pôde reconhecer a fealdade de seu pecado e ficou horrorizada: "Para onde fugirei de tua presença?" (Sl 139,7). "Mas em vós se encontra o perdão, eu vos temo e em vós espero" (Sl 130,4): por causa do perdão do Senhor, a mulher sabia com espanto que Deus é bom e não condena a ninguém.

A conversão começa com uma fé firme na bondade de Deus, que "amou tanto o mundo que entregou seu único Filho para que todo aquele que nele crê não pereça, mas tenha a vida eterna. Deus não enviou seu Filho ao mundo para julgar o mundo, mas para que o mundo fosse salvo por Ele. Quem nele crê não é condenado" (Jo 3,16-18). Daí a capacidade de olhar para si mesmo e reconhecer o mal que obscureceu sua alma, como diz João em sua carta: "Se dizemos que estamos sem pecado, enganamo-nos a nós mesmos e a verdade não está em nós. Se reconhecermos nossos pecados, aquele que é fiel e justo nos perdoará de nossos pecados e nos purificará de toda culpa" (1Jo 1,8-10). Quem, portanto, reconhece que perdeu seu caminho e não é capaz de encontrar seu caminho de volta, espera o Filho com viva esperança, que vai atrás da ovelha perdida até encontrá-la e, tendo-a encontrado, a coloca no ombro com alegria e a traz de volta ao redil (cf. Lc 15,4-5). Tendo então experimentado como o Senhor é bom, ele o seguirá, alimentando-se de sua palavra e colocando sua cabeça sobre seu peito. Finalmente, contemplando como o amor levou seu Mestre e Senhor a sacrificar sua vida por ele, ele não pode resistir ao desejo de demonstrar sua gratidão imitando-o em tudo. Pois é somente o amor que muda o coração; qualquer outra conversão, seja por medo de punição ou simplesmente por amor à virtude, facilmente leva à rebelião e ao orgulho.

Há almas escolhidas, ardentes de amor sincero a Deus, que guardam defeitos em sua humanidade; mas isto não as impede de serem humildes e grandes na caridade. De fato, às vezes eles não estão cientes de suas falhas, mas se alguém ou algo os torna cientes delas, eles sentem grande tristeza; outras vezes eles estão cientes delas e se arrependem delas, e pedem a Deus que os perdoe, enquanto eles não poupam esforços de sua parte.

Há aqueles que, com razão, envergonhados das falhas que os expõem à censura, pedem insistentemente a Deus que os cure dos males que eles reconhecem como vergonhosos para os homens de Deus. Mas Deus parece ser surdo às suas orações, deixando-os em profunda agitação, humilhados como estão por seu temperamento traiçoeiro. Na verdade, o Senhor ouve seu apelo, mas não da maneira que eles gostariam. Há histórias de santos que mantiveram sua disposição azeda até o fim, como se diz de São Jerônimo, e há outros que são admirados por sua mansidão. Embora sejam tão diferentes, em todos eles há santidade, que é a presença de Deus que habita no coração.

Em muitos o Senhor não muda seus caminhos externos, exceto muito pouco e somente com dor e exercício duro. Pois o que conta é o amor por Ele e pelo próximo, que nem sempre sabe como colocar as formas que o tornam mais atraente.

Havia homens que punham seriamente à prova a paciência daqueles que viviam ao seu lado; pois eram de grande intelecto, de uma vontade rebelde e teimosa, combinada com um caráter impertinente e não um pouco despótico, e não sabiam temperar sua força irreprimível com a bondade que convém a quem deve governar seus irmãos. E ainda assim o Senhor foi capaz de fazer uso daqueles defeitos que tornam sua empresa difícil, pois Ele sabe como trazer tudo de volta aos seus planos.

Aqueles homens foram os primeiros a sofrer, e reclamaram disso, batendo em seu peito, mas como eram de bom coração e fortes, o Senhor os deixou para suportar o pesado fardo de suas falhas, para que não se tornassem orgulhosos dos dons que possuíam além de suas limitações e do sucesso de seu trabalho, pois é adequado que cada um carregue sua própria cruz e assim se torne o rei da glória.

A oração

Nossa santa regra nos convida a acordar do sono para vigiar em oração até o amanhecer. É o amor que guia e alimenta a oração. Quando o amor é extinto, quando o Senhor parece distante, a oração se torna mais trabalhosa, mas precisamente por isso é mais necessária.

O Senhor, conhecendo a pobreza de nossos corações, veio em nosso auxílio colocando em nossos lábios a oração que Ele já inspirou nos Padres e na qual cada um de nós pode encontrar o reflexo de nossos próprios sentimentos. No início, te sentirás como se fosse uma criança repetindo as palavras dos adultos sem entender seu significado, ou pelo menos não completamente. É como se repetisses em voz alta o que vem do coração mais escondido de toda a humanidade e do coração do próprio Senhor, que, tendo tomado carne como a nossa, quis fazer sua essa palavra; então, ao repeti-la, ela virá a ti e entenderás seu significado e será enriquecida por seus sotaques. Mas se, por alguma razão, teu coração não quiser acompanhar essa canção, ou se dela te sentires completamente afastado, alegra-te em dar voz à humanidade e a toda a criação, que não conhece o Senhor da glória, ou, conhecendo-o, não sabe como abrir seu coração.

Se realmente queres orar, pense que estás falando com um Deus que o escuta e na verdade está tão ansioso para ouvir o eco da voz do Filho em suas palavras que Ele está totalmente atento ao seu discurso. Portanto, não pense que Ele está longe ou distraído, e não pense por um momento que Ele não ouviu porque parece não ver nenhum sinal que Ele tenha ouvido, porque a resposta à oração já aconteceu quando o Senhor ressuscitou do túmulo, e acontecerá novamente quando nós também nos erguermos para a vida imortal. Em vez disso, lança sobre Ele todos os seus cuidados, pois Ele cuida de todas as suas criaturas (cf. 1Pd 5,7); tenha o cuidado de falar com Ele nos mesmos termos usados pelo Filho quando ensinou os discípulos a orar (cf. Lc 11,1-4) e tenha certeza de que serás ouvido e atendido.

De fato, como um discípulo desejoso de aprender a sabedoria, sente-se aos pés do Mestre e escuta de seus próprios lábios as palavras que Ele fala ao seu coração: são as palavras que Ele ouviu do Pai e lhe transmite, pois, disse Ele, já não vos chamo servos, mas amigos, pois já vos disse tudo o que ouvi de meu Pai (cf. Jo 15,15). Conhecendo seu ensinamento, conheces seu coração. É o tesouro a ser ciosamente guardado, e possuí-lo é mais importante do que compreendê-lo, pois quem pode conhecer a Sabedoria? Finalmente, tendo se tornado amigo de Deus, serás capaz de estar com Ele em todas as coisas; de fato, será doce para ti torná-lo parte de tudo o que lhe é caro, confiando-lhe seus pensamentos, desejos e todos os seus planos, mesmo disposto a morrer se Ele te fizer entender que por mais belo e generoso que seja o seu, Ele tem um maior e melhor reservado para ti. E, como amigo, poderás interceder por aqueles que se recomendaram às tuas orações; e isso faz parte da oração do homem de Deus. De fato, há muitos que vêm ao mosteiro, muitas vezes no final de uma longa e árdua jornada, e colocam suas esmolas e, mais ainda, suas ansiedades na arca do Senhor, confiando-nos a tarefa de zelar por eles diante da face de Deus, para que Ele seja levado à piedade e escute a oração. Portanto, vós, que não sois melhores que seus irmãos, apreciam o fato de terem sido escolhidos para permanecer continuamente em seu lugar diante de Deus e orar por todos.

Quando oras à Mãe de Deus e aos santos, tenhas fé firme de que eles, embora invisíveis aos olhos, estão presentes em espírito e ouvem tua invocação, pois eles compartilham na glória o mesmo amor que Deus tem por ti e desejam tua felicidade, assim como Ele a deseja. Portanto, não hesites em confiar a eles o que está em teu coração e confie a ti mesmo à intercessão deles. Eles são bons amigos e o apoiam em seu caminho, porque se preocupam com sua felicidade e a glória de Deus, que resplandece naqueles que fazem sua vontade.

"O combate interior"

Mas o caminho é difícil e a luta é árdua; se o Senhor não nos apoia, todos os nossos esforços são em vão, e até mesmo nossa coragem falha. O Apóstolo diz e confessa: "Sabemos que a lei é espiritual, mas sou da carne, nasci como um escravo do pecado. Não faço o que quero, mas o que não quero. Ora, se faço o que não quero, sei novamente que a lei é boa; portanto, não sou mais eu que a faço, mas o pecado que habita em mim. Pois sei que o bem não habita em mim, isto é, na minha carne; há em mim um desejo de bem, mas não a capacidade de fazê-lo; pois não faço o bem que quero, mas o mal que não quero. Se eu faço o que não quero, não sou mais eu que o faço, mas o pecado que habita em mim. Então encontro em mim mesmo esta lei: quando quero fazer o bem, o mal está ao meu lado. Pois em meu íntimo aceito a Lei de Deus, mas em minha mente vejo outra lei, que faz guerra contra a lei de minha mente e me torna escravo da lei do pecado em meus membros. Eu sou um homem miserável! Quem me libertará deste corpo de morte? Graças a Deus, por Jesus Cristo nosso Senhor! Portanto, com o espírito sirvo à Lei de Deus, mas com a carne à lei do pecado" (Rm 7,14-25).

Oh, quão esclarecedoras são as palavras do bem-aventurado Paulo! Para quem não experimentou por si mesmo como é cansativo e muitas vezes decepcionante o caminho para a perfeição. Quantas vezes até mesmo aqueles que se entregaram sem reservas à busca da virtude tiveram que medir sua fraqueza e voltar pacientemente à subida da montanha, tendo escorregado no início do caminho, depois de terem percorrido uma boa distância. É claro que a conversão do homem inteiro não é questão de um dia. Mesmo que a mente e o coração tenham aceitado a palavra, a carne resiste e se inclina a seguir suas próprias leis, colocando à prova a capacidade da mente; e o coração, que está, por assim dizer, preso no meio, rasgado entre o que sabe estar certo e o que lhe agrada, quando acontece de a carne levar a melhor sobre o espírito, não pode dizer, pelo menos nem sempre, se estava inclinado para um ou outro, acrescentando assim a agonia da culpa à dor da derrota. Quão corretamente, portanto, o bem-aventurado Paulo ensina que a salvação é dada pela fé. Aquele que presumisse merecer a salvação pelas obras seria enganado, e logo teria que reconhecer que mesmo o bem que fez, tendo sido obediente à lei em todas as coisas, não removeu de sua carne aquela lei que o inclina a fazer o que é desordenado: ele poderia até mesmo chegar ao ponto de amarrar sua carne com tanta força que ela não poderia se mover, mas ele não poderia proibi-la de desejar o mal que ele não pode então fazer. Ela, a carne, está sempre à espreita, pronta para retomar o poder que tinha. E as leis que o regem são as mesmas que as ditadas pela natureza: elas são tão imperiosas que, quando são restringidas, apelam para o próprio Criador, reivindicando seu direito de serem obedecidas na medida de seu apetite, sem qualquer preocupação com as outras leis muito mais nobres que estão pressionando a inteligência. Assim a fome: o homem virtuoso pode se educar e pode chegar até a maior indiferença em relação ao sabor dos alimentos, mas não pode eliminar de si mesmo a lei que o obriga a comer, porque sua vida depende disso; e mesmo que possa se proibir de comer, mesmo até a morte, não pode mudar a lei de sua carne que o obriga a comer. Igualmente para a sensualidade. Embora o ser humano, ao contrário dos animais, seja responsável por seus próprios instintos, ele não pode permanecer insensível ao que pode despertá-los. Esse impulso, em particular, é tão prepotente que se impõe arrogantemente até mesmo sobre o mais venerável dos cães. Sabe esperar pacientemente, sabe esconder sua fúria, é sinuoso e sedutor; parece derrotado porque permaneceu em silêncio e quieto por tanto tempo; a segurança então faz com que se seja imprudente e não se afaste mais do que antes parecia perigoso; assim as brasas, que nunca foram extintas, são acendidas e de repente o fogo se acende e se espalha e em um instante reduz a cinzas uma bela e ornamentada casa construída com anos de labuta. E o que dissemos até agora pode ser repetido para qualquer outra paixão que aflige a natureza humana.

O que fará, então, quem quer lutar e vencer a batalha do Senhor? Ele encontrará conforto no que o Apóstolo diz sobre si mesmo: "Para que eu não cresça orgulhoso da grandeza de minhas realizações, um espinho foi colocado em minha carne, um enviado de satanás para me esbofetear, para que eu não me ensoberbeça por esta razão, rezei três vezes ao Senhor Rei para que o retirasse de mim. E Ele me disse: basta-te minha graça, pois meu poder se manifesta plenamente na fraqueza. Por isso, terei prazer em me vangloriar de minhas fraquezas, para que o poder de Cristo possa habitar em mim. Portanto, de bom grado me gloriarei de minhas fraquezas, para que o poder de Cristo habite em mim. Portanto, glorio-me em minhas enfermidades, em meus ultrajes, em minhas necessidades, em minhas perseguições, em meus sofrimentos por amor de Cristo: quando sou fraco, é então que sou forte" (2Cor 12,7-10).

Admiramos as virtudes, e não sem fundamento, pois elas moldam a humanidade de acordo com a sabedoria de Deus; portanto, desejando ser perfeitos, e pensando que ao adquirir as virtudes, como se faria com ornamentos preciosos, podemos nos orgulhar de nós mesmos e nos apresentar a Deus com a atitude própria de uma aparição diante de uma majestade tão grande. Mesmo que o homem tenha sucesso nisso, como fazem alguns grandes espíritos dos tempos antigos, ele não ficará sem algum defeito, e em muitos casos sem aquela doçura que é a marca de um espírito livre. Mas acima de tudo, se as virtudes fossem fruto do esforço humano, elas seriam também, infelizmente, obra da carne, como reprova o

Apóstolo àqueles que achavam que mereciam a salvação por suas obras (cf. Rm 3,20). O bem-aventurado Paulo, depois de encontrar nosso Senhor Jesus Cristo a caminho de Damasco por causa do zelo pela lei, exclama: "Se alguém pensa que pode confiar na carne, eu mais do que ele: circuncidado no oitavo dia, da raça de Israel, da tribo de Benjamim, judeu de hebreus, fariseu em relação à lei; perseguidor da Igreja em relação ao zelo; irrepreensível em relação à justiça que vem da observância da lei". E ele acrescenta imediatamente: "Mas o que poderia ter sido um ganho para mim, eu considerei uma perda por causa de Cristo. Pelo contrário, considero tudo uma perda diante da sublimidade do conhecimento de Cristo Jesus meu Senhor, razão pela qual desisti de todas estas coisas e as considero um desperdício, para ganhar Cristo e ser a Ele vinculado, não com minha própria justiça derivada da Lei, mas com a que vem da fé em Cristo, isto é, com a justiça que vem de Deus, baseada na fé" (Fl 3,4-9).

A perfeição a ser buscada por todos os meios, portanto, é divina. Certamente não exclui as virtudes, mas, como assinala o Apóstolo, elas são obra do Espírito (cf. Gl 5,22), e fluem como de uma fonte para os corações gratos daqueles que conheceram a grandeza do amor de Deus pelo homem pecador. E destas virtudes, a primeira e mais importante é a misericórdia. Jesus pede misericórdia a todos, mesmo e especialmente àqueles que, apesar de seus esforços, não conseguem dominar sua própria carne; portanto, aqueles que experimentam o uso de suas fraquezas têm nela um lembrete constante para perdoar os irmãos e irmãs que veem cair.

Como isto é verdade, é atestado pelo texto que diz: "Vinde a mim todos vós que estais cansados e sobrecarregados e eu vos aliviarei. Tomai sobre vós o meu jugo e aprendei de mim que sou manso e humilde de coração, e encontrareis descanso para vossas almas. Pois meu jugo é leve e meu fardo suave" (Mt 11,28-30). Aqueles que são chamados de "cansados e sobrecarregados" são aqueles que os fariseus e escribas desprezavam por não cumprirem a lei, e acima de tudo eram os publicanos e prostitutas, que eram pecadores não apenas por sua conduta, mas por sua condição. Eles não podiam ousar vir ao Senhor porque, de acordo com a antiga lei, eles eram uma abominação aos seus olhos. A estes Jesus diz para ir até Ele, mostrando claramente que Ele veio para os doentes e não para os saudáveis (cf. Mc 2,17) e que sua ida de cidade em cidade e de aldeia em aldeia, atravessando montanhas e vales, nada mais era do que ir em busca das ovelhas que se haviam perdido (cf. Lc 15,4-7).

Se ainda queres ver como Deus ama os pecadores, medites na passagem sobre o fariseu e o publicano (cf. Lc 18,9-14), na qual Jesus diz que este último "voltou para sua casa justificado, ao contrário do outro, porque aquele que se exalta será humilhado e aquele que se humilha será exaltado". E o que diz o cobrador de impostos, ajoelhado na soleira do templo? Li: "Ele bateu em seu peito, dizendo: 'Ó Deus, tende piedade de mim, pecador'". Só isto é o que Deus quer: que todos reconheçam que ele é pecador e se confiem a ele, acreditando firmemente em sua infinita misericórdia, como está escrito: "O verdadeiro sacrifício é um coração contrito; um coração quebrantado e humilhado, Deus, não desprezas" (Sl 51,19). Ainda não estás convencido? Então olhe para Zaqueu, o cobrador de impostos (cf. Lc 19,1-10); ele nem sequer foi ao templo para orar, conhecendo sua própria condição, mas quando ouviu que Jesus estava chegando, subiu num sicômoro, porque tinha pouca estatura. O que significa que ele era de baixa estatura, se não que era e sentia-se o mais baixo de todos por causa de seu pecado? Então ele subiu numa árvore, porque queria ver Jesus, com aqueles gregos que tinham feito a pergunta a Filipe (cf. Jo 12,21). Ele não queria nada mais do que poder contemplar aquele que os outros tinham de todos os lados, com medo até de se aproximar, sabendo que este santo poderia condená-lo diante de todos e com justa razão. Que maravilha, então, que Jesus tenha levantado os olhos para ele, como um humilde servo diante de seu senhor (o que não deve te causar espanto, se pensas como um verdadeiro servo, que Jesus tenha lavado os pés dos discípulos como diz João, cf. Jo 13,1-5), e lhe disse: "Zaqueu, desce, pois hoje devo ficar em tua casa". Por causa dessa bondade inesperada, o coração de Zaqueu foi mudado de pedra para carne, como diz o Profeta Ezequiel: "Eu vos purificarei de toda a vossa imundície e de todos os vossos ídolos; dar-vos-ei um coração novo, porei em vós um espírito novo, tirar-vos-ei o coração de pedra e vos darei um coração de carne" (Ez 36,25-26), e por causa desse coração novo ele estava disposto a obras de justiça: "Eis, Senhor", disse ele, "eu dou metade dos meus bens aos pobres; e se eu lesei alguém, eu devolvo quatro vezes mais". Qual é, então, a diferença entre o trabalho do fariseu e o trabalho deste pecador? Que o fariseu, dizendo: "Senhor, agradeço-te... etc.", ele quis expressar sua gratidão a Deus por ter feito aquelas obras pelas quais ele pensava ganhar sua salvação, enquanto Zaqueu, o cobrador de impostos, fez aquelas mesmas obras *ex abundantia cordis*, pois o amor de Deus é *diffusivum sui*; e Jesus confirma isto dizendo: "A salvação entrou nesta casa, porque ele também é filho de Abraão". E para deixar isto claro a todos Ele diz novamente: "Pois o Filho do Homem veio para buscar e salvar o que estava perdido".

Isso ainda não é suficiente para ti? Leia o que Jesus diz na história dos dois filhos (cf. Lc 15,11-32): o filho mais novo havia exigido que seu pai lhe desse sua parte da herança, mas depois foi embora e gastou tudo com prostitutas. Mas o que seu pai, que aguardava ansiosamente seu retorno, fez? Considerando mais a alegria de ter um filho que morreu do que a sinceridade de seu arrependimento, ele ordenou um banquete e uma grande festa. E o mesmo ele fez com o outro: saiu a seu encontro como tinha feito com o primeiro, mostrando que Deus se preocupa com a salvação de todos os seus filhos, ainda mais do que a honra que tem o direito de exigir deles. O que significa que o pai saiu ao seu encontro, ou melhor, saiu correndo ao seu encontro, se não que Deus está ansioso para que seus filhos estejam com Ele em sua casa e, para tirá-los de suas vidas desordenadas, primeiro os faz tomar consciência das dificuldades e também do fardo humilhante do pecado, depois lhes toca a consciência, para que entendam que o Pai é rico em bondade e que em sua casa todos têm pão em abundância, enquanto longe dele morrem de fome e os amigos da festa se tornam estranhos em sua miséria. O bem-aventurado Tiago exorta com razão: "Não vos extravieis, meus amados irmãos; todo dom perfeito vem do alto e vem do Pai da luz, em quem não há variação nem sombra de mudança" (Tg 1,16-17); e João: "Se reconhecermos nossos pecados, aquele que é fiel e justo nos perdoará e nos purificará de toda culpa" (1Jo 1,9).

Agora entendes que a salvação vem somente do Senhor. Entendeste ainda que, antes de se mostrar em obras de virtude, Ele se mostra num coração que sabe reconhecer que nada pode fazer por si só. É por isso que o santo Rei Davi, que era tão grande em gratidão quanto em pecado, canta: "Criai em mim um coração que seja puro, dai-me de novo um espírito decidido. Não me afasteis de sua presença nem retireis de mim vosso santo espírito. Dai-me de novo a alegria de ser salvo; criai em mim um espírito generoso" (Sl 51,12-14). Se, então, por causa de sua fraqueza, sofres os ataques da tentação, lute com as armas da miséria: não julgue ou despreze ninguém como inferior a ti, mas sede solícito para com todos, como o último e servo de todos. Pois, como diz a Escritura, "o juízo pertence a Deus" (Dt 1,17); finalmente, lembra-te da advertência do Senhor: "Não julgueis e não sereis julgados; não condeneis e não sereis condenados; perdoai e sereis perdoados" (Lc 6,37).

Dizes que isto é difícil e até impossível. Quantas vezes, de fato, as intenções mais sinceras foram seguidas de fracasso, mesmo que não tenha faltado a oração e se não se pode negar as estações de abundância de frutos. Em resposta, diria que o abandono a Deus certamente não é para ser entendido como um abandono. Ao contrário, é um compromisso de seguir o Senhor para onde quer que Ele vá, levando-o como nosso guia e professor, escolhendo viver suas ordens, mesmo quando alternativas mais atraentes nos são oferecidas.

Jesus diz: "Quem guarda meus mandamentos e os observa, este me ama" (Jo 14,21), assim o amor ao Senhor não se manifesta em palavras, mas em obras. Mas também poderia ser dito que ao fazer as obras que Ele ordena, aprende-se a conhecê-lo mais pela experiência e, assim, a mais amá-lo. O amor então nos torna semelhantes a Ele e, com o passar do tempo, mais animados por sua mesma caridade.

O bem-aventurado Apóstolo Paulo diz: "Sabemos que nosso velho homem foi crucificado com ele, para que o corpo de pecado pudesse ser destruído e para que não sejamos mais escravos do pecado. Porque aquele que morreu está agora livre do pecado" (Rm 6,6-7). Ele alude ao batismo no qual a passagem da morte para a vida foi milagrosamente realizada em nós, pelo sacrifício que Jesus Cristo consumou na cruz. Pois quando estavas imerso na fonte, foste mergulhado na morte do Senhor, e quando foste dela retirado, como de um ventre, levantaste com Ele, uma nova criatura. Pelo sacramento fostes santificado, não sendo mais tu que vives, mas Cristo que vive em ti, como diz o Apóstolo: "Fui crucificado com Cristo, não sou mais eu que vivo, mas é Cristo que vive em mim. Esta vida na carne eu a vivo pela fé no Filho de Deus, que me amou e por mim se entregou" (Gl 2,20). Por que então dizes, "devo continuar lutando contra o velho homem?" Responderei imediatamente: pense em Cristo que, embora não tivesse nada em comum com o pecado, foi, no entanto, muito tentado e provado. Renascestes como uma nova criatura, mas a cada momento deves escolher a nova vida com a qual foste revestido. Em termos concretos, isto acontece quando aceitas o que é apresentado pela mão de Deus; então até mesmo a prova se torna uma oportunidade de fidelidade. E mesmo se, na luta, fores atingido e cair, será apenas por um momento, porque levantarás imediatamente e lutarás novamente. Esta é a condição do homem: de servos fomos feitos filhos, e ainda assim continuamos a olhar para as coisas do mundo não como alguém que pode dar-lhes, somente se quisermos e pela virtude do Espírito, mas como alguém que é dominado por eles; fomos feitos senhores de todos, e ainda assim continuamos a cobiçar como alguém que não possui nada.

Ouvi o Apóstolo: "Para vós, irmãos, foi dada liberdade. Mas essa liberdade não deve se tornar um pretexto para viver de acordo com a carne, mas por meio da caridade servirdes uns para os outros. Pois a plenitude da Lei está contida em um só preceito: 'Amarás o teu próximo como a ti mesmo'". Mais adiante, continua: "Procedei segundo o Espírito, assim não satisfareis aos desejos da carne, pois a carne tem desejos contra o espírito e o espírito tem desejos contra a carne; há uma oposição entre carne e espírito, de modo que nem sempre fazeis o que gostaríeis de fazer", e depois "se vos deixardes conduzir pelo Espírito, já não estareis sob a Lei", e conclui "aqueles que são de Cristo Jesus crucificaram sua carne com suas paixões e desejos. Se, portanto, vivemos pelo Espírito, também caminhamos segundo o Espírito" (Gl 5,13-25). O que significa "eles crucificaram sua carne"? Isso significa que, tendo reconhecido e exposto as traições da carne, eles resistem a suas reivindicações, reduzindo-a à impotência pelos dos pregos da caridade. Portanto, deixe que o Espírito o guie. Antes de tudo, dai glória a Deus porque Ele vos escolheu sem vosso mérito e, não olhando para vossa miséria, vos escolheu como filho dele; daí que a gratidão para com Deus e a misericórdia para com vossos irmãos surjam em vosso coração; a misericórdia anda sempre de mãos dadas com a humildade, e a humildade é a virtude do servo fiel que, estando sempre com seu Senhor, o imita em todas as coisas.

Para aquele que está sinceramente voltado para o Senhor e deseja agradá-lo em todas as coisas, a tentação às vezes se apresenta desta forma: enquanto as intenções e certezas sobre as quais foram concebidas permanecem claras na mente, todo afeto sensato pelo Senhor parece ter desaparecido do coração. E como a força de um propósito é proporcional mais ao afeto pelo que se pretende alcançar do que ao conhecimento de sua bondade intrínseca, à medida que o afeto diminui, o propósito, embora sincero, muitas vezes permanece ineficaz. Portanto, a tentação pode se infiltrar mostrando outros objetos que, atraindo a curiosidade, desorientam o coração. Afinal de contas, não foi isso que o tentador fez com Eva? Se o amor ao Senhor se desvanece, todas as criaturas parecem melhores e mais desejáveis do que Ele.

É assim que a tensão começa a ferver no coração, enquanto a mente permanece paralisada. Por um lado, ela continua repetindo seu "não" ao mal, mas em vão porque, como nos sonhos, a vontade permanece sem efeito; por outro lado, a atração arrogante do mal avança sem encontrar resistência válida. Naquele momento, muito pouco é necessário para que a tentação prevaleça, como o descuido ou a fraqueza que se inclina para uma pequena concessão com a ilusão de terminar o cerco.

Como superar tudo isso? Conta-se sobre Teseu que, quando teve que lutar contra a medusa, foi avisado para nunca olhá-la nos olhos, pois seria petrificado por ela. É exatamente isso que acontece quando, querendo lutar contra a tentação, começamos a lutar esquecendo que ela tem aliados em nossa própria natureza que estão prontos para nos trair a fim de chegar a nosso lado e nos conquistar: nossos sentidos, de fato, nunca são aliados seguros, porque estão inclinados ao prazer e à paixão que os impulsiona. Portanto, é melhor nunca olhar a tentação nos olhos: quando ela se insinua, distrai tua atenção olhando para outra coisa, especialmente para o que em outros momentos teve a capacidade de despertar teu mais nobre interesse, ou se aplicar a alguns trabalhos, ou fazer uma pausa pela conversa agradável e saudável com algum ancião.

Sabes que a tentação procede por meio de sugestão, o que antes de tudo o faz acreditar que é apenas uma questão de tempo, mas cedes. É como quando um grande exército sitia uma cidade: os magistrados, observando das ameias, calculam o que é melhor fazer; os oficiais, confiando nos muros e na valentia das tropas, tendem a resistir, enquanto mais frequentemente o povo, dominado pelo medo, gostaria de fazer um acordo, acreditando, erroneamente, que quanto menos eles resistirem, mais poderão contar com a clemência do inimigo. Eles não pensam que, seja qual for o preço que tenham que pagar, perderão sua liberdade. Nesses momentos terão grande peso as alegações que foram feitas e a confiança na ajuda que lhe será dada.

Aprenda então com o exemplo: se na tentação, pela qual sentes que sua força é inadequada, lembra-te quem luta a teu lado, então sentirás tua força multiplicada e recuperarás a segurança que parecia ter te deixado. Ouça o que diz o bem-aventurado Paulo: "Tendo abandonado o que nos pesa e o pecado que nos assola, corramos com perseverança na corrida que nos espera, mantendo os olhos fixos em Jesus, o autor e consumador da fé. Em troca da alegria que lhe foi dada, Ele se submeteu à cruz, desprezando a ignomínia, e sentou-se à direita do trono de Deus. Pensai cuidadosamente naquele que suportou tanta hostilidade dos pecadores contra si mesmo, para que não vos canseis de imitá-lo" (Hb 12,1-3).

A humildade torna forte até mesmo os fracos

Então nossa natureza deve se resignar a ser derrotada diante da tentação? Ouvi. A natureza do homem é tal que ele aprende a dominar-se a si mesmo somente por meio de exercícios longos e árduos. E mesmo quando o esforço parece ser recompensado com sucesso, é sábio ser cauteloso. Na verdade, a tentação é muitas vezes contida mais pelo orgulho do que pelo amor ao Senhor. Nossa carne é fraca, mas pode ser revestida com força, de fato com a força do próprio Deus. Quando ouvimos o Senhor, aceitamos sua palavra e a colocamos em prática, então podemos superar a violência da carne. É o mesmo que para a pessoa fraca: se ela sabe cuidar de si mesma, pode viver tão saudável quanto a forte. Em resumo, devemos nos manter longe das ocasiões. O esforço, portanto, não será tanto em combater a tentação, uma luta pela qual somos muito fracos, como a experiência nos tem mostrado muitas vezes, mas em ficar longe do perigo. E se o Senhor permitisse que a tentação se levantasse de repente, Ele mesmo não deixaria de nos dar uma graça especial para nos ajudar a superá-la. Se, por outro lado, nos colocamos em perigo, o Senhor pode, com razão, deixar-nos entregues a nós mesmos, para que possamos perceber o quão pouco somos e quão grande tem sido nossa presunção.

Há tentações, como a tentação da carne, que vêm de repente e podem derrubar até mesmo aqueles que são mais cuidadosos para evitar tais coisas. Se examinarmos cuidadosamente o curso da batalha, podemos descobrir que o inimigo, conhecendo bem o desgosto por esses pecados, preparou astutamente o ataque à fortaleza, atacando primeiro outras partes das paredes e enfraquecendo sua resistência, especialmente na caridade e na estima pelos irmãos. Tendo entrado com críticas sutis, descontentamento com assuntos triviais, ele capturou seu comprometimento envolvendo-os em assuntos vãos, enfraquecendo sua caridade e, quando eles menos esperavam, ele lançou seu ataque exatamente no ponto em que a derrota seria mais amarga e humilhante. O tentador é um inimigo inteligente e feroz, e ele sabe que para vencer a guerra é muito importante desencorajar o adversário, vencendo em um campo onde ele se sentia seguro. Eles resistiram com a força que lhes restava, mas como não se alimentavam da fonte da caridade, tiveram que ceder à violência do ataque.

O Senhor, que ama sua criatura, permite que na batalha ela seja ferida para ensiná-la que a humildade e a caridade para com todos são as verdadeiras armas com as quais ir à guerra e voltar vitorioso.

Por que a atração do mal é tão forte?

O mal atrai porque se apresenta como o bem mais desejável. Mesmo quando seu mal interior é evidente para o intelecto, ele parece desejável para a carne. A Escritura diz: "A mulher viu que o fruto da árvore era bom para comer, agradável aos olhos e desejável para a sabedoria; ela tomou de seus frutos e deles comeu" (Gn 3,6). Então ela "viu" o que era "agradável aos olhos", vendo o desejo despertado, e do desejo veio a decisão: "ela tomou de seus frutos e deles comeu". Ela conhecia a vontade de Deus e ainda assim seu desejo era mais forte do que sua consciência. Se a árvore lhe parecesse ruim, com certeza ela não teria comido de seus frutos. Mas parecia bom e desejável, então ela comeu deles. Ela era má? Talvez que ela odiasse seu Criador? Certamente que não! No entanto, ela cedeu ao desejo, e isso foi a perdição para todos. Considere o que o caçador faz e aprenda com o exemplo da presa. O caçador prepara a armadilha, e para atrair a presa ele coloca ao lado dela a presa que mais anseia. O animal, que não tem inteligência, mas se deixa guiar pelo instinto, vê ou cheira o que aguça seu apetite, se aproxima e, assim que toca a isca, a armadilha se fecha e ele permanece ali. O que parecia bom, agradável aos olhos e desejável, revelou-se uma armadilha mortal. Mas o homem, que possui inteligência, embora veja algo de desejável, primeiro pense se é bom, pois a aparência é muitas vezes enganosa. Portanto, o olho por si só não é suficiente, mas a inteligência também é necessária, que pode discernir. Há, no entanto, a carne, que não ouve nenhuma razão e quer a todo custo o que seu desejo apreendeu. Ele grita tão alto e tão impetuosamente que parece impossível enfrentá-lo. E assim seria, de fato, se Deus não nos tivesse dado o espírito de filhos com os quais também podemos dominar a carne, embora não sem esforço. E quando digo dominar, não quero dizer conquistar, porque a vitória total, ou seja, a vitória que silencia a polpa, se for alcançada, é fruto de uma longa e dura disciplina. Já é uma grande coisa, de fato uma grande graça, que o coração não cede e segue a carne, mesmo quando consegue de alguma forma obter algo.

Na humilde escola do amor

Jesus convida muito apropriadamente os discípulos a ter cuidado com o fermento dos fariseus (cf. Lc 12,1) e a não se contentarem com a prática exterior, mas a prestarem atenção ao coração, que ninguém vê senão

Deus sozinho. Os fariseus, que conheciam a lei, tinham o cuidado de observá-la externamente em cada minuto exigido, de modo a parecerem justos diante dos homens (cf. Mt 6,1); mas Deus, que tudo vê, lhes diz: "Ai de vós, escribas e fariseus, que pareceis túmulos caiados de branco, que por fora são lindos, mas por dentro estão cheios de ossos mortos e de toda coisa imunda. Assim, vós pareceis justos por fora para vos gabardes aos homens, mas por dentro estais cheios de hipocrisia e iniquidade" (Mt 23,27-28). Ele certamente estava pensando neles quando exortou os discípulos, dizendo: "Por que olhas o cisco no olho de teu irmão, mas não vês a trave em teu próprio olho"? (Mt 7,3). Ninguém pode se vangloriar de ser justo diante de Deus. É por isso que Jesus diz: "Não julgueis, e não sereis julgados" (Mt 7,1). Dirás: Como é possível não julgar? São Paulo responde ao ensinar: "O amor é paciente, o amor é pacífico, não é invejoso, não se vangloria, não se ensoberbece, não desrespeita, não busca sua própria vantagem, não se irrita, não retribui o mal recebido, não se alegra com a injustiça, mas se alegra com a bondade" (1Cor 13,4-6). Note bem: o Apóstolo não diz que o amor não vê, e em seu coração não sabe distinguir o bem do mal; ele diz que não julga, na verdade não se irrita, como acontece com aqueles que veem seus direitos ofendidos; ele também diz que se alegra com a verdade, ou seja, reconhece com amargura que às vezes a mentira triunfa; e ele conclui dizendo que a caridade: "tudo aceita, tudo crê, tudo espera, tudo suporta. O amor jamais passará" (1Cor 13,7-8). Pois Deus é o primeiro a cumprir o que Ele pede a todos por meio de seu Filho quando diz: "Sede filhos de vosso Pai celestial, que faz nascer seu sol sobre o mal e sobre o bem, e chover sobre os justos e sobre os injustos. Pois se amais aqueles que vos amam, que virtude tereis? Os publicanos também não amam? E se ajudais apenas os que vos ajudam, que virtude tereis? Os gentios também não fazem o mesmo? Sede, portanto, perfeitos, como vosso Pai celestial é perfeito" (Mt 5,45-48). Deus sabe tudo, pois Ele vê o coração, mas não julga nem condena.

Aquele que, pensando em quantas vezes precisou do perdão de Deus e do homem, se abstém de julgar e olha com compaixão para aqueles que ele sabe que estão errados, terá o favor de Deus.

"Onde está teu tesouro, aí estará teu coração"

Terás notado que, quando teu coração é atingido por algo que realmente se apodera dele, todos os outros desejos desaparecem; mesmo aquilo que normalmente supera toda sua resistência, em tais momentos não tem poder sobre ti, a ponto de que se o que ansiavas se apresentasse, o afastarias irritado e sem demora. Para lhe dar um exemplo, pense em como sua felicidade e apetite desaparecem quando, enquanto estás comemorando com amigos, alguém chega de repente para anunciar um evento sério... um acidente, algo que atingiu um ente querido... Assim vês como é verdadeira a palavra do evangelho, quando diz: "Onde está teu tesouro, aí estará teu coração" (Mt 6,21).

Queres saber o que podes fazer concretamente para aprender a reconhecer o Senhor, que vem para libertá-lo de ti mesmo pelo dom da cruz. De fato, se não tivermos cuidado, quando a cruz chega, tentamos instintivamente escapar dela; é visto como uma injustiça a ser recompensada e não é raro que o presente seja tomado como uma penalidade. É claro que a cruz não deve ser revestida de açúcar, pois ela fere, às vezes profundamente, nossa humanidade. Mas se pensares no propósito para o qual fomos criados, perceberás imediatamente que o que conta é ser purificado de tudo o que nos afasta de Deus, e tudo o que nos ajuda a fazer isso é abençoado, não importa o que aconteça.

Em qualquer caso, em resposta à pergunta, direi antes de tudo que, se Ele quiser, Ele pode dar à alma o dom de ver sua mão no que acontece; e isso sem nenhum mérito, pelo menos aparente, de sua parte, mas apenas porque Deus é bom e confere a graça a quem quiser, mas geralmente é de grande ajuda se considerares com frequência a Paixão do Senhor, habituando-se em um ou outro mistério e pensando que o Senhor sofreu tudo isso por ti. Agora, se mesmo o homem mais difícil não poderia ficar indiferente aos tormentos infligidos a outro homem, mesmo que ele seja um estranho, é certo que se considerares que o que os evangelhos dizem com sobriedade sobre Jesus foi para dizer a todos o que o amor fiel de Deus alcança, teu coração aprenderá muitas coisas e o Senhor se tornará amado. Porque, como sabes, deixa-se de pecar quando começa a amar.

A vida dos santos pode nos ajudar. Há quem tenha abandonado a mediocridade e iniciado com determinação o caminho da perfeição quando aceitou a cruz em suas vidas; de modo que o que aos olhos de todos foi um fracasso, uma ofensa imperdoável, uma humilhação... tornou-se manifesto como o evento que removeu os obstáculos que se opõem à maneira de pensar deste mundo. Em seguida, abriram os olhos para uma realidade diferente que está escondida dos olhos daqueles que raciocinam com a sabedoria dos sábios. Conheço um homem que, não sem esforço, escolheu perdoar uma ofensa muito grave, o que aos olhos de todos lhe deu o direito de se vingar da pessoa que o havia ferido tanto. Bem, desde que ele decidiu dar lugar em seu coração aos sentimentos de Cristo, em vez de abrir espaço para aqueles que a ofensa espontaneamente gerou nele, sua vida mudou completamente: aquela harmonia com Jesus crucificado que perdoou seus algozes continuou até invadir todos os sentimentos, mudando assim a maneira como ele vê as coisas e a própria vida.

A caridade que invade o coração, pois é disso que se trata, transforma tudo. O primeiro sinal está na oração: a partir desse momento, ela é desejada e se torna muito simples, até ser uma fusão de sentimentos, tua alma comunica-se com a alma de Jesus; te sentes conhecido e sabes; vês tuas faltas e sentes intenso desconforto e dor, mas isso não o distancia do Senhor; mas, ao contrário, o aproxima dele, porque sentes que essa dor é uma participação na dor de Jesus ofendido por teus pecados e te entrelaças ao desejo de consolá-lo. A dor de Deus certamente não é por causa da ofensa, embora a expressemos frequentemente dessa forma – pois como o homem poderia diminuir a santidade de Deus? –, mas por compaixão por uma criatura que se prejudicou ao não ouvir sua voz. Pois o pecado, tenhas isto em mente, custa caro ao infrator, pois ele sempre carrega sua punição, embora possa não parecer assim.

Como podes ver, o grande inimigo deste dom de Deus, que é a caridade, é o senso de justiça, por trás do qual está quase sempre escondida a necessidade de vingança pelo mal recebido, para que em nome de certos princípios, que todos parecem mais nobres para defender, se percam dons incalculáveis. Na verdade, a justiça de Deus é muito maior e mais plena que a da humanidade e, sem tirar nada dela, especialmente quando os direitos e o equilíbrio da comunidade estão envolvidos, é apropriado buscar a caridade, que é muito maior que a justiça.

É preciso discernir a origem dos comportamentos

Diante dos comportamentos desordenados, distinga cuidadosamente se eles vêm de dentro de ti ou de fora, se de tua imaturidade ou da malícia. Na maioria das vezes, com um olhar superficial, tudo parecerá confuso, então olhando com mais cuidado podes encontrar um ou outro, mas podes ver se o distúrbio foi preparado por uma insistente e complacente saraivada de pensamentos ou se apareceu com uma espécie de violência repentina e incontrolável. No último caso, é a maturidade que prevaleceu, ao contrário do primeiro, em que a malícia evidentemente prevalece. Também poderia ser acrescentado que às vezes a tentação é desencadeada por causas externas, tais como uma solicitação produzida por situações ou imagens nas quais te encontras sem vontade, ou um período de fadiga e desordem, um clima de complacência, e coisas do gênero. Outras vezes, é uma questão de causas internas, como o medo de uma provação pela qual deves passar ou a incerteza sobre o que fazer. A tentação pode então surgir e até se impor como uma rota de fuga. Há situações que podem ser evitadas, caso em que é óbvio que todo esforço deve ser feito; há outras a que devemos nos submeter, caso em que devemos fazer um uso maior que o habitual dos meios oferecidos pela inteligência e pela fé, tais como confiar no Senhor, que não permite que ninguém seja testado além de suas forças.

Como fazer isso? Já disse que devemos ser prudentes e evitar qualquer coisa que possa ser um fardo para a alma, para que voltemos nosso olhar do Senhor para as coisas. Já mencionei também a atitude de fé: o Senhor é fiel a suas promessas e nunca abandona ninguém em dificuldade. A humildade, que significa ter um senso dos próprios limites, é uma grande ajuda no uso da prudência, mantendo uma distância de tudo que possa ser um perigo: basta mencionar os pensamentos peregrinos e ociosos, a memória, que ainda não foi restaurada e na qual permanecem tantas lembranças, que podem desencadear sentimentos e desejos desordenados, os olhares, que acendem desejos, a conversa vã, a vida superficial: tudo isso pesa no caminho e limita severamente a liberdade. Aquele que é humilde é como aquele que, conhecendo seus próprios males, prudentemente mantém sua distância de tudo o que possa exacerbá-los. A isso eu poderia acrescentar a oração de confiança, que, afinal, é o alimento habitual da alma. Mas a maior força é ter os mesmos sentimentos em nossos corações que Jesus: é a caridade que nos torna fortes e de fato inatacáveis pela tentação. Uma pessoa fraca, mesmo que se armasse completamente, continuaria fraca estruturalmente e, durante o ataque, acabaria cansada e então todas as suas armas seriam de pouca utilidade. Por outro lado, alguém que seja forte, mesmo com poucos recursos, será capaz de se defender. Portanto, aquele que se esforça para viver os próprios pensamentos de Jesus é forte contra o mal, e a tentação só raramente o surpreenderia, e em todo caso não o encontraria despreparado.

Direi também que aqueles que tentam ter a caridade de Cristo em seus corações mudam gradualmente seus desejos e tornam-se cada vez menos sensíveis ao que tão facilmente desperta a atenção e os sentidos daqueles que não partiram resolutamente a seguir o Senhor. Jesus é explícito quando diz: "Onde está teu tesouro, aí estará teu coração" (Mt 6,21).

Se teu coração ama algo e sente que alguém quer roubá-lo, ele se defenderá como se fosse do pior inimigo. Ele fecha todas as portas e não aceita negociações, por medo de enfraquecer sua guarda. Todo pensamento é tensionado a sustentar seus direitos no coração, sem considerar nenhuma razão: esse tesouro é tão precioso para ele quanto a própria vida, pois perdê-lo significaria a morte. Todo aquele que não toma um lado claro é considerado um aliado do outro lado. Dessa forma, ele permanece prisioneiro na fortaleza que fortificou em defesa de seus afetos. Mas que tipo de vida é essa para alguém cujo coração é um prisioneiro de afeto? Pode ser um tesouro maior do que a liberdade? Vale então a pena perder a liberdade pelo que os ladrões podem roubar e o caruncho da madeira destruir? Não será mais conveniente colocar o coração no coração de Deus, já que nele tudo é devolvido cem vezes? Quão verdadeiras são as palavras: "Humilhai-vos, pois, sob a poderosa mão de Deus, para que Ele vos exalte no momento oportuno, lançai sobre Ele todos os vossos cuidados, pois é Ele quem cuida de vós"! (1Pd 5,6-7). Quanto mais perfeito é um coração, mais exigente ele se torna, de modo a amar apenas o que lhe parece ser de grande valor. Aquele que é culto e de mente refinada pode ser tão capturado por ela que tem dificuldade de entender que o que parece tão próximo de Deus em sua beleza e preciosidade, o que parece expressar tão bem o que se guarda nas mentes mais escolhidas, pode ser para ele o ídolo mais terrível e perigoso. Portanto, mantenha Deus sempre diante de teus olhos e não se detenha em nada que possa distrair teu coração do que o homem só pode imitar, mesmo com arte sublime.

Com relação ao abandono em Deus, um meio eficaz de praticá-lo é certamente a obediência aos superiores hierárquicos. Além disso, pode-se adquirir o hábito de submeter seus próprios projetos a mudanças que podem ser impostas por circunstâncias além do seu controle. Este exercício é muito útil para não se apegar às próprias ideias, ainda que sejam boas. Finalmente, é muito útil viver o momento como o sentes, sem pensar no que vem a seguir. Fazer, em suma, como um humilde servo, que faz de tempos em tempos o que lhe é ordenado, deixando de lado, na medida do possível, seus gostos pessoais. Assim, em todas as circunstâncias, ele gostará de fazer algo que, de acordo com um plano que só Deus sabe, contribuirá para seu reino. Em cada momento, ele tentará ser acolhedor e viver a caridade de Cristo. Tudo isso deve ser feito de forma simples, direta e com grande amor à verdade, tomando cuidado para não ofender as sensibilidades, mas igualmente sem o respeito que é costume entre as pessoas que se preocupam mais com a conveniência do que com a verdade.

Estas coisas são possíveis com dificuldade, se a pessoa vive absorvida em muitas coisas e sem o descanso necessário. A vida espiritual é muito reforçada por uma vida regular, na medida do possível, e por um descanso adequado, tanto físico quanto espiritual. Portanto, é necessário ser humilde e reconhecer quando se está cansado, parar um pouco na companhia do Senhor, assim como Ele recomenda a seus seguidores, segundo o Evangelho de Marcos (cf. Mc 6,31).

Duas vontades em batalha entre si

Parece que no homem não há apenas uma vontade, mas duas vontades em batalha uma com a outra, como qualquer pessoa que tenha experimentado a tentação sabe. Há a vontade da mente, firme no bem que conheceu e ao qual aderiu; e há uma espécie de vontade dos membros, que quer proceder de acordo com seu próprio plano e não aceita o que a vontade da mente comanda. Esta, ao contrário, sente-se como amarrada e presa, se entristece, como que por culpa, quando não consegue dominar as forças inquietas da carne, que a levam a seguir a lei despótica da paixão.

Dominar as paixões é a árdua tarefa do homem espiritual, que, com o auxílio do Espírito Santo, será capaz de transformar na verdadeira imagem do Filho de Deus aquilo que nasce selvagem e dominado por forças em tumulto. Para isso, ele terá que lutar duro, conquistando o campo oposto, polegada a polegada; e nunca poderá ceder ao sono, se não quiser perder num instante o que ganhou tanto tempo e esforço.

O agricultor que contende com a floresta para ser campo deve começar por limpar o solo das plantas que o infestam, depois com grande esforço deve remover vigorosamente as pedras e a enxada para semear, e finalmente, se Deus lhe enviar chuva e sol na hora certa, ele poderá colher os frutos esperados. O mesmo acontece com o homem em busca da perfeição: ele terá que enfrentar generosamente todas as dificuldades, mas deve lembrar que os esforços espirituais permanecem sem sucesso sem a ajuda do Espírito Santo, porque somente o Espírito que criou tudo pode recriar o que o pecado distorceu. Portanto, não pense que a disciplina é suficiente, embora seja indispensável.

Há muito tempo, entre os peregrinos que estavam hospedados no mosteiro, veio um homem de longe, que trouxe consigo um urso, a quem ele havia ensinado a realizar muitas coisas milagrosas, para que todos o admirassem e de boa vontade jogassem moedas para ele. Aconteceu que um estranho se aproximou dele, persuadido de que o animal seria manso, mas o urso o atacou, e foi preciso a força de muitos homens e muitos espancamentos para liberar o infeliz do alcance da besta. Houve quem se maravilhasse com esta violência repentina, mas deveriam ter se maravilhado mais com a mansidão do urso, que não estava em sua natureza. Que este exemplo o ajude a compreender que mesmo um homem que se educou por um longo exercício de virtude pode de repente cair de novo naquela condição da qual ele pensava ter se libertado. Pois é de sua natureza ser habitado pelas paixões. É necessário, portanto, tornar-se criaturas espirituais, porque a carne do homem, assim que lhe é dada a oportunidade, se rebela facilmente contra a lei da razão e volta aos usos primitivos, abandonando o que parecia ter aprendido.

A disciplina deve, portanto, ser acompanhada pelo desejo de atingir um objetivo mais elevado do que o autodomínio. Como o atleta, que submete seu corpo ao treinamento pesado, não para se tornar mais forte, como pode parecer, mas para ganhar o prêmio. Pois ele não busca força para seu próprio bem, mas para a vitória. Pois ninguém se submete ao cansaço se o considerar inútil.

Assim acontece com aquele que anseia conquistar o objetivo do homem que conhece o Senhor. A alma que provou seu amor por apenas um momento será tão intimamente agarrada por ele que se submeterá de bom grado a qualquer labuta a fim de fixar seu olhar em sua luz inefável. A mente entende isto bem, e por isso sua vontade deseja esta beleza com toda sua força; mas a vontade dos membros é sua inimiga, e ela seguirá de bom grado o que a mente sugere, se encontrar prazer nela, mas se oporá a ela com uma tenacidade impensável assim que for privada daquilo pelo que os membros clamam. Quando a vontade dos membros parece conquistar a vontade da mente, o homem experimenta quão fraca é sua condição e com consternação se lembra do que o santo Profeta Davi diz: "Em pecado minha mãe me concebeu" (Sl 51,7).

Distinguir, portanto, a desordem produzida pela malícia daquela produzida pelo poder desenfreado das paixões. Enquanto podes te defender contra a maldade educando sua mente na beleza do que é bom e correto, podes te defender contra a violência das paixões, que tem uma força própria que a vontade nem sempre pode dominar, somente pela prudência e um grande amor ao Senhor. Podes ser capaz de mudar o julgamento de uma pessoa calma e disposta a raciocinar, mas dificilmente o mudará em uma pessoa exagerada e furiosa.

Às vezes, é o desconforto ou o excesso de cansaço que suscita as paixões, às vezes são as condições que não dependem do homem. O medo pode fazer com que até mesmo o homem mais calmo perca sua compostura habitual; o homem trabalhador se torna inepto de muito calor; se o escritor hábil força sua mão a trabalhar por muito tempo, a escrita se torna dura e irregular. E não há apenas o cansaço do corpo ou o desconforto produzido pelas condições em que ele se encontra; há também o da mente, que se tornou inquieta com muitos pensamentos. Portanto, é necessário ajudar o corpo para que ele não caia nas paixões do excesso de fadiga. Entretanto, trilhe o caminho do equilíbrio, mantendo-se no meio certo. Seja como o timoneiro que tem que conduzir o navio entre as rochas: ele muda constantemente sua direção para evitá-las. Se, por um momento, as paixões parecerem estar vencendo, vem em nosso auxílio o bem-aventurado Paulo, que diz: "Quem nos separará do amor de Cristo?" (Rm 8,35). Contanto, porém, que confiemos somente em Cristo e esperemos força somente dele. Pois agrada ao Senhor educar a alma mostrando-lhe o pouco que vale, para que ela se apegue mais fortemente a Ele e aprenda a não fazer nada a não ser com Ele.

Dirás: Como posso fazer isso quando a paixão me detém? Respondo: vá ao superior com a mesma confiança com que vais a Deus, e confie a ele o tumulto de seu coração; permaneça em seus conselhos e não vacile, pois o medo é próprio de homens de pouca fé. Em vez disso, diga com o salmista: "Ainda que eu passe pelo vale tenebroso, nenhum mal eu temerei, estais comigo com bastão e com cajado, eles me dão a segurança" (Sl 23,4). Então repita o que disse o bem-aventurado Pedro: "Humilhai-vos, pois, sob a poderosa mão de Deus, para que Ele vos exalte no momento oportuno, lançando sobre Ele todos os vossos cuidados, pois é Ele quem cuida de vós. Sede temperantes, sede vigilantes. Eis que vosso inimigo, o diabo, vos rodeia como um leão a rugir, buscando a quem devorar. Resisti-lhe, firmes na fé, sabendo que seus irmãos espalhados pelo mundo sofrem. E o Deus de toda graça, que vos chamou para sua glória eterna em Cristo, vos restaurará, e, após um breve sofrimento vos confirmará e vos fortalecerá. A ele seja o poder pelos séculos dos séculos. Amém!" (1Pd 5,6-10). Finalmente, encontre conforto nas palavras do Apóstolo Paulo, que, em meio às tribulações, disse: "Tudo posso naquele que me conforta" (Fl 4,13).

Insistes que a paixão obscurece o juízo e que a sensualidade turva a memória da promessa de Cristo, ou seja, de não abandonar-te a teu juízo. Tende cuidado: quando fores molestado pela paixão, não sejas como aquelas crianças que, quando provocadas por seus companheiros de brincadeira para brigar, querem fazer algo por si mesmas, sem considerar se sua força lhes permitirá superar seus adversários; ao contrário, volte-se imediatamente para o Senhor e mantenha seu olhar fixo nele; seja como aqueles que, sentindo-se em perigo, agarram-se firmemente ao pai e deixam que ele os defenda. Para aqueles que se comprometem a lutar contra as paixões, muitas vezes são movidos por um zelo que tantas vezes esconde o orgulho. Embora seja verdade que a vitória sobre as paixões, pressupondo não apenas a vontade da mente, mas também a vontade da carne – que nem sempre é possível e não por tudo –, requer a ajuda da graça de Deus, a qual serás capaz de aproveitar quanto mais perfeitamente nele confiar.

Não se surpreenda se continuares a te sentir fraco em suas provas, pois essa é a condição humana. E não te surpreendas se, apesar de seus esforços, sentires que estás prestes a sucumbir: essa é precisamente a força da tentação para aquele que ama a virtude.

O mal tenta de todas as maneiras fazê-lo sentir que teu defensor falhou. Essa ilusão é fácil para ele em relação àqueles que, sem perceberem, querem permanecer sãos na virtude para agradar a si mesmos e não para agradar ao Senhor, e que, em seu fracasso, sofrem mais com a ferida de seu orgulho do que com a ofensa cometida contra o Sumo Bem. Portanto, reconheces que a vida virtuosa pode esconder uma busca sutil de si mesmo.

Verdadeiramente virtuoso é aquele que está tão envolvido pelo amor de Deus que não se preocupa mais consigo mesmo; pois a tentação não tem lugar nele, pois ele não tem coração a não ser somente para Deus. Portanto, tenha em mente que ninguém é mais forte que sua própria humanidade ferida pelo pecado e que a paixão só pode ser vencida por Aquele que faz todas as coisas novas. Portanto, cultive a confiança nele: pense que Ele está ao seu lado no julgamento e combate o bom combate. Não é a falta de virtude que o afasta do Senhor, mas a volúpia, especialmente a volúpia sutil e insidiosa, que o leva a querer a virtude a todo custo, a fim de se orgulhar de si mesmo. Finalmente, lembra-te de que não és tu, mas o Senhor que fornecerá as vestes das núpcias para compareceres diante dele.

Libertar o coração

É claro que só o Senhor pode lhe dar a liberdade que esperas, mas essa graça deve ser pedida e depois preparada com todo o empenho.

Quando digo "libertar o coração" refiro-me à purificação dos desejos. Muitos deles, senão todos, estão ligados aos apetites dos sentidos. A memória de um prazer estimula a buscá-lo novamente, como se fosse uma necessidade; como faz quando um mau hábito criou uma espécie de vício, de modo que, como por um mecanismo estranho, o próprio corpo parece exigi-lo em horários fixos, como faz com a comida ou o sono. Bem, é importante responder às exigências da vida evitando aqueles gostos que nos estimulam a procurá-los novamente. Um exemplo é a comida: pode-se comer alimentos que não são particularmente saborosos; o propósito da comida é nutrir, e o prazer que normalmente acompanha a comida é uma função da comida; de fato, desfruta-se mais comer um prato saboroso do que um alimento desagradável ao paladar. Mas enquanto dele nos alimentamos segundo a necessidade, e até mesmo menos, o alimento saboroso é tomado em abundância, mais por prazer do que por fome. Se, portanto, não queremos ser dominados pela culpa e pelo desejo de alimentos refinados, mas queremos manter na ação de comer a função que ela tem, ou seja, nutrir o corpo, devemos nos abster habitualmente de alimentos que acariciem o paladar. Mesmo a alimentação pode criar "dependência" e a dependência limita a liberdade. O que eu disse sobre o gosto pelos alimentos se aplica a tudo mais, portanto, não vou expandir sobre ele. Apenas acrescentarei que, de todos os gostos, o mais avassalador é certamente o relacionado à sexualidade. Nesse campo é necessário estar muito vigilante, pois se o sabor estiver impresso nos membros, será muito difícil e demorará muito tempo para diluir a memória. De todos os vícios que podem afetar nossa natureza humana, este é certamente o mais tenaz.

Mas tenha em mente que a temperança, embora indispensável, não é suficiente por si só. O coração deve continuar caminhando em direção a um objetivo, deve experimentar um esforço em direção a algo grande. Portanto, o compromisso prático deve ser acompanhado por um compromisso de conhecer e "provar" quão bom o Senhor é. Em termos concretos, isto acontece pela fidelidade à oração mental. Ao praticar a meditação todos os dias, ao contemplar os mistérios da vida do Senhor, ao escutar seus ensinamentos, um afeto por Ele surgirá gradualmente e isso será decisivo na inevitável luta contra a tentação, pois a tentação certamente virá. Então a vitória será decidida ou por orgulho ou por amor. O vencedor sobre a tentação será o orgulho, quando a decisão de não ceder depende do sentimento de humilhação que acompanha o ceder; mas será o amor, quando o coração se afasta do que despertou o desejo, porque o Senhor dele se tornou caro.

Aqui devemos dedicar um pouco de tempo para falar sobre o pré-amplificador. Falaremos sobre isso com mais detalhes mais tarde. Por enquanto – apenas para dirigir efetivamente sua boa vontade à busca do Senhor – quero lhe dar esta sugestão: quando te dispões à oração mental, pode ser útil fixares teu coração em uma imagem; pode ser gerada por seu próprio coração ou por uma leitura que estimule sua imaginação, de modo a tornar mais fácil para se imaginar lugares, coisas, pessoas; às vezes pode ser útil se ter uma imagem adequada à sua frente para estimular a devoção. Portanto, use o que lhe for mais útil para louvar ao Senhor e agradecer-lhe por todas as suas bênçãos. Quanto mais seu coração estiver livre de imagens que possam afetar os sentidos, mais fácil será sua oração. Mas no final, lembre-se de que a oração é um dom de Deus, portanto invoque o Espírito Santo antes de qualquer outra coisa.

Com frequência pedimos o presente de um coração novo. Bem, talvez reduzindo um pouco a riqueza desta expressão – mas só para nos entendermos –, um novo coração nos é dado quando nos apaixonamos pelo Senhor. Mais uma vez, portanto, sabemos que este é um dom, mas que podemos aprender a recebê-lo procurando conhecer cada vez mais o Senhor, especialmente mediante a experiência, ou seja, procurando compartilhar seus sentimentos em todas as situações concretas da vida.

Bem-aventurados os puros de coração

No Sermão da Montanha lemos: "Bem-aventurados os puros de coração, porque verão a Deus" (Mt 5,8). Quem são os puros de coração? A própria palavra explica: os puros de coração são semelhantes àqueles cujos corações são purificados pelo fogo. Pois pelo fogo purificamos os metais e tudo o que está infectado. E aquilo que é purificado não tem impureza, mas é puro, ou seja, composto de uma substância. Então compreendes que os puros de coração são aqueles cujos corações são puros, mundanos e em contínua purificação, muitas vezes com labuta e dor. E o fogo que limpa certamente não é o fogo da paixão pelas coisas humildes, mas o fogo que sempre arde no coração de Deus. Bem, eles verão Deus. Eles o verão quando o tempo tiver cessado e seus olhos estiverem abertos para a visão. Mas eles saberão ver Deus também em todas as coisas: saberão descobrir seus sinais, porque seu olhar será mundano de interesses vãos, e não se importarão com nada além daquele que acendeu o fogo que os queima.

Ainda sobre o desejo

Terás notado que às vezes cede, sem ter tomado uma decisão clara e consciente para fazê-lo. Estas são as ocasiões em que resta a dúvida se a cessão é responsável ou não, porque certamente há o conhecimento do que aconteceu e estava vivo mesmo enquanto estava acontecendo, mas ao mesmo tempo se encontra quase como um "eu" e um espectador do que se está fazendo.

Uma decisão séria requer a adaptação dos meios ao fim. Se, então, escolhemos a liberdade, devemos saber como defender nossos desejos daqueles objetos que poderiam facilmente fazê-los ceder, para que caiamos na desordem e nos tornemos os mais fortes oponentes da verdadeira liberdade.

Como alcançar a liberdade interior

Tu me perguntas como alcançar esta liberdade interior. Bem, é certamente um dom de Deus, mas requer, nada menos, o trabalho do homem. Se, então, desejas alcançar a liberdade perfeita, caminhar no deserto, e quanto mais longe fores, mais ouvirás as vozes, e os ruídos da cidade vão desvanecer-se para dar lugar à voz do vento, que sopra onde quer. Da mesma forma, teu olho não será mais tocado pelas imagens vãs que enchem a vida daqueles que vivem no meio dos assuntos do mundo, mas poderá descansar nos horizontes claros dessa solidão. Dessa forma, terás removido um dos instrumentos com os quais o maligno bate no teu coração. Mas quando do tiveres feito isso, ainda terás que lutar com as imagens que habitam tua memória e que querem retornar a ti aquela vida que abandonaste para buscar a Deus. Delas te libertarás, não fugindo, pois elas o perseguirão em todos os lugares, mas o colocarão de volta àquele a quem confiaste seu espírito. Então será a vez dos sentidos, que, de acordo com sua natureza, o conduzirá ao que é desejável para eles. Terás o cuidado de responder ao que é necessário para viver, não ao que o prazer deseja. E tenha em mente que o impulso de agradar, se a princípio for persuasivo, para obter o que deseja, se lhe negar o que gostaria, imediatamente se torna duro e violento, induz à tristeza e o impele a abandonar o empreendimento, de modo que não é raro ser severo com ele por meio de mortificações e penitências, a fim de que seja superado.

Quando tiveres feito tudo isso, certamente estará bem encaminhado, mas ainda não terá chegado ao ponto em que deseja estar. Pois outro passo o aguarda, que certamente não é fácil: a vitória sobre os afetos. Conservas no coração, como é natural, aqueles mais sagrados, que o mantêm conectado à família e aos amigos. Confie tudo ao Senhor, para que Ele possa cuidar disso e aprendas a amar a todos nele.

Mas isso ainda não é tudo. Pois mesmo quando venceste a batalha contra as coisas que despertam sua paixão e contra os afetos que prendem seu coração, ainda resta a batalha mais difícil, e que é contra o autocuidado. Pois quem não estaria disposto a suportar tudo para salvar sua vida? No entanto, o Senhor exige que o amemos mais do que a própria vida. E quem chega a este ponto é apenas porque o Senhor o tornou capaz disso. Amar a Deus, de fato, é somente para aqueles que receberam o dom de conhecê-lo intimamente e se tornaram tão absorvidos por Ele que não pensam e não querem nada além dele, esquecendo-se completamente de si mesmos.

Considere a vida de trabalho abençoada e aprenderás uma valiosa lição com ela. A fim de levá-lo à liberdade total, o Senhor primeiro tira todos os seus bens, depois seus afetos e, finalmente, sua própria saúde.

Quanto mais estipulares uma distância entre ti e o que tem o poder de tomar posse de teu coração, mais livre serás, e quanto mais livre fores, mais serás capaz de reconhecer Aquele que é o próprio fundamento de tua liberdade.

Terás compreendido, de fato, que a liberdade interior exige que guardes teu coração de tudo o que gera nele emoções capazes de perturbá-lo, desviando-o da busca do verdadeiro bem.

Existem, com efeito, coisas que despertam emoções que o afastam do Senhor, assim como existem outras que o aproximam. Deves aprender a arte de discernir cuidadosamente entre elas, de modo a se defender do que não te ajuda, mas, ao contrário, prejudica-te, sendo preciso apreciar e acolher aquilo que te auxilia em teu caminho.

Assim, todas as emoções que podem ser geradas pela intemperança ou imprudência devem ser cuidadosamente evitadas, enquanto aquelas que vêm da observação ou de experiências que não foram buscadas, mas que de alguma forma foram impostas pelas circunstâncias da vida, devem ser curadas. Com a ajuda do abade – porque o demônio da ilusão muitas vezes espreita aqui também – serás capaz de discernir se há um dom de Deus neles ou se não há antes uma digressão que, sob o aspecto de consolo, o leva para longe do caminho seguro. Em uma palavra, tudo o que tem a capacidade de agarrar seu coração deve ser visto com muita cautela para que, com exclusão de tudo o que vem das paixões do mal, guardai apenas aquilo que te move a amar o Senhor com mais generosidade.

O joio e o trigo

Muitos monges, no início de sua jornada, pensam como os servos de quem Jesus fala na Parábola do Joio: pediram ao Senhor com insistência para poder desenraizar o vício e o mal que cresciam exuberantemente no campo que eles tinham arado bem com generosos esforços e tinham laboriosamente semeado o bom grão da virtude. Aos servos o Mestre diz: "Deixem um e outro crescerem juntos até a colheita, e no momento da colheita dirás aos ceifeiros: Apanhem primeiro o joio e amarrem-no em fardos para queimá-lo; mas guardai o trigo" (Mt 13,30). Certamente, a tais servos generosos parecerá muito estranha a resposta do Senhor. Por que Ele disse isso? Lemos: "Para que não aconteça que, ao se arrancar o joio, arranque-se também o trigo" (Mt 13,29). De fato, o zelo em desenraizar o mal muitas vezes leva alguns monges a se tornarem muito duros, de modo que, mesmo que tenham sucesso, não crescem naquela humanidade sincera que torna a virtude desejável. O que, então, a Parábola das Ervas Daninhas ensina? Ela ensina a paciência, mesmo consigo mesmo. Ensina-nos a buscar a perfeição no amor a Deus e ao próximo, em vez daquelas virtudes das quais acabaríamos nos orgulhando, alimentando assim o orgulho. O desejo de santidade, que Deus semeou como um bom grão no coração daquele que bateu à porta do mosteiro em busca da vida eterna, crescerá junto com o gosto, ou seja, junto com muitas imperfeições, com as quais o maligno tentará abafar a virtude. Mas Deus, que examina os corações, vê o quanto há amor mesmo entre tantas imperfeições. Portanto, cultive o amor com toda sua vontade, e as ervas daninhas que se enraízam em suas fraquezas não serão capazes de sufocá-lo. O mal que dói é, de fato, o que nasce da malícia e do orgulho, não o que surge como fruto imaturo de nossa pobre natureza, sempre necessitada de misericórdia.

Harmonia

Quando, por alguma razão, estiveres tentado e cansado, por causa das preocupações que podem invadir até mesmo o sossego do mosteiro, torna-se mais difícil de se observar e, finalmente, ser caridoso. Observe bem: há um momento em que a falta de equilíbrio leva à intemperança dos sentidos; o excesso de fadiga ou o medo ou a falta de sono ou outras coisas também levam a buscar alívio nos excessos aos quais os sentidos estão naturalmente inclinados. Mas quero lhe sugerir mais uma coisa: se examinares com calma e cuidado o curso de seus pensamentos e o desenvolvimento de suas ações, descobrirás facilmente onde germina a semente da intemperança. Não há criatura que não seja naturalmente atraída por tudo o que é belo e bom, e que, portanto, aparece como adorável e desejável. Mas o que é bom em si mesmo na ordem da natureza nem sempre é útil para a alma. Da mesma forma, o que é sem dúvida belo segundo os critérios do homem carnal nem sempre é belo para o homem espiritual, e muitas vezes abre o caminho para a luxúria. Entenda, portanto, que o belo e o bom devem ser sempre estimados e até procurados, mas não naquilo que, tendo o poder de captar os sentidos carnais, pode aprisioná-los com seu irresistível encanto.

Pelo contrário, o que é bom e belo na ordem do espírito deve ser procurado e acarinhado acima de tudo; isto é, o que não é o resultado da proporção perfeita de acordo com a forma humana de avaliar as coisas, mas o que tem a capacidade de nos fazer sentir a perfeição divina. É a harmonia. Nele, mesmo a dissonância e aquilo que em si pode aparecer e ser imperfeito e até desprezível, de acordo com a estimativa do mundo, encontra seu lugar no qual pode ser apreciado pelo equilíbrio admirável que cria ou pela luz que contém. Cada fragmento encontra equilíbrio em sua relação com os outros e, se por si só lhe parece pouco, podes perceber que o todo não poderia passar sem este equilíbrio. Não tem nada que sacia a luxúria e pesa o espírito. Ao contrário, tem dentro de si um anseio que liberta o coração e o impulsiona a buscar as coisas maiores. A harmonia é uma beleza que te atrairá, mas não tolherá tua liberdade e, enquanto acalma tua alma, te faz querer fazer parte dela. Quando a encontras, tua alma se afasta do que antes tomavas como precioso e havias ciosamente guardado; ela o agarra sem compulsão e se torna tão caro a ti que pode até mesmo renunciar a seus pensamentos mais zelosos por ela. Em resumo, faz te sentires livre e lhe dá a capacidade de sentir sua presença onde não imaginarias. A harmonia que é o trabalho do Espírito faz todas as coisas novas e as transfigura sem violência. Em nossos dias, não podendo suportar a sobriedade da Igreja monástica, há alguns que gostariam que ela fosse adornada com muitas figuras, que consideram ser ainda mais perfeita e digna da casa de Deus quando reproduzem a natureza em suas formas mais atraentes. Pois desprezam as representações que lhes parecem sem proporção e estáticas, e as consideram grosseiras e fruto da inexperiência. Este é o julgamento deles porque não conseguem ver neles o que se refere ao inviolável. Esquecem que aqui só podemos ver como num espelho e de forma confusa (1Cor 13,12), e que as obras de criação se referem às perfeições invisíveis (cf. Rm 1,20); é por esta razão que os antigos reproduziram a natureza de tal forma que aludem apenas ao que permanece escondido em Deus; no entanto, o desenho em que cada uma destas figuras é colocada possui uma proporção perfeita, que escapa aos olhos, mas é percebida pelo espírito que, na contemplação, se cala. Proteja-se contra aquilo que o seduz, pois é como a serpente que o envolve em suas bobinas. Ao invés disso, abra-se ao que o fascina e desperta a intuição de coisas maiores, porque o eleva e aumenta o desejo de ver a Deus.

Como é útil examinar cuidadosamente os pensamentos

Há um tempo em que o monge, tendo sido zeloso na oração e tendo gasto assíduo esforço em se dominar, não excede mais tão facilmente o que seus sentidos exigiriam, nem mesmo sente a necessidade de fazê-lo. Finalmente, aquele que com o tempo aprendeu a conter a língua também, e pôs fim à plenitude dos julgamentos que o coração, e não a mente, contém, pode, quando está muito cansado, ser perturbado em seu sono: pensamentos e imagens se amontoarão sobre ele, que tem o cuidado de não conceber quando está acordado, e ele também pode ser perturbado por eles. Bem, saiba que em todos estes casos, embora se possa supor que as deficiências, mesmo que sejam graves, não são tais, já que lhes falta liberdade total, ainda assim mostram com certeza o que está adormecido nas profundezas da alma. Assim, o principiante pode ver como está sitiado pelos vícios da barriga, quanto mais avançado pode ver que os vícios do peito estão sempre prontos para atacá-lo, e aquele que pensa que está mais adiantado na vida espiritual deve prestar atenção, por orgulho, o companheiro da ira, mantê-lo firmemente no lugar, sem que ele se dê conta disso. Assim, o cansaço e a fadiga trazem facilmente à tona aquilo que guardamos no fundo de nossos corações. Portanto, assim que este contágio do mal ocorrer, abra imediatamente teu coração ao abade, para que ele possa administrar-lhe o remédio da experiência dos Padres e lhe mostre com certeza como prover-lhe para que a doença não se propague e adoeça sua alma. Entretanto, com humildade, meça sua força e evite aquilo que, ao testar sua fraqueza, a expõe ao perigo de ser atacado por aquele que sempre ronda como um leão a rugir (cf. 1Pd 5,8).

A tentação (1)

A tentação, ou seja, o estímulo para se fazer o que a razão sabe ser desordenado, pode vir da malícia, pode vir dos maus hábitos da carne, e pode vir de fora, como um incitamento. É evidente para todos que a malícia não convém ao homem justo, que, portanto, terá o cuidado de corrigir seus sentimentos de tal forma que não tenha maus sentimentos. Os maus hábitos da carne também exigem ser educados; o que não é tarefa fácil, especialmente quando as inclinações profundamente enraizadas têm de ser contrariadas. Finalmente, o incitamento externo requer a maior vigilância e pode ser superado tomando cuidado para não ceder nem à malícia nem às paixões da carne. De fato, o incitamento externo pode vir de fora para os sentidos externos ou internos, mas somente se eles forem expostos à ação do maligno. É como o homem que vai ao ar livre: será atingido pelo sol, pela chuva ou pelo vento; mas se ficar em casa, sentirá o calor, mas o sol não o atingirá; sentirá a umidade do ar, mas não se molhará; ainda ouvirá o rugido do vento, mas não será afetado por ele. Tendo dito como nos defender contra a tentação de fora, ou seja, tendo exortado à prudência, evitando de todas as maneiras possíveis o que pode prejudicar nossa fraqueza humana, resta dizer como nos defender contra a malícia e a luxúria. Diríamos, então, que a maldade pode ser efetivamente defendida pela humildade. Evitando julgamentos de qualquer tipo e considerando os outros como superiores a si mesmo, como ensina o Apóstolo quando diz: "Nada façais com espírito de rivalidade ou vanglória, mas deixai cada um de vós, com toda humildade, considerar os outros como superiores a si mesmo, não buscando seu próprio interesse, mas também o dos outros" (Fl 2,3-4).

Combinando esta atitude com a consideração do amor de Deus, que chega a todos com o mesmo amor com que vive a Santíssima Trindade (o verdadeiro tesouro, que nunca será tirado), cada pessoa verá claramente que não há nada mais desejável e que é muito insensato considerar outras coisas e honra entre os homens. Pois a malícia extrai particularmente daquele amor-próprio que leva à crença de que se é superior aos outros e à inveja daquilo de que se sente injustamente privado.

Resta agora dizer algo sobre as paixões. Elas são boas em si mesmas na medida em que levam ao que é necessário para o homem, de acordo com sua natureza. Mas elas podem facilmente se tornar más se confundirem seu objeto ou levarem ao exagero. Considere o seguinte: o corpo, como a mente, precisa suprir suas próprias necessidades, mas isto não significa que devemos nos entregar ao gosto. Assim, por exemplo, com a alimentação: o corpo não precisa de nenhum alimento saboroso e pode ser nutrido simplesmente com pão. O homem não foi feito para estar só, mas para viver em comunhão com seus semelhantes: a amizade é, portanto, apropriada, mas não precisa ser expressa por gestos que excedam a sobriedade. Novamente: o homem precisa do que é indispensável ao corpo e à mente, mas não para possuir mais do que é essencial. Aquele que, como o monge, escolheu voluntariamente a sobriedade em tudo o que é necessário para o corpo, como já dissemos, e com a graça da obediência permanece fiel, terá mais dificuldade de cair nas paixões superiores, ou seja, na inveja, na ira e na acédia (pelo menos em referência ao que é baixo e material). Existe, porém, o gravíssimo perigo do orgulho, que paira sobre todos. A fim de se manter a salvo disso, será útil cultivar um grande afeto pelo Senhor crucificado e por nossa Mãe Maria, que é uma segura mestra dos amores de seu Filho.

A raiz do mal

Certa vez, um jovem veio ao mosteiro em busca da perfeição. Aceitando um desejo tão nobre, o abade abriu-lhe as portas do claustro e de seu coração e o confiou a um ancião de poucas palavras e muita sabedoria, para que ele pudesse instruí-lo de forma adequada, de acordo com sua necessidade. Sem dizer muito, ele lhe mostrou seu lugar no coro e na mesa, e o levou aos jardins, aos estábulos e às oficinas, convidando-o a escolher por si mesmo o trabalho que gostaria de fazer. Finalmente, ele o advertiu que seria como um anjo de Deus:

livre para se mover para qualquer lugar e ver qualquer coisa sem ser visto por ninguém. Ele lhe explicou que era observado o mais rigoroso silêncio, interrompendo-o apenas para o louvor de Deus ou por causa do próprio ofício, e recomendou-lhe que mantivesse esse silêncio por sua vez, pois isso seria de grande benefício para ele, pois o mosteiro não só tem um corpo, que todos podem ver na ordem externa que reina ali, mas também tem uma alma, e se é possível ouvir seu canto no coro, é no silêncio dos claustros que se pode sentir sua respiração.

O jovem, vindo do barulho do mundo, sentiu que o silêncio lhe dava consolo. Ele começou a permanecer em sua cela por muito tempo, absorvido em oração muito mais do que os monges; era diligente no coro, mas não muito diligente no trabalho duro. Muitos dias se passaram desta maneira; ninguém lhe disse nada, mas ele tinha vontade de dizer muito. O monge que cuidou dele não parecia se importar. Estava atento e prestativo: escutava, sem falar ou pedir nada, pois sabia que tudo amadurece em seu próprio tempo. E assim aconteceu.

Quase de repente, a oração tornou-se árida; uma misteriosa tristeza tomou posse da alma deste jovem, e aquilo que até aquele momento tinha sido uma fonte de consolo para ele tornou-se subitamente insuportável. O próprio mosteiro, cuja harmonia ele havia admirado, lhe parecia um sonho desvanecente; ele via apenas seus defeitos, e tudo nele despertava indignação e ira. Mas ele não conseguia falar sobre isso. Nem podia, pois seu coração estava em tumulto. O ancião observou tudo, mas não fez perguntas. Um pouco mais de tempo e o jovem começou a detestar tudo, e ainda mais a detestar a si mesmo, a ponto de desejar a morte com todo o coração, e pediu ao Senhor por ela com insistência. Ele sentiu dentro de si a dor de uma ferida mortal. Quando ele estava pronto para rezar, sentiu um rugido que se elevava dentro de si, como se de longe se tornasse cada vez mais ameaçador, ao ponto de que um dia, para seu espanto, ele se viu lutando com Deus. Ele o culpou por decepcioná-lo, por não apoiar seus esforços, por esconder-se de sua insistência. Então as ofensas que ele havia sofrido voltaram à sua mente e lhe pareceram enormes e ainda aguardando justiça, e isso o encheu de indignação, porque Deus, mesmo então, havia permanecido mudo e ausente. Sua memória voltou muito vívida. Mas ele não considerou, naquele momento, que só lhe devolvia as ofensas que havia sofrido e não aquelas que havia cometido; a dor que havia sofrido e não aquela que havia infligido; as ocasiões de tristeza e não as de celebração, como se toda sua vida até aquele momento não passasse de uma luta. Esta luta, que ele relatou mais tarde em detalhes, aconteceu no fundo de seu coração, enquanto Deus, diante daquelas acusações mais precisas e violentas, parecia opor o mais impenetrável silêncio. Mas o Senhor é bom, paciente e misericordioso. Foi somente após alguns dias, durante os quais a solidão lhe pareceu completamente insuportável, que o jovem viu a origem de toda aquela dor que se desdobrava diante dele: era uma ferida tão profunda em sua alma que nenhum remédio poderia curar; um mal que ele havia sofrido – assim lhe pareceu e ele o sentiu –, que despertou nele uma necessidade de vingança tão prepotente que o fez ter medo. Havia uma força destrutiva impressionante em seu coração, e ele percebeu que toda intenção de perdão, que ele havia repetido muitas vezes, não tinha chegado a nada: que a dor ainda estava ali, no fundo de sua alma, escondida e ameaçadora, pronta para reaparecer assim que o silêncio daquele abençoado deserto tivesse silenciado todas as outras vozes. Então, ele foi em busca do bom ancião e, para seu espanto, encontrou-o como se estivesse esperando por ele. Ele lhe falou do tumulto que tinha crescido a ponto de esmagá-lo completamente; daquela inundação incontrolável e súbita que tinha dominado todos os planos, de modo a fazê-lo sentir-se à mercê da impetuosa corrente de ira, exaltada, às vezes, a ponto de ódio e de uma fúria tão imprudente que não se deteve nem mesmo diante de Deus e, de fato, foi despertada pelo pensamento dele, visto como a causa de muitos de seus males, de fato, de todos eles. As palavras queriam sair todas de uma vez sem sucesso, e pararam em seus lábios sufocados e às vezes se confundiram como em alguém que tem que contar todo seu espanto. Ele falou querendo conter seu ímpeto, então sem nenhuma restrição, varrido para cima nas bobinas de uma coleção na qual os personagens pareciam como sombras dançantes escarnecidas ao redor de uma criança perdida. E, finalmente, quando a enchente cessou, foi como o dia que se levanta sobre os campos abalados pelo turbilhão, brilhando com a mais clara luz sobre uma desolação que promete uma colheita mais rica do que a perdida.

Quando finalmente ele terminou de falar e, exausto por esta disputa, estava sentado aos pés do sábio, após um longo silêncio, este respondeu lentamente: "Filho, o Senhor te deixou vaguear pela casa, e tu, sem te dar conta, desceste sem luz para a masmorra, onde é mais escura e de onde não podes ressuscitar, a menos que o próprio Senhor te faça encontrar o caminho de volta. Agora conheces a origem de teus males. O que se impõe com tanta audácia nem sempre é tão assustador, mas se abre para que o vejas, porque o ventre não será persuadido pelas razões que a mente lhe opõe. E também há inimigos que não podes combater e vencer, porque se os olhares de frente, descobrirás as características do que amaste e amas. Portanto, odeias-te a ti mesmo na medida em que desejas morrer, pois, como não podes vencer teus inimigos, não podes ter a vingança que sua justiça exige. Teus pecados e toda forma de desordem que marcaram teus dias têm suas raízes nessa fúria. Agora, diga-me, vais entregá-lo ao Senhor este fardo e deixar de carregá-lo? Sabes, por teres experimentado, que a besta que espreita à porta (cf. Gn 4,7) só espera por uma oportunidade para derrubar e destruir. Os sete pecados obtêm sua força da dor. Somos todos pecadores, mas primeiro somos pessoas doentes que precisam de cura. E apenas um é capaz de fazer isso. Se pedires ao Senhor que te cure, encontrarás a paz, e com paz a ordem interior. Os pecados não são nada mais do que o humor defeituoso de nossos prazeres. É verdade que a maldade também pode dar origem ao mal, mas este é apenas o caso das pessoas más. Existem alguns, mas são raros. Pedi ao Senhor para que te cure".

O jovem, animado, perguntou-lhe: "Como faço para pedir a Deus que cure meus males?" E o ancião disse: "Contempla as feridas de nosso Senhor, José; e Nicodemos retira seu corpo da cruz, recebe-o inerte em teus braços, lava-lhe suas feridas e unge-as com unguento; envolve o corpo em uma nova mortalha. Enquanto cuidas das feridas do Senhor, Deus curará tuas feridas".

Quem não está reconciliado consigo mesmo acaba odiando o mundo inteiro e, com ele, a Deus que o fez. Quem não deixar de olhar para si mesmo, ao invés de olhar para o rosto amoroso do Senhor, será oprimido pelo terrível julgamento que ele, e não Deus, traz sobre si mesmo. E aquele que foi injustiçado, mas não o entregou ao Senhor, chocando em si mesmo um desejo insano de vingança, quando for surpreendido pelo silêncio bem antes dele, encontrará diante de si a besta terrível de sua própria ira, pronta para devorá-lo. Quem entrar no deserto para ir à casa de Deus terá que lutar contra os fantasmas quando a noite chegar. Se eles são fruto de uma memória curada no perdão, será como se as nuvens fossem logo removidas pelo sopro do Espírito. Mas se elas surgem de paixões negadas e malcontidas, mas não redimidas pela perda, então o silêncio e a solidão lhes darão maior vigor, e será necessário ir urgentemente ao homem de Deus para confessar humildemente o seu pecado e assim ser libertado de sua fúria destrutiva.

Ainda sobre a tentação (2)

Se quiseres saber qual é o espaço no qual a tentação pode se enraizar mais facilmente, considere dois extremos: o primeiro é composto pela realidade na qual o homem se encontra, o outro é o ideal ao qual aspira. Entre estes dois termos, o desejo se desenvolve e, nele, a tentação pode criar raízes firmes. Não pense nos ímpios, que, para obter o que desejam, estão dispostos às piores iniquidades. Pense antes nos justos, que desejam a santidade acima de tudo. Muitos acreditam que a perfeição a que aspiram é fruto de seus esforços para adquirir virtudes (pois pensam que a santidade consiste nas virtudes que ganham a estima dos homens). Embora sejam pródigos em protestar contra isso, eles não aceitam que sejam criaturas pobres, homens fracos e de vida curta, e tendo conhecido as realizações dos grandes santos da

Antiguidade e as maravilhas realizadas por sua virtude, eles desejam imitá-los como se imita alguém que atingiu os objetivos mais elevados e elevados. Eles se assemelham àqueles que se acham mais próximos do céu ao escalar laboriosamente uma alta montanha. Na realidade, as terras baixas são alcançadas pelo mesmo céu que toca os picos mais altos. De fato, eu lhes direi que o trabalho daquele que desamarra os campos é muitas vezes mais virtuoso do que o daquele que tenta com cuidado levar seu peso até as alturas. É o céu que desce à terra, não se iluda a terra que está subindo ao céu, pois seria confundido, como ensina a Escritura no episódio da torre (cf. Gn 11,4). De fato, no coração de muitos que gostariam de ser santos, muitas vezes existe uma predeterminação que os impele a traçar seu próprio caminho, enquanto que é muito mais útil e seguro seguir o caminho estabelecido por Deus pela regra e da obediência ao abade. Presumindo que eles podem mais seguramente atingir o objetivo ao qual aspiram, eles se lançaram por caminhos árduos para os quais não estão preparados e que o Senhor não lhes propôs (e de fato eles teriam reclamado vigorosamente se isso tivesse acontecido), de modo que caem miseravelmente neste caminho no qual se iludiam de caminhar seguros da meta. É o inimigo da natureza humana que os tem iludido. Isto é evidente pelo resultado a que chegaram: não apenas voltaram ao ponto de partida, mas o fracasso os deixou tristes e até mesmo zangados. Pois estes monges pensam em seus corações que a perfeição consiste em possuir todas as virtudes no mais alto grau, enquanto a perfeição consiste mais em ser a humilde morada de Deus. É por isso que eu disse anteriormente que é o céu que desce à terra e não a terra que pode subir ao céu. Se, portanto, souberes viver cada dia aceitando o céu que desce, isto é, a vontade de Deus, que se manifesta a ti pelo que está disposto pela regra do mosteiro, pela vontade do Superior ou pelo que lhe acontece por qualquer razão por causa da fraqueza de seu corpo ou dos imprevisíveis acontecimentos do tempo; se estiveres completamente abnegado e satisfeito por se deixar moldar por Deus, nisso encontrarás a perfeição. Pois não terás mais nenhum outro desejo em teu coração do que ser o que Deus quer que sejas, nem cultivarás nenhuma outra vontade que não seja a de Deus. Assim, não mais olharás para ti mesmo, mas somente para Deus, que veio a ti e entregou sua vida por ti, morrendo na cruz. Tampouco considerareis as virtudes como preciosas alegrias com as quais vos adornareis, mas admirando-as em vosso Senhor, tendo olhos apenas para Ele, elas vos serão dadas como acontece com a luz, que envolve tudo o que a ela está exposto. As virtudes são mais um presente do que uma conquista. Elas são de pouca utilidade para aqueles que conseguem conquistá-las por seus próprios esforços: elas se tornam imediatamente uma ocasião de orgulho. Que o Salmo que diz: "Se o Senhor não construir a nossa casa, em vão trabalharão seus construtores. Se o Senhor não vigiar nossa cidade, em vão vigiarão as sentinelas. É inútil levantar de madrugada, ou à noite retardar vosso repouso. Para ganhar o pão sofrido do trabalho, que a seus amados Deus concede enquanto dormem" (Sl 127,1-2). As virtudes que perduram são as dadas por Deus a seus amigos, mas os verdadeiros amigos de Deus não os percebem, e ainda se consideram os menores de todos, mas com doçura e sem se sentirem humilhados por eles; pois já não se importam mais consigo mesmos e vivem somente para o Senhor e o servem, deixando-o para prover a eles, antes de tudo as roupas que devem vestir para aparecer diante do Pai de toda perfeição.

Considere cuidadosamente que o caminho seguro para a santidade é aquele que o leva a ser uma criatura como Deus quis que fosses, ou seja, à imagem de seu Filho. Ele, tendo nascido entre os homens, assumiu sua fraqueza, viveu seus sentimentos mais nobres e, com eles, a vulnerabilidade à qual a morte expõe corações compassivos. Que possas, portanto, apreciar viver sua humanidade com humildade e alegria interior, porque isso torna-te companheiro e amigo do Filho de Deus. "Nós, por nossos pecados, aquele é inocente, mas estamos na mesma condição", exclama o malfeitor crucificado com Jesus (cf. Lc 23,41). Aquele homem afortunado e agraciado dentre todos nos mostrou o caminho para o consolo. Pois se, pelas experiências simples e cotidianas, soubermos crescer no conhecimento da humanidade do Senhor, que experimentou algo semelhante ao que a vida nos oferece, começaremos a sentir que Ele é nosso próximo, nosso solidário e nosso amigo. E quanto mais nossa condição de criaturas nos faz sentir o peso e a limitação de nossa humanidade, mais seremos levados a agradecer àquele que quis estar conosco e se tornar nosso companheiro de viagem. Se, então, considerares que, sem nenhum mérito próprio, Deus providenciou para que nascesses de novo no batismo, fazendo de ti seu verdadeiro filho por adoção, então em todas as coisas poderás repetir com o Apóstolo: "Já não sou eu que vivo, mas é Cristo que vive em mim"! (Gl 2,20). Assim, na alegria, compartilharás da alegria de Cristo, e na humilhação de tua carne, e até mesmo em tua dor, beberás ao máximo do cálice que te foi preparado, pensando que o Senhor se compraz em viver sua Paixão em ti, permitindo-lhe repetir – com tamanha humildade de gratidão – "Alegro-me em meus sofrimentos, completando em minha carne o que falta à Paixão de Cristo por causa de seu corpo, que é a Igreja" (Cl 1,24).

O pecado é maligno porque fere

O pecado é maligno porque fere. As Escrituras mostram isto claramente desde o início: após a grande desobediência, os primeiros pais perderam sua confiança em Deus e tiveram que deixar o jardim e viver em um terreno baldio (cf. Gn 3,24). Foi o caso de Caim, que matou seu irmão: ele teve que fugir para longe de Deus (cf. Gn 4,10-12). E os homens que queriam construir uma torre para alcançar o céu foram condenados à confusão das línguas (cf. Gn 11,7-8). Mas veja também Saul, que era infiel ao Senhor: Deus o rejeitou, preferindo Davi (cf. 1Sm 16,1ss.). Quanto a Davi, seu pecado foi terrível, mas foi perdoado porque ele o reconheceu e pediu perdão, mas sobretudo porque Deus é fiel e não retira suas promessas; contudo, a espada nunca mais abandona sua casa (cf. 2Sm 12,10).

A Moisés Deus confiou a lei da Aliança para que o povo, ao observá-la, não caísse em erro e não repetisse as iniquidades que sofreu no Egito. Por esta razão Deus envia algumas coisas e proíbe outras: Ele sabe e ensina que ao agir contrariamente a suas leis, o homem volta a ser um escravo de suas próprias paixões e força seus semelhantes à escravidão. Jesus diz: "Todo aquele que comete pecado é escravo do pecado" (Jo 8,34), e acrescenta imediatamente: "Se o Filho vos libertar, verdadeiramente sereis livres" (Jo 8,36). E o Apóstolo exorta os cristãos dizendo: "Para a liberdade é que Cristo nos libertou; permanecei firmes, portanto, e não deixeis que o jugo da escravidão vos seja imposto novamente" (Gl 5,1). E a liberdade que gozamos é inteiramente espiritual e pertence a homens fortes, aos quais a lei não parece ser uma maldição e que não se sentem limitados por ela, porque pertencem a Cristo.

Do que os seres humanos se orgulham, por outro lado, muitas vezes consiste na prática descarada de cada vício. Pois uma pessoa pode estar acorrentada ao corpo, mas se o espírito está livre do pecado, o homem inteiro está verdadeiramente livre. E vice-versa: pode-se ser livre de correntes, mas escravizado pela paixão, que é uma corrente muito pior: pois se a primeira pode ser libertada por aquele que se preocupa com nossa liberdade, a segunda ninguém pode fazer nada, a menos que nós mesmos queiramos ser livres. É por esta razão que o bem-aventurado Paulo diz de si mesmo, quando se encontra preso aos guardas que o detêm para apresentá-lo ao julgamento do imperador: "Eu Paulo, o prisioneiro de Cristo..." (Ef 3,1). Ele está de fato acorrentado, mas diz: "sou prisioneiro de Cristo", porque seu coração pertence a Cristo desde que o conheceu no caminho de Damasco.

É porque ele é prisioneiro de Cristo, comprado por ele ao preço de seu sangue, que ele está livre de qualquer outra escravidão. Ele estava pensando naqueles que foram ao mercado de escravos e por dinheiro compraram homens para servi-los nos campos ou nos escritórios da casa; mas muito mais, ele estava pensando naqueles filantropos que, depois de terem pago muito dinheiro pelo resgate de um escravo, restituíam-lhe a liberdade.

Imagine, então, a gratidão daquele que foi libertado desta maneira: embora livre, sempre se sentiria em dívida para com aquele que o havia resgatado e de boa vontade se tornaria seu servo, não mais como um escravo, mas como um amigo fiel, que reconheceu que devia tudo àquele que o havia resgatado com dinheiro. O que, então, deve ser dito de Deus, que desejava libertar os homens, pagando-lhes com o sangue de seu próprio Filho?

Tenho observado monges que se preocupam muito com sua saúde. Assim que sentem algum desconforto, eles vão imediatamente à enfermeira para obter algum remédio para se tratarem. E se tiverem a impressão de que um alimento é prejudicial a eles, não hesitam em exigir um diferente e melhor, às vezes alegando que o que não é ao seu gosto certamente lhes fará mal. Se eles fossem tão diligentes no cuidado de sua saúde espiritual! Se eles fossem tão cuidadosos para evitar o que pesa em seus espíritos quanto para não machucar suas gargantas! (E eles devem saber, por causa de seu grande cuidado com seu corpo, que muitas vezes a medicina mais eficaz é a mais amarga!) Se o pecado de que não cuidamos muito fosse danificar o corpo como acontece na estação das chuvas, quando um pouco vai longe e todos os ossos doem, que cuidado teríamos mesmo com as mais leves correntes! Se o pecado que cometemos nos causasse uma dor como aquela produzida por um dente cariado, com que rapidez correríamos ao cirurgião para pedir-lhe que o removesse! Na maioria das vezes, porém, permanecemos inativos e até indiferentes a ele, porque, por causa de nossa mente grosseira, não percebemos a seriedade do mal.

Deixe-me dar-lhe outro exemplo. Há monges que não suportam ter uma mancha em seu hábito ou usando um manto remendado, eles vão imediatamente à loja de roupas para pedir uma roupa mais adequada, pois sentem um grande desconforto ao aparecerem em condições que consideram indecorosas. Talvez esses mesmos monges, no entanto, não se importem de aparecer diante de Deus em oração com a mancha de mordedura ou julgamento, dureza de coração, ressentimento, ou pensamentos imundos ou ações indecentes, ganância ou inveja em seus corações. Acontece que só sentimos o peso do pecado quando ele é algo que fere nosso orgulho ou nos toca profundamente porque fomos prejudicados por ele. Devemos ter muito cuidado e lembrar que somos filhos de Deus, e qualquer coisa que não esteja de acordo com esta grande dignidade ofende o Senhor e mancha a imagem daquele que nos fez seus irmãos e irmãs.

O pecado: por que escraviza

Muitas pessoas simples não entendem o que é realmente o pecado. Elas pensam que é uma transgressão da Lei de Deus, e vivem com medo se sabem que foram culpadas por ela. O medo prevalece nelas. Assim, elas viajam para longe para vir e pedir perdão, e vão embora refrescadas não menos que o homem condenado que recebe a graça esperada. Mas o medo que tão rapidamente encontra alívio logo desaparece da memória e, na primeira oportunidade, aquele que se apresentou humilde e todo temeroso do castigo de Deus se vê fazendo novamente com a velha arrogância do que acabara de dizer que lamentava amargamente. E tudo porque Deus lhe aparece como um tirano que impõe leis que são impossíveis ou contrárias aos desejos humanos.

Apenas alguns poucos refletem e entendem como as leis de Deus são destinadas a manter a humanidade livre. Foi o mesmo com Moisés no deserto: Deus deu a seu povo sua lei, para que ele não fosse escravizado ao Faraó por tanto tempo e se encontrasse novamente escravizado a novos e mais odiosos senhores. Portanto, acima de tudo, o pecado é o que nos faz perder a liberdade que nosso Senhor Jesus Cristo conquistou para nós com seu precioso sangue. Sempre que nos permitimos ser impostos "o jugo da escravidão" (Gl 5,1), rendendo-nos às paixões que procuram dominar nossas mentes e corações, desistimos de nossa liberdade e passamos de livres a escravos.

Mas nem todos entendem que a liberdade é um bem precioso, e que os inimigos que a minam não são apenas aqueles que pressionam de fora, mas sobretudo os cúmplices que o inimigo tem dentro, e que, lisonjeados pelas propostas, se deixam persuadir a abrir as portas de par em par para que ela possa entrar com todas as suas forças. Esses cúmplices são as paixões que não foram devidamente instruídas e severamente restringidas.

Aquele que compreende que a liberdade que desfruta é o dom de um Deus bom e amante da vida, de um Deus que está sempre pronto a dar graça dando sua vida pelas criaturas que sua mão moldou, ele apreciará o precioso dom da liberdade e não se deixará persuadir por nenhum elogio. Diante da tentação, ele não se perguntará sequer se o que é oferecido aos seus sentidos ou à sua mente é conveniente ou porque é proibido: será bastante saber que não é agradável a Deus e, por causa do amor com que se sente amado e ao qual quer responder com todo o coração, permanecerá firme em suas boas intenções e poderá dizer seu humilde e firme "não" à tentação. Quando, então, lhe ocorresse ceder, imediatamente pedirá ajuda ao Senhor, mas não como um servo rebelde com medo de ser espancado, mas como um filho que está de luto por ter prejudicado um pai tão bom. E isto, que é verdadeira tristeza, purifica a alma e a mantém afastada do perigo de recaída.

O bem e o mal nascem do coração humano

Jesus ensina no evangelho que o bem e o mal têm sua origem no coração. Tudo, com efeito, começa com os pensamentos, de modo que o coração que abriga os maus pensamentos se torna mau. Portanto, é necessário dissipar os maus pensamentos e criar os bons.

Os antigos, tendo experimentado durante muito tempo os caminhos da vida espiritual, condensaram o fruto de suas pesquisas sobre a doutrina dos vícios mortais (eles os chamaram assim depois, porque perceberam que de cada um deles surgiram muitos outros, como expressões diferentes de um mesmo pensamento maligno). Assim, eles ensinam que existem sete espíritos (alguns enumeram oito), dos quais são gerados aqueles pensamentos que muitas vezes resultam em más ações.

Os desejos que podem gerar o mal são aqueles que ajudam a natureza humana a conseguir o que precisa para viver e para superar as dificuldades e perigos que ameaçam sua segurança. Mas de todos os pensamentos, há um que só quem tem razão pode conceber: trata-se da soberba, ou seja, a tendência de se considerar e de se colocar acima dos outros, de presumir-se a si mesmo como melhor.

Os pensamentos dos quais a maldade surge são, portanto, os seguintes: gula, luxúria, avareza, inveja, ira, preguiça e orgulho. A estes sete, muitos acrescentam a vanglória.

Estes pensamentos ou desejos são tanto mais fortes quanto maior o amor-próprio, e, ao contrário, quanto mais fracos, mais são.

O amor-próprio do qual falo é aquele pelo qual nos colocamos no centro de tudo, como se afirmássemos que o mundo gira em torno dele. Enquanto o verdadeiro amor é experimentado em uma relação na qual se gosta de buscar a felicidade dos outros, mesmo daqueles que provam ser inimigos.

Entendei que, quando um homem não se coloca mais no centro de seus pensamentos, não se preocupa mais com suas próprias necessidades e não se considera superior a ninguém, mas considera os outros superiores a si mesmo e fica feliz em aprender algo de cada um que o ajude a se tornar melhor. Pois é assim que muitos santos cresceram em liberdade interior e santidade, aprendendo, mesmo daqueles que os maltrataram, o verdadeiro conhecimento, que consiste em conhecer o Senhor, que morreu por nós e ressuscitou. Agora nenhum conhecimento é maior do que aquele que vem com a experiência, de modo que mesmo aqueles que nos prejudicam – talvez até mais do que outros que são nossos amigos – na verdade nos introduzem mais no mistério da cruz de nosso Senhor.

Ora, a fim de ajudá-lo a se conhecer melhor, para que possas te lançar resolutamente no caminho da liberdade, convido-o a me seguir, considerando os vícios mortais, esses espíritos da maldade que parecem aparecer repentinamente e nos dominam como verdadeiros mestres. Deves, entretanto, armar com paciência, pois o caminho pode se mostrar um pouco tedioso, mas acredito que, no final, apreciarás sua utilidade.

Devo advertir novamente que seu intelecto pode muitas vezes se sentir desconfortável: Como se pode falar do coração humano, tão misterioso, reduzindo a ansiedade que às vezes o agarra a algumas poucas expressões? Eu respondo que, precisamente porque o homem é misterioso, seria ingênuo fingir falar dele como só Deus, que o criou, poderia fazê-lo. Podemos, no entanto, ir em busca daquelas leis que, com base na experiência, parecem ser preexistentes em todos e que agem em todos com forças diferentes, mas que sempre levam as pessoas na mesma direção. Portanto, minha intenção será apenas ajudá-los a compreender algo, e depois deixar que continuem sua busca, a fim de descobrir no final quão bom é o Senhor, que ama criaturas tão frágeis.

Muitos pensamentos não são propícios à união com Deus

Certamente terás notado que às vezes a oração é difícil por causa de pensamentos que atravessam a mente e impedem que ela seja completamente absorvida em Deus. Se examinares cuidadosamente, poderá descobrir que estes são pensamentos e imagens que atingiram seu coração e deixaram uma impressão que dura muito além do momento em que neles prestaste atenção, de modo que justamente quando desejarias se afastar de todos os cuidados e se dedicar totalmente à oração, o que sobrou em seu coração emerge novamente e o domina, frustrando ferozmente seu bom propósito e seu desejo de se dedicar totalmente à oração. Pois o que produz uma emoção profunda deixa uma marca que não é fácil de apagar. E é ainda mais profundo se despertar as paixões mais profundas e basilares.

Somos feitos de tal modo que pouco é necessário para perturbar o equilíbrio do espírito. Quero dizer, em relação ao que desperta as paixões. Pois a emoção produzida pela música agradável é diferente daquela produzida por uma briga: enquanto a primeira não só não contende com o desejo de orar, mas, ao apaziguar a mente, muitas vezes a favorece, a segunda agita o espírito, e mesmo que queira se concentrar em louvar a Deus, apesar de se sentir arrastada para um solilóquio vaidoso no qual parece continuar a defender suas próprias razões, aumentando a agitação.

Portanto, tenha cuidado e evite, na medida do possível, qualquer coisa que possa afetar seus sentimentos e despertar uma emoção muito profunda. Se alguma vez estiveres envolvido em uma situação que lhe cause angústia, examine calmamente seu coração diante do Senhor, como se estivesse com Ele, e confie seus fardos a Ele, como diz o Apóstolo: "Ponde diante de Deus todas as vossas preocupações" (1Pd 5,7), de modo que estejas diante de Deus em verdade e não seja como aqueles que às vezes são vistos na rua com um cachorro de trela: o animal, que costumava ser tão dócil enquanto podia conduzir seu dono à vontade, começa a puxar nervosamente a corda, impedindo-o de ficar em paz se quiser parar por um momento para cumprimentar um amigo que encontra no caminho. Procure o máximo de silêncio possível: deves lá permanecer por muito tempo para que todas as vozes e ruídos desapareçam e o sussurro de Deus possa ser ouvido. Mantenha seus olhos longe das coisas ruins e daquelas que podem estar profundamente impressas em sua memória; mas mesmo em relação às coisas boas, usa a máxima sobriedade, para não se deixar arrebatar pela beleza mundana, de modo que não seja mais capaz de fixar seu olhar interior no mistério de Deus.

Acerca da tentação, um acréscimo (3)

Com relação à tentação, é preciso ter em mente que o maligno, com sua própria malícia, sempre tira vantagem de nossa fraqueza, colocando armadilhas para nós. Naqueles que não se importam, ou se importam muito pouco, em remediar suas falhas, o maligno proporá as solicitações oportunas, de modo a evitar que caiam miseravelmente, apesar de suas intenções, e para enfraquecer sua confiança no sucesso. Neste último, de fato, a fraqueza está nas falhas das quais ele não se afasta de forma decisiva. Nele, porém, quem pensa em progredir no caminho da perfeição, a fraqueza não estará na infatigabilidade de suas intenções, nem mesmo no compromisso de cumpri-las – pois saberá fazer intenções precisas e desejará sinceramente permanecer firme nelas –, mas sim na labuta diária, especialmente quando requer dedicação e assiduidade particulares. O maligno, portanto, tentará explorar o cansaço e a frustração que com frequência acompanham até mesmo os esforços generosos; pois quando se está cansado, é mais difícil controlar as próprias necessidades, das quais se origina o excesso e depois o vício, e também quando a frustração vem para humilhar os esforços generosos. Portanto, seja prudente: tome cuidado para dar o tempo certo a tudo e o descanso certo, para que estejas bem preparado para o momento do julgamento; depois, sabendo que é fraco e que mantém inclinações difíceis de controlar, se apenas elas forem despertadas, saiba desviar sua atenção e seus sentidos especialmente daquilo que estimula seu gosto. Finalmente, com a simplicidade de uma criança, confie à Madre Igreja os problemas de seu coração, falando sobre eles com uma pessoa espiritual, e desfrutarás imediatamente do refresco que o Espírito dá àqueles que buscam o bem com um coração sincero.

Mas, neste contexto, quero adverti-los de um perigo que nem todos estão cientes. É o perigo de não estar consciente do cansaço da vontade. Acontece com aqueles que estão ansiosos para fazer o bem e se dedicam a ele sem poupar; eles se entregam a trabalhar muito além de sua capacidade e, não sentindo a fraqueza de suas forças, são com frequência superados por suas paixões. Eles são fiéis, mas muitas vezes distraídos pelo pensamento do trabalho a ser feito, ou por planos generosos de atividades que, aos seus olhos, parecem ser de grande louvor ao Senhor e úteis à Igreja. Em resumo, assemelha-se aos sonhos do servo que, tendo levado a peito os campos de seu Senhor, começou a querer servi-lo e se encontra pensando, decidindo e agindo como se ele fosse o mestre. Ele não sabe ser como o servo fiel que sabe desfrutar da familiaridade de seu Senhor. O monge que cair nesses excessos logo perceberá que ganhará pouco fruto de todo seu trabalho, o que poucos apreciarão; e o que é mais, em vez de consolo ele terá apenas amargura.

É preciso retirar da paixão o que a alimenta

Se desejas vencer a paixão, nem o desprezo por ela nem um desejo sincero de virtude são suficientes. Ao invés disso, é necessário remover tudo o que o alimenta. As paixões permanecem vivas em nós mesmo quando, com muito exercício, mantemos seus efeitos a distância; é preciso apenas um pouco, de fato, para que eles recuperem seu vigor e logo ganhem a vantagem, conquistando de imediato o fruto de muito esforço. Assim como acontece nos campos no verão, quando uma tempestade imprevista abate os frutos maduros.

Quando um homem espiritual que está bem-colocado no caminho da virtude tem o cuidado de manter seus sentidos mortificados, normalmente as paixões não se apresentam a ele com tal vigor que não possam ser subjugadas. Se, por outro lado, o monge, convencido de si mesmo, retornar ao pântano de onde veio, afundará facilmente no lodo como antes, pois seu peso não diminuiu, nem o solo se tornou mais firme. Onde há água, as plantas crescem. Lembro-me de um agricultor que queria arrancar uma planta ruim que crescia na borda de seu campo: ele pegou seu machado e a cortou pela raiz, mas na nova estação os brotos brotaram novamente dela e cresceram vigorosamente até que logo se tornaram grandes arbustos. Então ele foi e colocou palha e poda, e ateou fogo; mas mesmo assim ele não conseguiu, pois das cinzas brotaram brotos novamente. Tomando-o como um desafio, ele descobriu o máximo possível das raízes com golpes duros e grande esforço, mas descobriu que elas se enraizaram muito profundamente no chão e que era quase impossível para ele desarraigar completamente a planta. Ele, portanto, olhou para o chão e viu que a planta ruim cresceu onde a água das chuvas estagnou, então ele cavou uma vala para que a água pudesse escorrer. Quando a terra pantanosa secou, a planta perdeu suas forças até que, quando ficou muito fraca e quase completamente seca, pôde ser puxada para cima e o agricultor plantou uma árvore frutífera em seu lugar.

Da mesma forma, para superar os vícios, deve-se retirar o que os alimentam: os vícios mais baixos devem ser confrontados com a mortificação dos sentidos, especialmente dos olhos e da gula, com o exercício da pobreza e a confissão dos pensamentos. Os vícios que tensionam o coração devem ser ferozmente combatidos pelo exercício do silêncio humilde, com atenção aos pensamentos, afastando como à peste as considerações distorcidas do ânimo ferido e constrangido. Os vícios de vanglória e orgulho devem ser combatidos não apenas por aquilo que é útil para superar todos os outros vícios, mas também pela prática de humildes e humildes trabalhos e pela serena submissão não apenas ao abade, mas também ao mais humilde dos monges. Mas será dito mais acerca disto no momento oportuno.

O lento caminho para a unidade entre o coração e a mente

Aquele que decidiu seriamente servir ao Senhor, fazendo sua vontade, não precisa ser convencido da bondade para fazê-lo. As dificuldades vêm da carne, que resiste ao que a razão lhe propõe, se ela não satisfaz seus gostos. O coração, que está como que em meio a estas forças, e que é contendido por elas, inclinar-se-á de acordo com o gosto, o gosto ou o amor. É como o fazendeiro que, desejando levar seus bens ao mercado, carrega o burro com eles e depois, agarrando as rédeas, tenta conduzi-lo pela estrada; mas o burro fica preso e não se move, resistindo até mesmo às chibatadas.

Será muito útil ir ao abade com muita confiança e dar a conhecer a resistência à sua boa vontade. Se for apenas uma questão de tentação, a manifestação dela fará desaparecer rapidamente; mas se o mal for mais profundo, será necessário recorrer a remédios mais fortes. Pois não se trata de educar a razão de desejar o que é bom, mas de frear a fúria da paixão quando ela é desatada. Pois em algumas pessoas ela pode ser comparada àquelas torrentes que de repente se enchem de chuva: aquele riacho que se move sinuosamente e com dificuldade entre as pedras, de repente se torna um volume de água incontrolável que, no decorrer do dia, se torna uma massa de água incontida que supera facilmente suas margens, varre tudo em seu caminho. É assim para algumas pessoas: a mínima coisa é suficiente para fazer crescer o ímpeto da paixão, e com tal força que ela não pode ser contida de forma alguma.

Em sua experiência, o abade sabe como lidar com o perigo. Não são exortações ou longas orações que curarão este tipo de pessoa doente, mas a benevolência e a prudência. Portanto, ou ele mesmo cuidará deles, ou confiará aquele que sofre de tal doença a um monge experiente. Ele cultivará, portanto, a humildade, principalmente pelo silêncio, a mortificação dos olhos e da língua, e examinando sua consciência todos os dias com seu bom pai espiritual. Ele também entenderá que contra a força muito violenta da paixão encontrará um aliado em uma paixão maior. Pode ser o do medo, como é para o ladrão, que se abstém de roubar por medo de ser pego pelos guardas, ou pelo lascivo, por medo de ser descoberto e envergonhado. Mas o medo é facilmente vencido pela paixão se apenas faz o perigo parecer distante ou não tão sério. E essa pode ser a força do amor: quando é sincero, resiste à mais sutil bajulação. Agora, o bom pai saberá como crescer no amor ao mesmo tempo em que ensina os meios para conter a fúria da paixão.

Portanto, aquele que deve ser ajudado examinará tudo cuidadosamente e aprenderá a ver primeiro os muitos dons que Deus lhe dá todos os dias, mesmo que não tenha mérito para eles, a começar pela vida e todos os outros benefícios para o corpo e o espírito; então ele se deterá no bem da vocação, com a qual lhe deu de agora em diante cem vezes mais, juntamente com perseguições e, se ele for fiel, então lhe dará a vida eterna. Dessa forma, ele cultivará a gratidão e o amor por um Deus tão bom e rico em misericórdia. Em seguida, ele relatará suas ações em detalhes a seu bom pai. Isso o ajudará a tornar-se seu próprio mestre e a comandar seu corpo o que é mais propício à perfeição. Pois se algo não foi feito de acordo com suas intenções, seu bom pai saberá dar-lhe conselhos sábios sobre como agir a fim de obter o que procura, se não o que procura, e, se necessário, ele lhe dará penitências saudáveis. Finalmente, ele relatará seus pensamentos, tendo o cuidado de dizer sob que circunstâncias e por que razão eles entraram em sua mente; ele então fará o mesmo com seus desejos. Com a ajuda de seu guia, ele aprenderá a reconhecer o que o ajuda a progredir e o que o retém das coisas mais baixas e terrenas.

Quando ele tiver conseguido algo desta maneira – o que pode ser feito em muito pouco tempo, se as coisas mencionadas acima forem implementadas com coração e cuidado --, não deve pensar que se tornou diferente do que era. Pois bastaria que ele voltasse apenas por um momento aos seus antigos hábitos e imediatamente se sentiria sobrecarregado por suas paixões.

Um monge, facilmente inclinado para o vinho, foi desviado do vício que o dominava. Mas depois de muito tempo, em autoconfiança, ele se emprestou para ajudar o guardião do hino a agitar a mesa. Bem, o cheiro do mosto era suficiente para que ele fosse levado de volta pela velha paixão.

Mais grave é a paixão da sensualidade ou a da ira. Para isso, não basta se afastar do objeto material que lhe sucede; na verdade, ele se alimenta frequentemente de lembranças do passado. Neste caso, é muito útil colocar a memória no seio da Igreja. O monge irá até seu pai e lhe pedirá a caridade de escutá-lo, então, com humildade, com mansidão, mas sem esconder o que mais o envergonha e, em vez disso, abrindo seu coração com confiança, ele mostrará as feridas de sua paixão. Então o pai o convida a estar ali, onde a memória reconhece, ao mesmo tempo, a seriedade do pecado e o clímax da paixão, e a pensar, encontrando-se naquela situação cruel e vergonhosa, que foi ali que o Mestre e Pastor de nossas almas veio procurá-lo como uma ovelha perdida em perigo; ele então o convidará a olhar para o Senhor, como fizeram os doentes, que quiseram e esperaram com confiança para serem curados por Ele; depois o convidará a considerar que o Senhor em sua bondade, longe de condená-lo, cuida dele e põe sua mão sobre suas feridas para curá-las; finalmente o encorajará a deixar-se consolar por Aquele que veio não para condenar os pecadores, mas para nossa salvação. Ele o fará com frequência, para que o consolo do Senhor preencha completamente o vazio que normalmente é preenchido pelo falso consolo com o qual a paixão consegue enganar mentes não treinadas para o combate.

Ainda outro exercício será útil para reconhecer se a carne e o coração recuperaram a unidade com as intenções do intelecto: será relatar os sonhos que às vezes acontecem durante o descanso noturno. Lemos na Escritura que certos homens santos foram visitados por Deus pelos sonhos. É certo que muitos são incomodados pelos sonhos. Pois podem ser sonhos trazidos por paixões que só foram saciadas, mas não conquistadas; sonhos, especialmente se são intensos, podem trazer uma lassidão de espírito; ou podem ser sonhos que parecem indiferentes ou sem qualquer sentido. O pai experiente saberá deles se algo inconsciente impede a perfeição, ou se eles escondem pecados dos quais o coração não foi purificado. Da mesma forma, ele saberá se é a tentação pela qual o inimigo de nossa alma tenta roubar sua paz.

Há uma unidade interior quando o coração, a mente e os olhos são todos inteiramente dirigidos para o mesmo objeto. Mas quando eles não convergem, acontece que enquanto se canta os salmos, pensa-se em trabalho e o olho vagueia. Assim, se o coração não estiver totalmente ocupado com aquilo que, deixando o mundo, veio a buscar, o olhar poderá facilmente permanecer naquilo que excita a inteligência ou a paixão. Entenda então porque tudo no mosteiro deve ser ordenado com sobriedade e harmonia, para que o olho não seja tentado a vaguear, mas sim envolvido pela abrangência de tudo. A beleza sóbria, tão necessária para a paz interior, estará a serviço da alma quando ela a elevar às coisas mais nobres; portanto, seu objetivo não será apresentar aos olhos o que externamente pode parecer mais atraente, mas sim evocar com imediatez a Beleza inefável, que ninguém pode evocar a não ser por meio de símbolos. Este foi o projeto que guiou a mão dos pais que construíram claustros e catedrais, para que aqueles que cruzaram o limiar pudessem sentir que seus corpos já estavam imersos no mundo celestial.

Fuga do mundo

Tudo o que o Senhor fez é bom e é para o ser humano. No entanto, o homem nem sempre sabe como utilizá-lo mantendo o coração livre. Os apetites desordenados podem levar ao sentimento de impulsos tão fortes que somente a incapacidade de cuidar do objeto ao qual tendem pode protegê-los do mal que viria de seu uso imoderado. É o que acontece com o homem ganancioso, que não aprendeu a dominar seu apetite: se encontrar comida à sua disposição sempre que a quiser dificilmente conseguirá resistir a sua ânsia. Portanto, quando nos damos conta de que somos presas fáceis de uma paixão, é útil primeiro ficar o mais distante possível daquilo que pode satisfazê-la. Então, como a paixão pode ser educada, é necessário dar-lhe um objeto espiritual em vez de um objeto material, para que a busca de uma satisfação da carne se torne uma consolação do espírito. Finalmente, pelas práticas derivadas das virtudes, educar a carne e o espírito e abrir os olhos para a fonte do verdadeiro consolo, que é o Criador de todas as coisas e o refúgio do homem fraco e de curta duração.

É por isso que deixaste o mundo: para não ser continuamente assaltado pelos ataques da tentação e para não se ver sitiado a cada passo pelos impulsos do passado. Reconhecendo que és fraco e não pode enfrentar sozinho os ataques do mundo, e que é tão pequeno mestre de si mesmo que só raramente e com dificuldade pode comandar sua carne e espírito, buscaste refúgio dentro das paredes do mosteiro para ser ajudado por aqueles que, antes de ti, trilharam o caminho da busca de Deus e podem lhe emprestar a sabedoria que o Senhor lhes deu.

Portanto, não procure no claustro o que deixou para trás, e não se iluda que suas paredes sejam tão fortes a ponto de afastar totalmente aquilo que lisonjeia a paixão. Com esforço e valendo-se da sabedoria dos mais antigos, mas mais do que isso, ao seres impelido pelo Espírito Santo, tu mesmo, em teu coração, levantas o baluarte mais eficaz: isso será felicidade no Senhor Jesus, como ensina o bem-aventurado Paulo quando nos exorta a não seguir os desejos da carne, mas os do espírito (cf. Gl 5,16): "Os frutos do Espírito são: amor, alegria, paz, paciência, bondade, fidelidade, mansidão, abnegação" (Gl 5,22). Depois acrescenta: "Aqueles que pertencem a Cristo Jesus crucificaram sua carne com suas paixões e seus desejos" (Gl 5,24).

Os vícios do ventre

Estes são chamados de gula, luxúria e avareza. São chamados "vícios do ventre" porque parecem ser forças instintivas, ligadas à vida em seus aspectos mais materiais; estas forças têm o propósito de preservá-la e multiplicá-la, e há um prazer sensato ligado a elas, que tem a função de incentivar sua prática. A tomada de alimentos, estar com outros e assegurar o futuro pelo acúmulo de bens atende às necessidades básicas da condição humana. Em si são boas forças, mas precisam ser educadas para não cair no excesso, ou seja, no vício. O excesso e a falta de equilíbrio são características daqueles que não atingiram a idade adulta ou podem surgir novamente em circunstâncias de teste, quando, não sem medo, suas próprias forças são medidas. O autodomínio nestes assuntos é o primeiro passo para a liberdade, e aqueles que não são capazes disso não podem presumir alcançar, não vou dizer santidade, mas também não podem presumir a confiança de outros homens.

Os vícios do ventre são a gula, a luxúria e a avareza

1. A *GULA* é um apetite desordenado por alimentos (cf. S. Th. II-II, q 148, a 4)[1]. À gula se opõe a virtude da sobriedade.

Antes de se tornar um vício multiforme a ser combatido, a gula, ou seja, a tendência natural à alimentação, é um dom de Deus. Se essa necessidade não fosse sentida, o homem acabaria não comendo, e sua saúde seria prejudicada, a ponto de não ter vida alguma. É tão importante levar os alimentos que os outros sentidos também estão envolvidos: o olho é atraído pelo que estimula o apetite, o olfato aprecia o cheiro, toca a textura e o paladar, enfim, está satisfeito. Em resumo, é a própria natureza que sente o chamado daquilo que a favorece, e é por isso que ela sente prazer cada vez que lhe é proporcionado aquilo que satisfaz suas necessidades. Bem, poderíamos dizer que o vício da gula toma forma quando a ação é impulsionada mais pelo desejo de sentir prazer

---

1. Na *Summa theologiae* de Santo Tomás pode-se encontrar um esquema dos pecados capitais com suas "filhas". Pode ser útil não apenas para reconhecer como foi expresso o desejo de pecar, mas também para encontrar a própria raiz do pecado a fim de desenraizá-lo; também é útil para entender como extrair, por meio do mesmo, as raízes do mal.

do que de satisfazer a necessidade. Quando isto acontece, é como se uma pessoa se concentrasse no prazer de engolir uma comida saborosa, sua tensão natural em direção a uma vida bela, boa e feliz.

Este tipo de prazer é geralmente visto com indulgência, de modo que é com frequência procurado no lugar de algum outro, percebido como impróprio.

Como, então, a gula deve ser educada, para que não leve a uma desordem que seja prejudicial ao corpo e ao espírito?

Antes de tudo, é útil lembrar que se come para viver e não se vive para comer. Dito isto, será oportuno considerar que a gula pode assumir diferentes aspectos: há aqueles que, dominados pela fome, não sabem como se controlar e correr para a comida; há aqueles que buscam refinamento e estão satisfeitos com a comida requintada, desprezando aquilo que não satisfaz seu paladar; há aqueles que não põem limites à quantidade; finalmente há aqueles que, ao pensar ou ver a comida, são dominados pelo ímpeto, esquecendo tudo mais.

Portanto, é necessário disciplinar-se, para não ser superado pelo desejo, como acontece com crianças muito pequenas ou homens rudes; depois, buscar habitualmente alimentos simples, sem muito sabor, para que a ingestão de alimentos obedeça às necessidades do corpo e não ao impulso do paladar. A fim de se proteger contra a gula, decida antecipadamente o que vai comer na hora marcada e depois mantenha o que decidiu. A este respeito, no início, pode ser útil para colocares tudo o que para ti foi preparado sobre a mesa de uma vez, para que possas estimar a quantidade muito melhor do que se ela lhe fosse servida um pouco de cada vez. Além disso, desta forma, a mente gananciosa não se perderá em fantasiar sobre o que está por vir, enquanto ainda estás consumindo o que está à tua frente.

Os sábios que há muito perscrutaram o fundo do coração observaram que, quando se está absorto em pensamentos silenciosos, às vezes perde-se todo o interesse pela comida, e às vezes busca-se na comida ou bebida um conforto fugaz. Se isto acontecer contigo, abra sua alma para aquele que o está guiando, e o fardo que carrega se tornará menos pesado.

A temperança nos alimentos é muito boa para a saúde e é necessária para aqueles que não querem obscurecer suas mentes.

Finalmente, considere que a gula em geral é o vício no qual se refugia aquele que se tornou suficientemente forte para não cair nos laços da luxúria; também aqui, com efeito, busca-se a satisfação dos sentidos. Portanto, não penses que é boa a gula porque evitas a luxúria, mas tente manter a calma e não se entregar à sensualidade, nem a gula lhe parece legal apenas porque ela não parece ser gula. Aquele que se entrega com muita facilidade à gula escorrega em todos os outros excessos.

Tenha em mente que se fores moderado na alimentação, logo será temperado em dominar todas as outras paixões (e se fores moderado no falar, podes esperar adquirir mais cedo a virtude da caridade).

Há também uma gula espiritual. Consiste no anseio de satisfação espiritual. É preciso ter muito cuidado porque isso leva a ilusões perigosas e, no final, a erros graves. Acontece que as pessoas de bem esperam consolo em resposta a algum compromisso bem-feito. Na realidade, o Senhor em sua bondade dá os consolos que são úteis para o progresso espiritual, de modo que muitas vezes Ele favorece aqueles que não os merecem a fim de atraí-los para si mesmo. Em qualquer caso, o anseio de satisfação espiritual manifesta um amor pelas consolações de Deus, e não pelo Deus das consolações. Além disso, o consolo insalubre, que vem mais de uma sensualidade do espírito do que da graça de Deus, alimenta um orgulho sutil, que logo cortará todo o progresso e dará origem às ilusões mais perniciosas; podes ver isso pelo fato de que, sob uma aparência suave, há uma inclinação para julgar.

Portanto, aquele que procura o Senhor e habita em sua casa já está marcado por uma graça singular. Portanto, esforce-se para fazer a vontade de Deus como lhe foi dada para conhecê-la, pois isto é apropriado para aqueles que, sem nenhum mérito próprio, são amados por um Deus tão grande e tão bom. Louva o Senhor e esteja em paz. Entrega a Ele, que sabe melhor do que ti aquilo de que tens necessidade, e conforta-o no momento oportuno. Portanto, seja fiel e basta que saibas que é um servo de Deus.

Desejo propor-te mais um pensamento, para que possas colocá-lo cuidadosamente. Sua garganta o torna consciente da força da dúvida em sua alma. Pois é em si mesmo um desejo. E o desejo visa possuir o objeto sobre o qual fixas teu olhar e depois torná-lo quase uma parte de ti, como ocorre com os alimentos. Então vês como há muita necessidade de purificar o desejo! Podes conseguir isso temperando sua gula. E o que desejas se revela como seu raptor e mestre. Portanto, afasta-te daquilo que tem o poder de agarrar teu coração e escravizá-lo. Nunca presuma que és suficientemente forte para vencer o concurso com desejo, pois sua força está em seu desejo de possuir, não em si mesmo. A pérola mais preciosa não atrai a criança, que desconhece o valor das coisas, mas enche de luxúria o comerciante, que pensa dela obter lucro.

O vício da gula é geralmente reconhecido pelas seguintes características:	As consequências no comportamento, ou seja, as Filhas, são as seguintes [cf. S. Th. II-II, q 148, a 6]:
- antecipa o tempo de necessidade - procura alimentos requintados - busca do luxo - excede a medida - ímpeto do desejo	- a alegria tola - o discurso calunioso - a torpeza - o muito falar - a mente obtusa em coisas importantes

Amor ao pecado

Terás notado que há em nós um sentimento contrário às nossas intenções: é o que chamamos de amor ao pecado. Muitas vezes não é realmente um apego a coisas cuja malícia se manifesta abertamente, mas mais simplesmente a hábitos, modos, coisas que são indiferentes, mas das quais, como somos feitos, facilmente escorregamos para a desordem. Se a majestade do que nos atrai fosse evidente, seria mais fácil reconhecê-la e a mente resistiria a ela. Mais claramente, então, devemos dizer que o amor ao pecado se traduz em um apego particular aos nossos hábitos; eles estão tão firmemente estabelecidos que se tornaram parte de nós na medida em que, embora estejamos vinculados, parece que somos livres, de modo que, quando nos pedem para desistir deles, sentimos que temos que mudar uma parte de nós mesmos. Na verdade, estamos profundamente ligados a certos hábitos, e a ideia de desistir deles tem o mesmo efeito que a ideia de extrair um dente, mesmo que ele esteja evidentemente podre e a experiência nos tenha feito sentir muitas vezes a dor que ele causa. Não é por acaso que Jesus nos exortou a cortar tudo o que escandaliza, isto é, que impede o caminho, mesmo que seja um bom caminho.

Na verdade, estamos tão apegados ao pecado porque é a maneira como estamos acostumados a viver. Não me refiro apenas aos maus hábitos, mas à maneira como pensamos e vemos a nós mesmos e a realidade. Quando o Senhor nos convida à conversão, Ele não só nos pede para viver de maneira diferente, mas também para pensar e sentir como pessoas ressuscitadas, ou seja, como pessoas que morreram para pecar e estão vivendo em Cristo Jesus (cf. Rm 6,11). Portanto, o homem velho deve morrer e dar lugar ao novo homem, nascido segundo Deus. Entenda então que o amor pelo pecado é amor por si mesmo, sendo por isso tão difícil de extirpá-lo do coração. Mas se não se morre para si mesmo, não há salvação.

Notaste, nesse contexto, que é mais fácil convencer a mente do que o coração no que diz respeito à bondade. Se a mente honesta, diante da evidência da verdade, adere a ela, não é assim com o coração: ela decide de acordo com o gosto, e se não é educada para o bem, dificilmente a escolhe quando parece estar em desacordo com o que moveu seu desejo.

Põe no Senhor tua força

Talvez sintas que tua força não é suficiente. Refiro-me à força física não menos do que a força espiritual. Em outras palavras, podes sentir que há tarefas à tua espera para as quais, apesar de tua boa vontade, és claramente inadequado, ou situações contingentes nas quais o cansaço, a fadiga prolongada, a falta de saúde, o peso da responsabilidade ou a perturbação emocional podem levá-lo a atitudes discordantes ou mesmo a ofender a caridade. Qualquer pessoa que sinceramente busca o Senhor em tais condições se sente desconfortável, porque sente o perigo de ofendê-lo. Ora, quando isto acontecer contigo, sem nenhum medo, entregai ao Senhor tua fraqueza, como sugere o Apóstolo Pedro quando diz: "Humilhai-vos, pois, sob a poderosa mão de Deus, para que Ele vos exalte no momento oportuno, lançando sobre Ele todos os vossos cuidados, pois é Ele quem cuida de vós" (1Pd 5,6-7). O que estás passando, de fato, é uma experiência muito importante: vês com singular clareza que o bem não está ao seu alcance, que o desejo sozinho não pode alcançar o objetivo; sentes, em suma, que só Deus salva e que Ele é o único que pode salvá-lo e que só dele vêm todas as suas habilidades. Portanto, seja como o servo que confia na bondade de seu senhor: vá onde Ele lhe disser e faça o que Ele lhe disser, independentemente de sua falta de força, mas lance suas redes de acordo com sua palavra. E não se preocupe com as contas, pois elas não são de sua responsabilidade: é o Senhor quem constrói nossa casa. Entregue sua incapacidade a Deus e Ele fará com que o pouco que tens seja suficiente. Pois muitas vezes Ele vê que sentimos nossas limitações na carne, e também nos permite experimentar nossas fraquezas e cair em desordem.

Podes encontrar a confirmação do que estou dizendo recordando as muitas ocasiões em que, embora tenhas feito intenções sinceras, não as manteve. Não porque não querias, ou mudaste teu juízo, mas porque o poder da "carne" pesava mais do que o poder da boa vontade. O homem, por suas próprias forças, não pode ser o que ele quer ser. Em resumo, não é verdade que seja suficiente querer. Sem a força que vem de Deus, nada é possível. Por isso devemos sempre nos colocar nas mãos do Pai, confiando-lhe nossas fraquezas: devemos ser como o jovem que colocou os pães e os peixes nas mãos de Jesus, e Ele – cuidado! – os tornou suficientes para muitas pessoas. Portanto, se não podemos fazer nada ou muito pouco por conta própria, com Ele podemos fazer tudo. São Paulo diz: "Tudo posso naquele que me fortalece" (Fl 4,13), e novamente: "Quando sou fraco, então é que sou forte" (2Cor 12,10).

Quero dizer que o homem é incapaz de efetivamente querer o bem? Certamente não, pois ele continua contente em desejar o que lhe parece bom e certo. Ao contrário, quero dizer que é apenas pela força que vem de Deus que o homem pode combater com sucesso o desejo de cometer o mal, que deriva de sua fraqueza radical. Pois embora o batismo tenha exterminado sua solidariedade sem culpa, mas fatal com o mal, ele permanece fundamentalmente fraco e propenso a ceder às forças que desordenam seu coração e seus membros.

Deixe-me insistir um pouco mais. O desejo sincero do atleta de ganhar no estádio é suficiente para alcançar a vitória? Se o desejo não for acompanhado pela vontade, o que se traduz em treinamento duro, ele não será capaz, não direi para vencer, mas nem mesmo para aspirar à vitória com qualquer fundamento. O mesmo se pode dizer da vida santa: se o desejo não é acompanhado pelo exercício da virtude, é muito difícil sair vitorioso da prova. É uma graça de Deus conceber desejos santos no coração; mas precisamente por causa deles, e quanto mais ardentes forem, será necessário corresponder-lhes com uma vida que não os extingue. Considere o movimento oposto, ou seja, o movimento do desejo: quanto mais forte o apetite que ele desperta, mais tudo em nós é movido para buscar sua satisfação. Por que, então, a virtude não deveria nos mover, embora não sem esforço, para corresponder ao bom desejo que Deus colocou em nossos corações? Mas questionas como fazer isso. Pois bem, antes de tudo, manter vivo o desejo, considerando sua extrema beleza e bondade e como é adequado para um homem bom e reto corresponder a ele, mas sobretudo pensando naquele que, ao despertá-lo em seu coração, pretendeu te tornar mais semelhante a Ele. Assim, como o atleta faz, treine-se de modo a adquirir aqueles comportamentos que favorecem o desejo. Não te esqueças de que em tudo isso és como o navegante: não basta ter no coração chegar a um porto longínquo e ter preparado o navio para uma longa viagem; é necessário o vento que, soprando sobre as velas, o faça navegar seguramente sobre as ondas. A graça do Senhor acende o coração com bons desejos; o homem generoso organiza o que é necessário para a viagem; mas é novamente a graça de Deus que a torna possível e a leva a uma conclusão bem-sucedida. Um velho sábio disse certa vez que o Senhor é como um pai que quer ensinar uma criança a apreciar coisas boas. Ele lhe mostra uma fruta de aparência atraente, e a criança se estende para pegá-la; ela aprecia sua aparência, mas não seu sabor, nunca a tendo provado. Nesse momento, o desejo ainda não tem a força que terá depois de ter provado o fruto. Este é o caso da virtude: é muito importante apreciar sua beleza, porque isto já desperta o desejo por ela, mas será muito mais importante saborear sua doçura, porque o desejo será acompanhado pela necessidade de prová-la novamente. Portanto, aquele que quer crescer no bem terá que buscar todas as formas de saborear a bondade da virtude.

2. A *LUXÚRIA* é o desejo mórbido de prazer, que se traduz em fechamento egocêntrico (cf. S. Th. II-II, q 153, a 5). À luxúria se opõe a temperança e a abertura ao próximo.

A luxúria é a paixão que leva a um comportamento sexual desordenado.

O impulso sexual é uma coisa muito boa e talvez a energia mais forte atuando no homem. É a própria vida pulsando nos membros, como uma força incontrolável. É tão importante para a vida que é acompanhada pela mais profunda experiência de prazer. Mas é também um instinto que deve ser educado, caso contrário poderia ser esmagado. Seu objetivo é incentivar os relacionamentos, qualificando-os com base no gênero ao qual o indivíduo pertence. Um homem, por exemplo, se relacionará com o que vê ao seu redor com a sensibilidade que advém de ser homem. O mesmo se aplica às mulheres: sua visão das coisas será baseada em sua sensibilidade particular como mulheres. Portanto, um homem encontrará na mulher uma pessoa que é ao mesmo tempo semelhante a ele e ainda assim permanece radicalmente diferente, e ele sentirá todo o fascínio dela. E ele virá a encontrar em sua relação com ela – uma relação que, gradualmente, à medida que crescer, o envolverá completamente em espírito e em sua pessoa – a experiência mais bela e plena de si mesmo: experimentará ser acolhido e a alegria de ser acolhido; sentirá que é precioso para alguém e sentirá como é belo sentir que alguém se confia completamente a ele. Da mesma forma, a mulher, conhecendo o homem, sentirá, de acordo com sua própria sensibilidade, que ele é a resposta às expectativas de seu coração. É no auge desta jornada que um homem e uma mulher podem decidir dar-se e acolher-se mutuamente para a vida; e é neste espaço de amor que uma nova vida, ao nascer, encontra a força e a alegria de embarcar na descoberta do mundo.

O vício da luxúria tende a tirar deste maravilhoso desenho apenas ou principalmente o prazer dos sentidos. Dessa forma, a força que se destinava a fomentar encontros e relacionamentos torna-se um fim em si e se transforma facilmente em um vício do qual, com o tempo, torna-se difícil libertar-se. O luxurioso pensa que é livre e até se gaba de fazer o que quer; na realidade, ele é uma presa da ditadura exercida por seu instinto.

Para viver em harmonia com os impulsos naturais, eles devem primeiro ser educados. Isto requer uma jornada exigente e que dura toda a vida. Há várias maneiras de conseguir isso, e tentaremos enumerá-las, sem presumir dizer tudo: cada pessoa aprenderá por si mesma o que mais a ajuda. Cada um aprenderá por si mesmo o que mais o ajuda. Portanto, direi, antes de tudo, que devemos viver na luz, como o próprio Jesus recomenda a seus seguidores. Isto significa abrir seu coração a uma pessoa a quem pediste ajuda para crescer nos caminhos de Deus. É preciso aprender a não esconder nada deles, pois o medo pode ser forte nesta área, mas se, mesmo fazendo alguma violência à timidez que nos levaria a esconder do que nos envergonhamos naturalmente, os pensamentos e agitações da alma se manifestam, logo poderemos desfrutar da verdadeira liberdade interior. A pessoa espiritual será capaz de ajudar a entender de onde vêm tais pensamentos e sugerir maneiras de evitar que eles perturbem a paz do coração. Quanto aos pensamentos a partir dos quais começa toda tentação, já disse algo. Saiba, então, que não se deve perder o menor tempo com eles, mas sim expulsá-los com determinação, dedicando-se a coisas que despertem a atenção de modo a desviar-lhes a atenção. Se, então, os pensamentos vêm de imagens que foram impressas na mente, pode ajudar a contemplar imagens completamente diferentes e, por assim dizer, a atingir os sentidos, trazendo-os de volta à realidade pela mortificação. Uma vida pacífica, com muito espaço para descanso e atividades para aliviar a mente, é de grande ajuda. Nunca mantenha pensamentos violentos e frustrantes dentro de si, pois eles podem facilmente levar à sensualidade. Finalmente, dar espaço adequado para a oração. Em geral, não se trata tanto de prolongá-la – embora seja necessário permanecer nela, sobretudo ao se sentir tentado a deixá-la –, mas sim a permanecer fiel a ela, muitas vezes considerando que a liberdade que estamos defendendo resistindo à tentação é um tesouro que Cristo ganhou para nós a grande custo. Onde o amor ao Senhor é sereno e profundo, a tentação dificilmente pode romper e vencer.

Há mais um pensamento que gostaria de te confiar: enxertados em Cristo pelo batismo, nossos membros tornaram-se, por assim dizer, um sacramento dos membros de Jesus, o Filho de Deus, que quiseram assumir uma carne como a nossa. É, portanto, apropriado que aquele que é de Cristo e está com Ele expresse em sua própria carne o mistério da morte e da ressurreição. Que nada, portanto – nem desejos, nem comportamentos, nem ações –, obscureça o mistério da vida divina em ti, mas que tudo esteja na luz e dê testemunho do amor que nos salvou.

Tenha isto em mente e mantenha-o bem no coração: a luxúria, por causa da vergonha que causa na presença de Deus, afasta-o da oração, escurece o espírito, paralisa o coração e enfraquece a esperança até a extinção. O luxurioso, pelo menos no início, sente confusão e revolta para com suas quedas e, sentindo-se isolado e vencido por causa de seu pecado, tomado pela angústia, fatalmente acaba nela mergulhando mais fundo, como se fosse o único alívio restante. Uma cegueira de espírito o prende, de modo que a princípio ele não vê nenhuma saída e depois, devido ao peso insuportável de sua condição, da qual ele não pode mais se libertar, é levado pelo amor-próprio a buscar justificação e a considerar o que é costume para ele como nada e uma experiência comum. Ele viverá, portanto, como uma pessoa sombria e descontente, atribuindo sua infelicidade a Deus e suas leis; ele chegará até a sentir como traído por suas expectativas.

Então, desejando libertar-se de uma condição que se tornará cada vez mais insuportável para ele – não percebendo que é somente pela dureza de seu coração que ele chegou a esse ponto –, se rebaixará ao que pode lhe parecer humildade e chegará a ponto de protestar que ele é condenado e pobre, e incapaz e indigno, sem, no entanto, fazer nada para mudar. Na verdade, sua acusação de si mesmo será basicamente apenas uma forma de buscar consolo, desfrutando da compaixão que ele está tentando despertar. Se, ao contrário, ele se engajasse humildemente na oração mental, escutando a Deus em vez da conversa vã de sua própria mente, ele receberia a graça da verdadeira contrição do coração, e onde ele via apenas a desolação do desespero, descobriria o oásis fresco e acolhedor do amor misericordioso do Pai.

Muitas vezes, de fato, encontrei pessoas que estão bem no seu caminho espiritual, e muitas vezes também no seguimento da Mãe de Deus, que caem em aridez e no final fracassam em sua vocação e na própria vida cristã por causa deste vício. É por causa deste vício que a oração se extingue, de modo que em muito pouco tempo o fervor cessa, e o que antes parecia ser desejável acima de tudo se torna inteiramente indefensável. Pois o prazer dos sentidos se opõe ao prazer do espírito e até extingue a memória do mesmo. Neste ponto, tudo se torna desconfortável: tudo se torna tedioso; a estima pelos superiores cessa, e eles são criticados quase continuamente e cada vez mais duramente; as amizades se transformam em cumplicidade, já que o que se busca é apenas um sentido dos próprios motivos; chegam ao ponto de reprovar sua própria comunidade por não viver o rigor dos antigos; e fazem tudo isso para acumular razões para deixar o mosteiro, atribuindo aos outros a responsabilidade por um mal-estar que só surge a partir de seus excessos. Portanto, quando surgirem dificuldades para perseverar, examine prontamente se a oração não falhou; se crerdes

que ela é pobre em afeto ou cessou, procure intemperança entre as razões; certamente existem outras, como
a perturbação produzida pela ira ou orgulho, das quais
falaremos mais tarde, mas esta é certamente a mais frequente, especialmente nos incipientes.

O comportamento desordenado na luxúria pode assumir diferentes formas, que podem ser articuladas da seguinte maneira:	A pessoa que não vive sua sexualidade de forma equilibrada incorre nestas características (são as chamadas Filhas da luxúria):
- fornicação – adultério - incesto - violação - sequestro com intenção torpe - práticas contra a natureza	- cegueira da mente - imprudência - inconstância - precipitação no julgamento ou nas decisões - amor-próprio - ódio a Deus - apego às coisas materiais – desespero da vida eterna

Consentimento tácito

Uma lição sobre o consentimento tácito será útil
neste momento. De fato, parece ser mais fácil entender o
que é e como age em relação ao vício que consideramos
sem esquecer, no entanto, que ele toca todas as áreas em
que o pecado pode ser cometido.

O "consentimento tácito", como podes ver por si
mesmo, é aquele que nunca é expressamente pronuncia-
do e ainda assim domina o coração nada menos do que

se fosse; consiste, em suma, em dar espaço ao desejo, sem efetivamente restringi-lo; é, por assim dizer, um passar por cima da ocasião, mas continuar a olhar para ela pelo canto do olho... (isto é, afinal, com desejo não confessado). É como ter "decidido" permanecer em jejum e enquanto isso passear entre as mesas colocadas: é evidente para todos que a intenção não é tão sincera quanto se desejaria e não durará muito tempo. Na verdade, é como dizer "não" às oportunidades, sem fazer nada para evitá-las: não há acordo entre a mente e o coração, e também não há compromisso com ele. A intenção da mente não é seguida pela operação prática; pois o coração ama o que a mente proíbe, então a intenção é completamente ineficaz, como quando se concorda com algo, mas sem convicção interior e até mesmo lamentando que não possa fazer o contrário. É o mesmo que entre duas pessoas quando há desacordo sobre algo importante: aquele que sabe que está errado e seria obrigado a admiti-lo, tão óbvio é, mas não quer renunciar a seu ponto de vista, fica calado, esperando, no entanto, em seu coração que as circunstâncias, nas quais ele tem o cuidado de não intervir, especialmente se lhe parece que vão na direção de seu desejo, sejam organizadas de acordo com o que ele secretamente esperava, como se dissesse que o mal foi sofrido e não desejado.

Alguns talvez duvidem que nisso haja pecado, mas o evangelho ajuda a esclarecer o assunto, onde Jesus indica que o pecado vem do coração do homem (cf. Mc 7,21). Bem, estejas certo de que um coração que não tenda de modo eficaz para aqueles meios que opõem uma defesa válida contra a tentação, embora não de forma aberta e apesar de seus protestos, ele já fez sua escolha pelo prazer oferecido pelo pecado; ele gostaria de evitar a responsabilidade pelo mal, mas mantém um apego ao gosto que ele lhe dá.

É assim que o coração humano é feito, então Jesus nos convida a arrancar o olho escandaloso, como se disséssemos que, para evitar o mal, precisamos eliminar tudo o que possa despertar seu desejo. Depois acrescenta que com a mesma decisão devemos também cortar a mão e o pé, se eles são um obstáculo ao bem (cf. Mt 9,43-47), para ensinar que, junto com o diabo, devemos evitar decisivamente as condições materiais do pecado.

Não é preciso insistir na necessidade de se ter pudor. Na verdade, o melhor aliado do pecado é nossa própria carne: a menos que seja perfeitamente animado por um coração que deseja somente a Deus, ele procurará nos atrair para o prazer imediato, que podemos obter para nós mesmos sempre que desejarmos, em vez de querer a alegria duradoura que só Deus pode dar.

Como é necessário tomar decisões radicais

Há alguns que, conhecendo o bem, querem-no, assim como o consolo que ele traz, mas não agem de modo a fazê-lo. Eles dão passos na direção certa, mas nunca vão tão longe que percam de vista o ponto de partida. Não basta podar a árvore do vício, mas ela deve ser cortada na raiz, e até mesmo destruída completamente. Mas tomar uma decisão firme não é suficiente, é preciso também aprender a lutar com pouca força contra aqueles que nos cercam com um poderoso exército.

Mas há outros que, por zelo santo, precipitam-se imprudentemente na luta sem levar em conta sua fraqueza e logo ficam esmagados e desapontados. Como, então, o objetivo desejado pode ser alcançado?

O que é necessário é um propósito firme, um amor sincero ao Senhor e uma verdadeira detestação do mal. Mas um guia seguro também é necessário. O homem de Deus a quem confiaste sua alma estará contigo a cada passo do caminho, moderando seu ímpeto e apoiando-o em sua fraqueza.

Havia um jovem que decidira se entregar completamente à vida de perfeição, e tendo examinado cuidadosamente suas falhas com a ajuda do abade, ele se propôs a contra-atacá-las corajosamente. E assim foi, mas aconteceu que ele conseguiu por algum tempo, e então, quando pensou que tinha vencido e menos esperava por isso, ele se viu de volta ao ponto de partida. Então ele multiplicou suas orações e também suas mortificações, mas só pôde alcançar seu objetivo por um curto período de tempo. Então ele voltou ao abade e lhe confessou sua decepção e o pensamento de que o Senhor o havia esquecido. Então o abade percebeu que o jovem, tendo experimentado a futilidade de seus esforços autoimpostos, finalmente seria capaz de ouvir as sugestões que seriam dadas. Ele lhe disse, portanto, que a verdadeira capacidade de superar vícios e conquistar virtudes vem somente do amor por Aquele que nos amou pela primeira vez. Ele o ajudou a ver como o mal é tolo e como é mesquinho em comparação com os infinitos benefícios que provêm da bondade daquele que nos criou. E ele lhe explicou que diante de Deus somos como crianças e não podemos ir além do que pode ser oferecido a Ele por tolos com pouca ou nenhuma capacidade. Enfim, ensinou-o a fazer por amor a Deus as coisas mais humildes e insignificantes, que reforçam a humildade e abatem o orgulho.

Ao caminhar pela estrada, instintivamente evitas colocar o pé na lama, porque – mesmo que não tenhas tomado a decisão – não gostas de sujar as sandálias. Assim deve ser em relação ao mal. Portanto, será importante levar tempo para considerar a maldade interior do mal e a ingratidão da ofensa a Deus. Serás capaz de fazer isso examinando-se cuidadosamente todos os dias e até mesmo várias vezes ao dia e considerando como a paixão muitas vezes se sente inofensiva e até dirigida para adquirir um bem, mas depois se manifesta pelo que é: uma ave de rapina que tira sua liberdade, um tirano que o força a fazer o que não desejas.

O exame o tornará consciente das tramas sutis tecidas pela paixão com a cumplicidade muitas vezes inconsciente de seus sentidos, e o colocará na posição de rasgar qualquer orgulho enquanto ele ainda é tenro. Um bom exercício, portanto, será começar com pequenas e aparentemente menores renúncias, mas decisivas, e quem é fiel em pouco também será fiel em muito (cf. Lc 16,10).

Na verdade, para corrigir um defeito ou para se tornar senhor de si, é útil começar com pequenas coisas que parecem não ter nada a ver com o objetivo que se deseja alcançar. Mas forçar-se a fazer pequenos atos de humildade e serviço fortalece a vontade e o autodomínio. Poderás então alcançar o que procuras, aplicando-se a coisas modestas ao seu alcance, em nome de Deus, cujo amor por ti é tão bem-ilustrado pela paixão do Senhor. E o amor ao Senhor e o repudiar o mal lhe dará a capacidade de resistir às investidas da tentação.

Como o inimigo da natureza humana serve-se da luxúria para o ser humano se perder

De todos os vícios, este é talvez o mais difícil de ser erradicado. Isto era bem conhecido pelos santos pais de outrora, que exortaram todos aqueles que buscavam a perfeição a serem sóbrios em todas as coisas, porque a sensualidade pode espreitar em qualquer lugar, e se ela só consegue encontrar espaço onde parece impossível cair no pecado – como seria o caso, por exemplo, de comer ou beber, onde o mal parece residir principalmente no excesso e não na matéria em si –, ela se torna gradualmente mais forte, até romper e ultrapassar as barreiras erguidas em defesa da castidade. Na verdade, é ilusório fingir combater um vício apenas porque é considerado mais vergonhoso, negligenciando os outros, com a presunção de poder enfrentá-los mais facilmente e com sucesso. Cada vício tem dentro de si a capacidade de enfraquecer a vontade, preparando o caminho para a irrupção de todos os outros. É por isso que é necessário manter a guarda em volta das paredes, e não apenas em uma torre, porque o inimigo, querendo fazer um ataque, sempre procura cuidadosamente o ponto onde a defesa é mais fraca. Aquele que em sua juventude teve o triste infortúnio de experimentar a luxúria, embora tenha aprendido a desprezar com sua mente e depois também com seu coração – o que já seria uma graça muito grande! – o prazer ilusório, mas esmagador dos sentidos, no entanto, pode facilmente sentir seu chamado persuasivo em seus membros; da mesma forma, os incautos que não tiveram nenhuma experiência disso podem facilmente ser sobrecarregados pela curiosidade. Portanto, tomemos o cuidado de viver na luz, escolhendo em tudo aquilo que pertence ao céu, sem qualquer indulgência por aquilo que pertence à terra. Pois o pecado atinge aqueles que se dizem espirituais, vivendo conforme a carne, concedendo-lhe tudo o que exige, enquanto que dificilmente pode mover aqueles que habitam nos céus e se esforçam para abrir seus corações às suas consolações. Se, então, perguntares por que aqueles que foram estimados como bons guias nas coisas do espírito usam tanta insistência nesta paixão em vez de em outras, eu responderei, aproveitando a experiência dos homens santos, que muito poucos – e somente por graça – foram feitos insensíveis durante suas vidas aos apelos da carne (e certamente nunca completamente); direi também que nela, muitos, embora purificados pela penitência e adornados com muita virtude, foram atormentados por muito tempo. O maligno conhece bem o homem e sabe que o prazer dos membros pode ser uma atração irresistível mesmo para aqueles que aspiram à intoxicação do espírito, e os inexperientes podem facilmente confundi--lo com ele, só para desesperar depois de terem caído na armadilha. Que este exemplo seja suficiente: um homem idoso da Igreja moicana, que assumiu ser de anos avançados, havia deixado de temer os ataques deste demônio. Mas o Senhor, a fim de trazê-lo de volta à humildade saudável, permitiu que ele experimentasse as armadilhas da luxúria. Ele, portanto, tornou-se mais forte e mais humilde com este julgamento, contou como este vício se introduziu de forma persuasiva; pois ele não se impõe de forma violenta no início, exceto aos príncipes. Mas para aqueles que são mais experientes, e que se oporiam orgulhosamente se mostrasse sua arrogância, ela se apresenta em outras formas de aparência nobre, como a excelência do conhecimento ou o prazer da beleza e da arte. Ela age como a serpente que se assusta e, quando está perto de golpear sua presa, fica ameaçadora e olha para ela com olhos frios e terríveis, de modo que a presa fica aterrorizada; seus sentimentos são apreendidos, seus membros impedidos, seu coração rasgado entre o deleite e o terror, como se o corpo fosse tirado da alma, e se movesse por uma vontade desconhecida, e os próprios membros, apesar do coração, queriam o que tinham até então, um com a alma, desprezado e fugido com horror; de modo que parece que não há ninguém, mas dois ou muitos, e cada um grita ou definha ou ruge ou morde e rasga a corda que o mantém preso, até que, sentindo-se perdido, a vítima se abandona. É então que a serpente entra e mata. Diz-se que a serpente ataca primeiro com seus olhos e depois com sua mordida, e também se diz que se a presa não fixar em seu olhar mortal, ainda pode escapar da emboscada. Portanto, os olhos do corpo e do coração devem ser contidos, pois quando o olhar é capturado, o corpo permanece imóvel e, embora forte, é presa fácil: pois a serpente precisa apenas de uma mordida para superar uma bem maior do que ela mesma. Finalmente, tomemos o exemplo dos antigos, que disseram que Teseu, a fim de derrotar a Medusa com seu olhar penetrante, a confrontou com a ajuda de um espelho e, tendo conseguido matá-la, cortou sua horrível cabeça com sua espada e, sem sequer olhar para ela, a colocou em um saco, para que nunca mais pudesse prejudicar ninguém. Finalmente, uma vez ouvi um monge que vinha combatendo demônios, e quando ele questionou um homem obsessivo, a quem o maligno atormentava há algum tempo, sobre a razão de sua intenção de combater com o vício impuro, foi-lhe dito: "Porque é por este meio que eu posso destruí-lo e à Igreja".

Murmurar às vezes é um sinal de inquietude dos sentidos

Certamente terás observado que aquele que é sereno não se perde em conversas inúteis e muito menos se entrega ao murmúrio. Seu coração, de fato, repousa com segurança sobre os afetos firmes, e as dificuldades que lhe são apresentadas são recebidas com calma. Por outro lado, aquele que está inquieto por alguma razão, toma todo pretexto para expressar o mal-estar em seu coração. O bom pai não se deixará enganar pelas queixas dessas pessoas, tendo em mente que o que as perturba não é normalmente o que elas reclamam, mas ele terá o cuidado de examinar seus corações a fim de compreendê-los e fazê-los compreender que a origem de seu mal-estar muitas vezes está em seus afetos e sentidos que ainda não estão tão purificados como deveriam, ou em alguma preocupação à qual eles mesmos não deram a importância que de fato tem. Ou, mais uma vez, em fadiga por excesso de trabalho ou, finalmente, em um isolamento ao qual se retiraram, como é também o caso dos animais domésticos quando se sentem fracos e se sentem isolados e rosnam. Se ele for mais fundo, o bom pai descobrirá que o monge da casa da moeda, embora não possa ser culpado por nada além de murmurar, mortificou seus sentidos pela força de vontade ao invés de amar. Pois ele nunca lhes daria espaço, e mesmo assim, quando o assediam com suas exigências, em vez de superar esse mal-estar unindo-se à paixão daquele cujas virtudes ele deseja usar, ele o expressa reclamando de algo mais. Este é particularmente o caso daqueles monges que passam muito tempo em ocupações que são tão cansativas para a mente e o espírito quanto para o corpo. O cansaço não permite que os sentidos gozem de suas reivindicações, mas naqueles monges ele estimula, muito mais do que naqueles que levam uma vida mais tranquila, um anseio que parece ser saciado pela satisfação dos gostos, e assim eles reclamam com mais frequência de sua falta, com murmuração. O abade velará, portanto, para que todos permaneçam na observância da santa regra, de modo a preservar o equilíbrio necessário para crescer nos caminhos de Deus sem excessivas perturbações e para desarraigar a planta maligna da murmuração, que é uma doença mortal para o mosteiro. E se o monge que é por ela afetado não quiser ou não puder ser curado com toda a ajuda que a caridade e o rigor lhe oferecem, ele certamente deve ser removido, para que não infecte todos os outros com sua doença.

3. A *AVAREZA* [*philarguria* = amor ao dinheiro] é um amor excessivo à riqueza e torna a alma tão pesada que não pode ser elevada a desejar bens espirituais (cf. S. Th. II-II, q 118, a 8). À avareza se opõe a virtude da generosidade.

Este vício consiste no desejo desordenado de possuir.

Às vezes isso se manifesta em pessoas que fazem tudo o que está ao seu alcance para aumentar seus bens, e quanto mais gananciosos forem, maior será o valor que lhes dão. Em outros momentos, por outro lado, a avareza aparece no apego àquilo que solicita os aspectos mais nobres do homem, como seria o gosto pelo que é belo e honra o intelecto, de modo que a bondade das coisas leva a justificar a ansiedade de possuí-las. Em outros momentos, mais uma vez, a avareza se esconde atrás da prudência, segundo a qual é preciso saber prever o momento da fome para não correr o risco de faltar o que é necessário.

A avareza também é confundida com a gula, especialmente naqueles que não estão em condições de acumular nada além de alimentos. Mais frequentemente, porém, ela se manifesta no acúmulo de coisas, muitas das quais de pouca ou nenhuma utilidade, mas pelas quais o avarento tem um afeto desordenado.

Ele não pensa nisso, mas acumula riquezas com medo de perder sua vida, iludindo-se com elas de que a está salvando. Confia na posse das coisas, sendo, por isso, ávido por elas a ponto de negar até a si mesmo o uso daquilo que conseguiu com dificuldade. Se olharmos de perto, o avarento é como uma criança, sempre ansioso por comida e absorvido em suas próprias diversões, ou como um homem fechado em uma torre, temendo a agressão de seus inimigos. Jesus adverte contra esta tentação, dizendo: "Acautelai-vos e guardai-vos de toda cobiça, pois embora se possa ter abundância, a vida é mais do que os bens" (Lc 12,15).

O avarento valoriza mais a riqueza do que a amizade. Para ele, os bens tomam o lugar das amizades que ele não tem. Neles ele se ilude que pode encontrar a segurança que somente a boa vontade de amigos sinceros pode proporcionar. Pois aquele que não aprendeu a amar a Deus e ao próximo depende dos bens, e quanto mais ele acumula, mais sente o abismo sobre o qual seu coração está pendurado.

Não sabendo amar o próximo, o avarento permanece inclinado sobre si mesmo, e se ele alguma vez estabelecer relações com alguém, é apenas com o objetivo de obter alguma vantagem. Ele tem seu coração voltado para seus bens e vive com medo de que eles lhe sejam tirados; por isso é duro, inquieto, dominado pela desconfiança; em todos os lugares vê inimigos e abriga desígnios hostis contra qualquer um que, aos seus olhos, representa uma ameaça ao que lhe pertence; e para defender os seus, ele está disposto a mentir, esperar, enganar e até trair. Jesus, por outro lado, exorta as pessoas a garantir seu tesouro com Deus: "Vinde e dai o que tendes aos que necessitam e tereis um tesouro no céu, onde os ladrões não roubam e as traças não devoram, pois onde estiver seu tesouro, aí estará seu coração" (Lc 12,33-34).

Certamente lembras da tristeza do homem que, por causa de suas muitas riquezas, recusou o convite de Jesus para segui-lo (cf. Mt 19,16-22). Enquanto ele se afastava, Jesus disse: "É difícil para um rico entrar no Reino dos Céus" (Mt 19,23). Jesus estava pensando concretamente nos ricos em bens materiais, como o homem que veio até Ele e perguntou o que deveria fazer para ganhar o Reino dos Céus. Ele adverte, portanto, contra as riquezas e o desejo de possuí-las.

Preste atenção também à Parábola do Semeador. Jesus diz: "A semente lançada entre os espinhos é aquele que ouve a Palavra, mas os cuidados do mundo e a ilusão da riqueza a sufocam e não dá frutos" (Mt 13,22). Portanto, Ele declara bem-aventurados os "pobres em espírito", aqueles que não só não têm riquezas, mas que nem mesmo desejam possuí-las: a eles pertence o Reino dos Céus (Mt 5,3).

Se, pela graça de Deus, foste libertado deste terrível vício de trair o Senhor, como o exemplo de Judas ilustra, tome cuidado para não cair em outro tipo de avareza, não menos prejudicial do que a primeira. É o que poderíamos chamar de avareza espiritual; a reconheces nessa atitude que não conhece a gratuidade, mas faz tudo contando com seu próprio mérito, como se pudessem acumular créditos diante de Deus. Chegam ao ponto de multiplicar suas práticas piedosas por uma necessidade de sentir-se bem e até mesmo de exigir algo de nosso Senhor. Deixe-os antes aprender a contemplar a paixão do Senhor e não lhes restará o fôlego para exigir nada.

> O vício da avareza produz efeitos sobre o comportamento geral, o que Santo Tomás de Aquino chama de "filhas" da avareza. São elas: traição, fraude, mentira, perjúrio, inquietação, violência, endurecimento do coração.

Os vícios do coração ou do peito

São aqueles que se apresentam como desejo, força para obter o que se deseja e violência para consigo mesmo gerada pela frustração. Eles podem ser facilmente distinguidos dos vícios da barriga, porque não são gerados pelos sentidos e suas necessidades, mas aparecem como o fruto de um raciocínio de longa duração; os vícios do coração produzem uma paixão que sabe esperar, sob a cobertura, pelo momento certo para atacar. Eles assumem uma maldade maior do que aqueles nascidos dos sentidos, que muitas vezes são impulsionados pela falta de disciplina.

O objeto que desperta o desejo pode ser de qualquer tipo: seja o que agrada aos sentidos ou a virtude que fascina o espírito; sempre, porém, é uma coisa que se deseja não pelo bem que representa e pela excelência que pode chegar àquele que sabe usá-lo sabiamente, mas pelo prazer que tem em si mesmo e para agradar a si mesmo. Assim, enumeramos a inveja ou o ciúme, ou seja, o desejo insano de ter o que não se tem; a ira, ou seja, a força com que, superando cada obstáculo, se tenta chegar ao fim; a acédia, que é o esforço frustrado que se transforma em rancor violento para consigo mesmo.

Os vícios do peito são a inveja, a ira e a acédia

1. A *INVEJA* é a tristeza em relação ao bem dos outros (cf. S.Th.II-II, q 36, a 4). *A ela se opõe a virtude da magnanimidade.*

Para entender em que ela consiste, ele nos lembra os exemplos que nos são oferecidos pela natureza, pois temos em comum com os animais muitos comportamentos instintivos. Observe o cão: quando ele consegue agarrar um osso, ele tenta de todas as maneiras manter a posse dele, mostrando agressividade para com qualquer um que possa arrancá-lo dele: é o instinto de guardar para si mesmo, sem compartilhar nada. É a ganância natural sobre a qual cresce o vício da avareza. Por outro lado, a cobiça dos outros cães, que gostariam de pegar a presa daquele que a segura firmemente em seus dentes, ilustra muito bem a inveja. Poder-se-ia dizer, então, que a inveja nada mais é do que o desejo esfumaçado de ter para si mesmo o que faz os outros felizes, e ao mesmo tempo a dor, combinada com a ira, de sentir a injustiça de não ver satisfeita a própria necessidade. O episódio das duas mães que compareceram perante Salomão para disputar a criança (cf. 1Rs 3,16-27) ilustra muito bem como a inveja pode chegar ao ponto de renunciar a um bem precioso para que a outra também não o desfrute. Este é o sinal, portanto, de um grande vazio que se espera preencher com coisas. Pois terás notado que há pessoas que, em seu desconforto, cobiçam coisas pelas quais logo perdem o interesse, de modo que as abandonam em favor de outras coisas. E há aqueles que não suportam não ter o que os outros têm, embora não tenham necessidade disso. O exemplo é simples e podes reconhecê-lo facilmente em muitas situações. Pois o homem pode ter até mesmo desejos violentos por algo que, a rigor, não é necessário para a vida, mas é fortemente desejado por outros motivos, todos os quais podem ser reduzidos à pusilanimidade, seja culpado ou devido à imaturidade.

Um amigo está encantado com o sucesso e a fortuna do que ama e com a honra que lhe foi conferida. Aquele que não ama, por outro lado, sente pena dele como se tivesse sido injustamente privado em favor dos outros, de algo que lhe cabia por merecimento igual ou maior. O pusilânime, para ser feliz, deseja ter o que os outros têm e até um pouco mais. A pessoa pusilânime, para ser feliz, precisa ter o que os outros têm, e até um pouco mais. Na verdade, ela sente como uma injustiça ter menos, e sofre com isso na medida em que muitas vezes o sentimento primitivo de amizade se transforma, pela inveja, em julgamento, má vontade e até mesmo em profunda aversão.

É evidente que em tudo isso, se não há maldade, certamente há mesquinhez.

Aquele que ama seu próximo não sente inveja pelo bem dos outros e tem prazer em compartilhar o que tem, e, conhecendo-se inferior àqueles a quem vê honrado, deseja crescer em generosidade para igualar suas virtudes.

Mas há mais uma observação que gostaria de vos propor. Embora os monges sejam homens que buscam as maiores virtudes, não é raro que surjam disputas para preencher aqueles cargos que, aos olhos dos homens, parecem ser de maior honra. Ora, quem aspira a um alto cargo, dizei-me: Aspirais com o mesmo ardor ao martírio? Se o Senhor, em nome da salvação do mundo, o chamasse redimir, como Ele fez na cruz, algum mal terrível, ficarias satisfeito? E se Ele mesmo, sem dúvida, o chamasse a uma vida de rude penitência, te regozijarias? E se tivesses certeza de que o cargo a que aspiravas estaria associado a uma vida dura e ao ostracismo até mesmo das pessoas mais próximas e à solidão, ainda o desejarias com igual certeza? Se a imprudência ou a temeridade devem induzi-lo a responder afirmativamente, então considere que mesmo a mais alta das honras, embora adornada com graças sublimes, não será nada diante da graça de poder dar testemunho do Senhor com sua vida.

Quantas pessoas conheces, mesmo entre as mais próximas do altar, que realmente desejam louvar a Deus com o próprio sangue? E quantas vezes nos contam histórias de homens humildes que enfrentaram grandes provações e saíram vitoriosos, e de grandes homens aos olhos do mundo que saíram humilhados. Portanto, se creres que teu coração dirigiu-se a algo a ser invejado, examine cuidadosamente o que o despertou: se é a falta de amor pelo irmão que tem o que não tens; se é a própria coisa, que lhe parece preciosa e desejável; se é uma virtude que não possuis e desejarias ter. Qualquer que seja a razão que te torne amargo, pense que a bem-aventurança que aguarda os santos será devida não ao que fizeram ou foram, mas à sua caridade.

> A inveja surge de muitas maneiras, mesmo que aquele que a alimenta tente manter escondido o que está em seu coração. Estes, portanto, são os sentimentos e comportamentos que pertencem em particular à pessoa invejosa:
>
> - ódio
> - maledicência
> - difamação
> - exultação pelo mal dos outros – tristeza pelo bem dos outros.

2. A *IRA* é uma paixão do impulso sensível do qual a violência irada toma seu nome (cf. S. Th. II-II, q 158, a 7). *A ela se opõe a virtude da mansidão.*

É a força terrível que não conhece perigo e não está sujeita à razão; é movida pelo desejo de destruir tudo o que se interpõe no caminho para atingir um objetivo. Podes sentir que ela se eleva das profundezas de teu coração e que cresce até explodir, se sua mera aparência não for suficiente para afastar a ameaça.

Mais uma vez, a observação da natureza é adequada. Podes ver como os animais defendem seu território, seu rebanho, suas crias, suas presas de qualquer ameaça; mesmo os pequenos animais se envolvem em batalhas sérias com outros maiores do que eles em tamanho e força, a fim de manter o que lhes pertence, e não raramente eles conseguem vencer, demonstrando como o poder da ira pode muitas vezes superar situações que de outra forma seriam impossíveis. A ira também se manifesta em circunstâncias que ameaçam a vida: mostrando agressão, os animais tentam manter a distância aqueles que poderiam fazer-lhes mais mal por causa de sua fraqueza crescente. Podemos dizer que o medo de perder algo que consideramos valioso, quer já esteja em nossa posse ou uma conquista que pretendemos fazer, é o que nos impulsiona.

O homem, em virtude de sua posse da razão, acrescenta aos motivos que lhe vêm da natureza outros motivos, alguns dos quais derivam da nobreza de sua alma. Isso é o que acontece quando a ira do homem surge não por causa de algo que o afeta pessoalmente ou seus interesses, mas porque ele vê a opressão dos fracos ou a ofensa aos inocentes. Então a ira se torna indignação e, não pensando no perigo, ele enfrenta a injustiça e considera melhor sucumbir do que se tornar, por seu silêncio, cúmplice do mal.

Podes ver que a ira é uma força tão poderosa que ultrapassa até mesmo o medo de perder a vida, quando o que está em jogo é algo que pressiona o coração; ela tem precisamente a função de quebrar os obstáculos que impedem a pessoa de alcançar o objeto desejado.

Nesse ponto, deves refletir cuidadosamente. A experiência nos ensina que o verdadeiro objetivo da ira, quando despertada por uma razão nobre, é a superação de si e dos medos, de modo que, mesmo quando o esforço não produz o efeito desejado, ainda assim, aquele que o fez demonstrou ser de espírito nobre e mesmo na derrota estará em paz. Quando, por outro lado, a ira é despertada por motivos mesquinhos, como a inveja da fortuna alheia, ou por uma natureza selvagem e sanguínea, ou pela necessidade de se afirmar, mesmo que esse pensamento secreto seja disfarçado de ideais elevados, a derrota pesará insuportavelmente, e a ira frustrada se voltará para quem a nutre e o tornará desprezível, o que pode até vir a prejudicar permanentemente. Por não ter conseguido alcançar o que tanto deseja, ele se trata como o pior dos indivíduos, culpa-se por sua derrota e, como o pescador que não tendo conseguido pescar um peixe desproporcional ao seu esforço, atira borda afora, com raiva, até mesmo aquilo que ele já poderia reivindicar como sua pesca.

Aquele que é vítima do vício da ira recai facilmente nestes comportamentos:

- brigas
- arrogância
- insultos
- clamor
- indignação
- blasfêmia

3. A *ACÉDIA* não é tanto o afastamento do homem de qualquer bem espiritual, mas sim do bem espiritual ao qual a alma deve aderir por obrigação incondicional, ou seja, o bem segundo Deus (cf. S. Th. II-II, q 35, a 4). É hostilidade para consigo mesmo. À acédia se opõe a serena laboriosidade.

Mencionei algo sobre a acédia quando expliquei que a ira é o resultado da vingança frustrada em seu propósito e dirigida àquele que a produziu.

A acédia é uma força que arrasta a pessoa para baixo, retira a alegria da vida, leva ao desprezo por tudo e à indolência. A pessoa acediada é voltada para dentro e culpa o mundo exterior por seu infortúnio. Muitas vezes, esse vício esconde uma incapacidade de perdoar os erros e uma aptidão para a vingança.

A acédia, com frequência, é o resultado de uma incapacidade de superar o fracasso e os erros pelo perdão, porque é preciso aprender a perdoar a si mesmo e aos outros e olhar para frente com confiança para as novas oportunidades que se apresentam.

Por vezes, a acédia se manifesta como uma crítica amarga, má-educação e até mesmo maldade. Em resumo, tudo o que pode representar a rejeição do mundo no qual não se pode encontrar o seu lugar. Pode ser uma surpresa em qualquer idade, mas particularmente nas ocasiões em que a vida, por assim dizer, impõe limites que são negativos. A acédia agarra a alma quando ela não se sente mais estimada, quando ela não se sente mais amada ou amável e não acredita mais em si mesma. É por isso que a cura mais eficaz para essa doença da vida (é de fato um vício que leva à morte) é o amor paciente pelas pessoas ao seu redor.

A acédia normalmente manifesta-se pelos seguintes sinais:

- malícia
- rancor
- pusilanimidade
- desespero
- inércia nos deveres de seu próprio estado
- divagação da mente em coisas más

Os vícios da cabeça

Entende-se por esse nome os vícios que tomam a forma de um desejo de dominar os outros. Estes vícios são baseados em uma autopercepção imprecisa ou exagerada e visam a superar e dominar os outros de alguma forma.

Os vícios da cabeça são a vanglória e a soberba

1. A *VANGLÓRIA* é o desejo de ser honrado (cf. S. Th. II-II, q 132, a 5). *A ele se opõe a modéstia.*

"Não toques trombeta diante de ti como fazem os hipócritas nas sinagogas e nas ruas para serem elogiados pelo povo. Em verdade vos digo, eles já receberam sua recompensa" (Mt 6,2).

Esse ensinamento de Jesus ilustra muito bem o que é a vanglória.

Os louvores agradam e é bom reconhecer a bondade das pessoas e apoiá-las com o louvor, especialmente quando notamos seu cansaço. Mas lembremos que o que realmente conta é Deus e seu amor. Quem trabalha para obter o reconhecimento dos homens já recebeu sua recompensa: é uma glória vã e logo desaparecerá. A verdadeira glória é aquela que o Senhor dá a seu servo fiel; que, portanto, deve ser procurada em todos os sentidos e guardada como as riquezas que o ladrão não pode roubar e a traça não pode corroer (cf. Lc 12,33). Que honra neste mundo, além do mais, pode se comparar com a honra do discípulo a quem o Senhor diz: "Servo bom e fiel", diz seu mestre, "tens sido fiel em pouco, eu te darei autoridade sobre muito; participa da alegria de teu mestre" (Mt 25,21).

Portanto, é grande sabedoria evitar todas as aparências, toda singularidade, ter o gosto de ser conhecido somente por Deus.

O mundo preserva a memória de personagens ilustres gravando seus nomes em pedras polidas e erguendo monumentos ilustres, e quanto mais eles querem que sua memória perdure, mais imponentes são seus mausoléus construídos. Mas tudo isso "é vaidade e perseguição ao vento" (cf. Ecl 1,14), como adverte o sábio Qoelet, pois gerações se sucedem e o tempo destrói gradualmente o que foi construído com tanto esforço, e mesmo que a memória de um nome permanecesse, ele ainda não faria o coração de ninguém vibrar e ninguém se lembraria dos feitos que o tornaram famoso entre os antigos.

Portanto, construa sua casa sobre a rocha (cf. Mt 7,24), não procure o louvor deste mundo, mas viva a verdade, e se há algo de bom em ti, lembra-te de que é um presente de Deus que te foi dado para que o Senhor de todas as coisas possa ser glorificado. Quanto a ti, que uma palavra de teu Senhor seja-te mais cara do que os aplausos da multidão.

4 espécies de vanglória:	Sinais:
- Quando se estima ter um bem como fruto de suas próprias forças - ou se alguém acredita que foi dado do alto, considera que o recebeu como recompensa por seus próprios méritos - ou quando se vangloria de ter o que não se tem - ou quando, desprezando os outros, se deseja ter apenas o que se tem	- desobediência - desatenção - hipocrisia - contenção - obstinação - discórdia - aptidão para buscar a singularidade

2. A *SOBERBA* implica um desejo desordenado de convencimento (cf. S. Th. II-II, q 162, a 4). À soberba se opõe a virtude da humildade.

De todos os vícios, esse é o pior e mais complexo.

O homem orgulhoso só se vê e julga que todos os outros são inferiores a ele. Ele se estabelece como a medida do bem e do direito, julga tudo e todos, e no final ele conclui que ninguém pode competir com ele. O fruto do orgulho é a cegueira: os orgulhosos não veem o mal que neles habita, e estão inclusive inclinados a justificar cada uma de suas ações, de forma alguma admitindo o erro. Não suportam ser advertidos, não sabem como dialogar, porque ouvem apenas a si mesmos.

Os orgulhosos pensam que não estão sujeitos a nenhum vício, e se as circunstâncias os obrigam a admitir que por vezes foram tocados por ele, protestam imediatamente que não são hipócritas, fingindo passar por sinceridade o que é apenas falta de pudor, como se pudesse, se não justificasse, pelo menos compensar o mal que ele é obrigado a admitir.

É da natureza do orgulho estar insatisfeito com a ofensa e ser desencorajado pelo fracasso, mesmo na virtude.

Há pessoas que são vítimas deste vício sem se darem conta. Querendo fazer o bem, engajam-se como se estivessem envolvidas em um grande empreendimento no qual poderiam ter sucesso sozinhas. Mas quando logo descobrem que seus esforços não são suficientes, caem em tristeza, como aqueles que são forçados a admitir que não podem competir com sucesso em uma corrida na qual pensavam que seriam vencedores. Pois os orgulhosos não colocam suas forças em Deus, mas em si mesmos, e se sentem que foram derrotados, ou mesmo que não corresponderam às suas expectativas, são tomados por uma raiva implacável.

Filhas da soberba	Filhas da humildade
1. curiosidade	1. mostrar sempre humildade com o coração e o corpo enquanto mantém seus olhos fixos no chão
2. superficialidade	2. falar com suavidade, de modo inteligível e em voz baixa
3. alegria tola	3. não ser leviano ou propenso a rir
4. jactância	4. permanecer em silêncio até ser questionado
5. singularidade	5. considerar justo o que a regra do mosteiro prescreve
6. fechamento	6. crer e declarar que se é mais desprezível do que os outros
7. presunção	7. crer e declarar ser indigno em tudo
8. tendência a justificar as próprias faltas	8. confessar os próprios pecados
9. falsa confissão	9. usar de paciência nas situações duras e ásperas
10. rebelião	10. obediência
11. *libertas*/libertinagem	11. não ter gosto em realizar a própria vontade
12. hábito do pecado	12. temor de Deus

Também o vício pode se afastar de atos desordenados

Pode haver duas razões pelas quais uma pessoa se afasta de atos desordenados: a primeira é por causa do amor que carrega pelo Senhor de todas as coisas, a segunda é por causa do amor que carrega por si mesma, que é particularmente característico do orgulho.

Podes ver claramente que é o amor de Deus quando, no início da tentação, começa imediatamente uma luta sem resistência: desde o primeiro momento, a resposta é um não sem arrependimento, não há diálogo com a tentação, mas ela é resolutamente rejeitada.

Da mesma forma, podes ver que o amor-próprio está na raiz quando a tentação se apresenta e desejas evitar as consequências extremas, mas o olhas com o canto do olho, quase ansiando pelo prazer que ele promete.

Se no primeiro caso o amor a Deus foi o guia da alma, aqui está o amor a si mesmo e a necessidade de manter a própria imagem intacta aos próprios olhos. Aquele que ama a si mesmo fia-se de si e das próprias vitórias e, se evita o pecado, é mais por causa da humilhação de lhe haver cedido do que pelo desejo de agradar a Deus. Pode ocorrer, portanto, que um homem possa ser extrinsecamente virtuoso, mas isso não o leva a amar mais o Senhor e a experimentar uma comunhão mais profunda com Ele. De fato, aquele que em seu coração ama o prazer e só o evita para não se sentir humilhado ou com medo, de fato ama o pecado e só renuncia a ele. Como, então, ele pode amar a Deus que renuncia ao mal, cujos prazeres ele tanto deseja, não para seu próprio bem e para o bem, mas apenas para não tê-lo como inimigo, ou para buscar seu favor? Pois ninguém pode amar um tirano.

Vejam, então, que um vício pode ser renunciado pela força que vem de outro vício, como pode ser o caso daquele que renuncia desonestamente a tomar posse de um objeto apenas por causa de seu bom nome e não porque é desonesto roubar. Mas isto não é liberdade, embora às vezes seja necessário saber explorar até mesmo as contradições do coração para sair vitorioso da tentação.

É surpreendente como o vício pode se assemelhar à virtude

Havia um monge de idade madura, que há muito tinha deixado o mundo; ele parecia ser muito virtuoso em todos os aspectos: cumpria com toda diligência as tarefas que lhe eram confiadas pelo prior e era irrepreensível; ele teria sido chamado de modelo para todos. Mas por longos períodos ele teve um rosto sombrio. O abade então o chamou para perguntar-lhe de onde vinha essa tristeza. No início ele pareceu surpreso com esta pergunta e hesitou um pouco antes de responder. Então, como se a pedra de um sepulcro tivesse sido movida, com uma dor imensa e uma fúria impensada, começou seu lamento. Apesar de seus generosos esforços, nenhuma consolação veio para restaurar seu espírito. Embora ele tivesse abafado todas as suas paixões, era como se seu coração tivesse sido furado por um dardo ardente que não lhe dava paz. Em outros ele não via nada além de falhas, e na paciência de seus superiores uma fraqueza que era cúmplice da injustiça; a vida comum, com seus fardos, era um exemplo de negligência e não o esforço sereno de quem busca a perfeição na caridade e não na forma. Não havia nada que fosse bom. Entretanto, entre tantas reclamações, era evidente que essas acusações, que à primeira vista pareciam bem-fundamentadas, eram um tanto exageradas e mostravam, mais do que a verdade das coisas, a amargura de espírito daqueles que afirmavam denunciá-las. Na verdade, este monge, apesar da perfeição com que se aplicava, não tinha nenhum consolo nele, e quando parecia gostar, era antes porque tinha conseguido o que se propunha a fazer, e não por causa do louvor que vinha a Deus. Ele continuou em suas acusações, e chegou a tocar em tudo até que, tendo perdido a compostura, seu discurso ficou desarticulado, passando de um sujeito para outro e mostrando sem dúvida que todos os seus esforços, por mais generosos que fossem, não tinham alcançado a virtude, mas tinham aumentado a paixão. Ele não amava a virtude em si, mas a desejava; não queria tanto vivê-la, mas vestir-se com ela. Ele havia chegado a um ponto de confusão tal que não conseguia mais distinguir entre amor e paixão, acreditando que bastava redirecionar sua paixão para um objeto nobre. E assim todo esforço que ele fez para atingir seu objetivo não foi uma expressão da generosidade de sua alma, mas sim do poder de sua paixão. E as próprias virtudes que ele disse amar eram desejadas além da medida, não porque nisso reconhecesse aquilo que aproxima de Deus e dos santos, mas adornar-se com elas, e assim satisfazer sua necessidade de parecer melhor aos seus próprios olhos. Porque ele não tinha percebido que a luxúria, mesmo para coisas excelentes, é uma expressão de amor-próprio, e aquele que se ama sem se dar conta se condena à infelicidade. De fato, a virtude é serena e reconfortante; ela coexiste com a fraqueza da humanidade redimida pelo Senhor, transformando defeitos ou assegurando que eles não causem dano. Porque toda virtude conduz a formas de caridade.

Esse monge estava disposto a fazer sacrifícios heroicos para alcançar seu objetivo. Ele não percebeu que a força com que o vício é capaz de se lançar na tarefa de alcançar o que quer possuir é semelhante àquela que pode ser gerada pelo mais amoroso dos corações: o vício está disposto até mesmo a dar sua vida pelo que cobiça e não recusa o risco. A virtude, por outro lado, é humilde e sabe aceitar a derrota; não perde a coragem e sabe recomeçar cada vez mais, e busca o bem porque ama a Deus.

O vício, por outro lado, obscurece a mente a ponto de confundir amor com paixão, o esforço de possuir o outro com o generoso dom de si. Ela se revela quando é um sinal dessa liberalidade que, sob o pretexto de não julgar, equipara benevolência para com o ser humano à aquiescência a seu comportamento indecoroso. Portanto, não permite que se levantem dúvidas sobre suas determinações, acreditando que a sinceridade do coração é suficiente para reparar até mesmo o que é perverso.

E não se pode ignorar que muitas vezes são os vícios mais tórridos que dão origem a tais sentimentos. Quando a gula, a luxúria e a ânsia de possuir não são colocadas sob a autoridade total da pessoa, elas tendem a ficar confusas, a fim de continuar a pressionar, sob a aparência de uma virtude maior. Portanto, que cada um tenha cuidado com o que o entristece, pois isso esconde um apetite que não convém ao homem que colocou sua herança em Deus.

Conclusão

O que dissemos sobre os vícios mortais nada mais é do que uma descrição de uma natureza ferida em grande necessidade de crescimento e cura. O esforço para se educar custa esforço, às vezes muito, e é praticamente impossível fazê-lo sozinho. Pode-se dizer também que todo crescimento, toda cura interior vem da comunhão. E mesmo assim é um trabalho árduo e o objetivo nunca é totalmente alcançado, porque o crescimento é um esforço para toda a vida.

A força necessária para superar a si mesmo provém unicamente do amor de Deus. Ele espera pacientemente que percebamos o quanto Ele nos ama. Ele permanece sempre solidário com o homem: nunca se distancia do pecador; ao contrário, quer ajudá-lo a carregar a pesada cruz de sua fraqueza estrutural.

O desconforto que o pecador sente diante de Deus provém, portanto, de sua falta de fé.

Atos desordenados e pecado

Os atos desordenados são aqueles que não obedecem a um plano, que não são adaptados a um bom fim, que são realizados de maneira impulsiva... Em resumo, tudo o que não é ordenado a um fim bom e nobre.

O pecado, por outro lado, é um ato no qual o homem coloca sua malícia.

Uma pessoa assustada pode fazer gestos impulsivos, contrários aos seus interesses; pelo contrário, uma pessoa que sabe controlar suas emoções pode mais facilmente decidir o que fazer para sair de uma situação perigosa. Imagine novamente um homem dominado pela ira; ele enfrentará facilmente a situação sem a lucidez necessária para resolvê-la da maneira mais positiva; ele será dominado pelo desejo de prevalecer de qualquer maneira e não será capaz de administrar seus recursos da melhor maneira possível. É apenas um exemplo, mas ajuda a entender que, quando as emoções se sobrepõem, os atos desordenados são facilmente cometidos. O mesmo pode ser dito quando, com total clareza, escolhe-se fazer o que agrada e não o que é bom; isso acontece se não se aceita a perspectiva sugerida pela reta razão.

As feridas do coração

Conheci muitos que, vindo com o desejo de buscar uma vida perfeita, apesar de seus bons desejos, não foram capazes de alcançar seu objetivo, exceto após longos e dolorosos esforços. Na verdade, não lhes faltaram boas intenções, mas se viram como alguém que quer construir uma casa, mas não tem as pedras para levantar as paredes: uma grande tristeza logo veio perturbar suas orações, e a agitação que os agarrou de repente para durar, às vezes por muito tempo, os levou a experimentar uma profunda desolação. O próprio silêncio, tão necessário para a oração, em vez de ser o lugar desejado de união com Deus, era povoado de pensamentos inquietantes. As situações mais habituais da vida comum tornam-se, com frequência, motivo de sofrimento.

Cada um de nós traz em seu coração as feridas infligidas por situações passadas; elas retornam para produzir dor toda vez que são tocadas por algo que pode até tocá-las. Tudo isso, que é a herança que cada um carrega consigo, se soma aos defeitos e inclinações naturais que estamos tentando educar.

Será então impossível para aqueles que carregam feridas em seus corações trilhar o caminho da perfeição? Acreditamos firmemente que o Senhor cura toda ferida naqueles que, como o leproso, se voltam para Ele de todo o coração (cf. Lc 5,12). Abra seu coração para seu pai sem medo, e não esconda nada dele; deixe a luz brilhar onde as feridas mais dolorosas estão escondidas, onde sai o grito mais forte. Pois o que aconteceria se um homem com uma ferida mortal não a revelasse ao seu médico porque tinha vergonha?

Como o Bom Samaritano, o Espírito Santo, pelo Pai, limpará suas feridas com o vinho da vida e as ungirá com bálsamo para dar-lhes alívio e cura; então Ele mesmo o levará à paz. Sabendo que és conhecido em suas falhas e amado apesar delas, o medo desaparecerá; o amor que recebes te tornará capaz de superar a dor e fazer de ti um homem manso.

Os vícios capitais se enraízam facilmente em feridas que não são curadas pela sincera abertura do coração; de fato, em muitos casos, eles são oferecidos como um remédio e logo aparecem como uma espécie de remédio indispensável. A desordem e o pecado se tornam uma droga cuja ausência se torna insuportável.

Se realmente buscas a perfeição, deves te colocar como barro dócil nas mãos do oleiro. Confie e obedeça a seu abade em tudo o que ele lhe ordena, mesmo que pareça sem importância, e depois abra teu coração para ele, manifestando-lhe com simplicidade os pensamentos que passam por ele. Dessa forma, enquanto sua carne assume, por assim dizer, a forma da perfeição (enquanto a água assume a forma de um jarro), seu coração deixa de ser o esconderijo dos pensamentos de rebelião, e, vivendo tudo na luz, sentes o sabor da liberdade.

Não te julgues como justo ou pecador por teus atos, pois podes por muito tempo depois de teres entrado no caminho da perfeição manter maus hábitos, mas permanecer sujeito ao julgamento do abade; o que é desordenado não tem o mesmo peso para aqueles que caminham em direção à luz do que para aqueles que, ao contrário, permanecem com seus rostos voltados para a noite. Em todas as coisas, portanto, permanecei fiel à palavra do abade.

A vida em comum

Quando chegaste ao mosteiro, talvez estivesse procurando um lugar onde a perfeição consistisse na ausência de defeitos. Pense antes que os monges são como cireneus, ajudando uns aos outros a carregar a cruz. A perfeição da vida comunitária, portanto, está na competição para estimar-se mutuamente, apesar das falhas e imperfeições que cada um apresenta por causa de sua fraca humanidade. A perfeição buscada é verdadeiramente vivida no milagre da caridade.

A vida espiritual requer equilíbrio em tudo

Certamente já ouviste falar de alguns que passaram suas vidas em penitência amarga e superaram o maligno por sua austeridade. Certamente são admiráveis, mas nem sempre podem ser imitados, pois cada um é diferente do outro, e embora seja certamente verdade que há coisas que são boas para todos, também é verdade, entretanto, que cada um deve ser capaz de encontrar seu próprio caminho e depois praticá-lo como é capaz. Portanto, leve em conta quem és e que habilidades tens.

O maligno, com pessoas que estão progredindo ao serviço do Senhor, costuma preparar o terreno, antes de lançar seu ataque. Ele aproveita astutamente a generosidade pela qual o bom homem não se furta a qualquer compromisso. Ao estimulá-lo a fazer cada vez mais, ele garante que seu tempo seja preenchido com todos os tipos de compromissos. A princípio, tal trabalho faz uma pessoa feliz e até eufórica, a ponto de acreditar que a alegria do trabalho duro é o mesmo que o consolo que vem de Deus. Logo, porém, a oração, a princípio mantida com dificuldade, torna-se mais distraída e depois mais árida, e as pessoas começam a negligenciá-la ou a se apressar com ela. Então o tempo necessário para o descanso também é perdido e, conforme o cansaço aumenta, o nervosismo e o tédio se instalam, o julgamento começa a se instalar, e então há menos caridade. A vida espiritual em geral fica manchada e tudo perde sua clareza. As realidades do passado parecem cinzentas e desordenadas e, finalmente, tudo o que resta do trabalho que foi tão excitante é a fadiga. É nesse ponto que o maligno, que até então permanecia escondido, se apresenta com tentação e, sabendo em qual dos pecados mortais somos mais frágeis, oferece astutamente suas tentações, sabendo que o homem cansado é tentado pela satisfação como um homem sedento é pela água da fonte. O maligno, portanto, é como o vigarista que, desejando roubar um viajante muito mais forte do que ele, vai junto com ele na estrada, mostrando ser seu amigo, e quando chega à pousada oferece-lhe bastante para beber, e quando o pobre homem desmaiou do vinho e do cansaço ele o rouba de tudo o que trouxe com ele.

Agora entenda como é importante o equilíbrio na vida e como o descanso adequado também deve ser cuidado, tanto o do sono quanto o de recriar o espírito pela contemplação da beleza e da boa companhia. Pois embora a solidão seja tão preciosa, é necessário saber dar espaço adequado a boas relações. A Escritura diz: "Não é bom para o homem estar só" (Gn 2,18). Isto também é verdade para aqueles que se colocaram no caminho da perfeição; portanto, todos podem experimentar a ajuda que pode vir da frequentação de pessoas espirituais e de conversas sóbrias com elas. Elas te são dadas pelo Senhor como se estivesse em seu lugar, para que com Ele possas abrir teu coração sem medo e dar voz a teus sentimentos, colocando todas as tuas ansiedades em teu coração, e, uma vez restabelecida a paz, e sobretudo, uma vez dissipada toda a ansiedade, a capacidade de ouvir, preservar ciosamente teus ensinamentos, para que, quando os eventos dos quais te queixas ocorrerem novamente, sejas capaz de reconhecê-los e resistir-lhes com sabedoria e eficácia.

Sobre a "vontade de Deus"

Quem busca a Deus protesta que Ele quer fazer sua vontade com intenção sincera. Isso, todavia, nem sempre reflete uma vontade verdadeiramente livre. Em uma inspeção mais detalhada, de fato, muitas vezes a intenção permanece uma simples declaração, outras vezes se traduz em fazer algo bom, ou algo que parece bom, e depois prestar homenagem a Deus, com o desejo de receber seu louvor. A vontade de servir ao Senhor não é apenas sincera, mas também genuína, quando se traduz em ação, ou seja, quando o bem que parece ser bom e a ser feito é feito, sempre que aparece.

Deus fez conhecer sua vontade à humanidade pelos mandamentos e continuamente ilumina os fiéis pelos ensinamentos da Igreja. No entanto, há muitas circunstâncias em que o que Deus quer não é declarado por nenhum preceito. Em particular, a questão surge quando alguém se pergunta o que fazer com sua vida, como gastá-la, o que conseguir com os recursos à sua disposição.

Deus não faz nada para limitar a vontade do homem, e o homem, faça ele o que fizer, nunca poderá impedir o cumprimento dos planos de Deus. Portanto, se dizes ao Senhor: "Seja feita a vossa vontade", deves também saber aceitar docilmente todas aquelas circunstâncias que atrapalham seus planos, mudam o rumo de suas decisões, frustram suas expectativas. É precisamente do que não está sob seu controle que o Senhor pode abrir o caminho para horizontes que não poderias ter imaginado. Se realmente buscas a vontade de Deus, te certificarás de estar sempre escutando, receberás cada "coisa nova" como uma oportunidade bem-vinda e ficarás feliz em obedecer tanto ao superior quanto às circunstâncias em que o Senhor age.

Elogio ao fracasso

Aquele que é autossuficiente não tem lugar para Deus. No máximo, concede-lhe por obséquio para que, com sua presença, possa dar maior lustro a seus empreendimentos; em suma, Deus é apenas um convidado. Deus habita no vazio deixado pelos sonhos desaparecidos. Deus habita na pobreza dos homens. Porque a pobreza da criatura é a verdade na qual Deus vem ao encontro do homem e o beija com seu santo beijo, fazendo-o sentir o sabor da liberdade.

Acontece com todos nós de vermos nossos sonhos desmoronarem, fazer um balanço de períodos importantes na vida e nos encontrarmos sem nada em nossas mãos. Então a confusão se instala: tendo esgotado todas as possibilidades conhecidas e não tendo conseguido nada, pelo menos entre o esperado, uma pessoa fica perdida, sem saber para onde ir. É na vida como um todo que se coloca um grande ponto de interrogação: tudo é posto em questão e muitas vezes aqueles que começam a se questionar desta forma se perdem no labirinto de raciocínios inconclusivos, finalmente se trancando na tristeza.

Quando a vida finalmente falha, embora possa ser tão amarga, cansativa e perturbadora, o tempo de graça se abre. Tendo atingido o limite de suas capacidades (e muitas vezes até de seus sonhos) o homem pode abrir-se à ação do Espírito de Deus, que pode realizar em um momento o que uma vida inteira falhou em alcançar. Deus precisa do vazio para preenchê-lo com sua presença.

Abnegação, a vontade de Deus é liberdade

No início de nossa vida espiritual, o Senhor apoia nossos esforços para nos libertarmos dos laços que nos impedem de caminhar resolutamente em direção a Ele; então Ele toma a iniciativa na medida em que só nos sentiremos verdadeiramente livres quando fizermos nossa a sua vontade.

Pense nos navegantes: quando pretendem iniciar uma viagem, primeiro esperam que a maré chegue, depois desatam seus ancoradouros; em seguida, com a ajuda de remos, e não raro sendo puxados por barcos menores e mais manejáveis, movidos por marinheiros fortes, deixam o porto até chegar ao lugar onde o vento, inflando as velas, empurra poderosos navios para o mar, sem qualquer outro esforço por parte dos homens do que seguir o vento e segurar o leme com firmeza.

Portanto, não te surpreendas se no início sentires o cansaço; pense antes que o vento do Espírito vai soprar a vela e levar-te muito além de teu desejo.

No início parece que o Senhor deixa-te sozinho no empreendimento, mas, na verdade, é Ele quem sustenta o desejo que o move para a sacra viagem. Então, em mar aberto, o Senhor o guiará, e não deves temer nenhum mal se mantiver seu olhar fixo na Estrela do Norte e, mesmo com tempo tempestuoso, manter teu leme firme na rota. Se, no entanto, o mar deve inchar a ponto de enchê-lo de medo, lembre-se do que Jesus disse aos apóstolos quando eles estavam na mesma situação: "Por que temeis, homens de pouca fé?" e, mais uma vez, recuperem a confiança e esperem que o Senhor se levante e comande a tempestade. Se perseverares uma primeira vez e uma segunda vez, seu medo diminuirá, seu coração se tornará firme e logo serás capaz de enfrentar tempestades muito maiores com a vida.

Uma vez que desejas te lançar no caminho da perfeição, tenha em mente que o desejo que o impulsiona é para ti um sinal de que o Senhor o está atraindo a si mesmo, mantenha-te fixo em sua mente e chame-te à mente especialmente quando o entusiasmo diminui e o tédio e a fadiga se tornam mais pesados. Se essa memória puder desvanecer-se com o tempo, permaneça fiel e logo saboreará a alegria daquela liberdade em relação ao mal e ao temor que o Senhor doa de mãos cheias àqueles que o seguem com generosidade.

Considerando, portanto, que estás no início de sua viagem, ou seja, que está se preparando para sair do porto e ir para o mar, será muito útil saber quais cordas podem estar lhe segurando com segurança em suas amarras, e também saber como, mesmo que isso o faça sentir-se seguro para permanecer no porto, nada pode igualar o sabor da liberdade que pode ser desfrutada no mar aberto. Na verdade – e aqui é preciso tornar muito experiente –, a força desses laços está precisamente no sabor que eles lhe prometem em troca de sua submissão. Portanto, recomendo que prestes atenção ao que vou tentar te explicar sobre os oito elementos que ameaçam tua liberdade.

Sobre o discernimento

Não há necessidade de dizer quão importante é, mas não é tão praticado quanto poderia parecer, porque requer uma profundidade interior e uma capacidade que muitas pessoas não têm. O Apóstolo ensina que o discernimento é um dom do Espírito, por isso é necessário pedi-lo com humildade e insistência, com confiança e oração incessante, e tentando de todas as maneiras imitar Jesus nosso Senhor na vida.

O propósito do discernimento é conhecer a vontade de Deus a fim de colocá-la em prática. Portanto, é importante, antes de tudo, desejar servir ao Senhor em todos os momentos e sem reservas. Para chegar ao discernimento mais importante, ou seja, para determinar o estado de vida no qual servir a Deus, é necessário aprender a reconhecer e avaliar os motivos que surgem das circunstâncias que se apresentam na vida cotidiana e em ocasiões particulares. Este processo pode muitas vezes ser longo e trabalhoso, mas sempre dará luz e muitos frutos.

Entendeste, portanto, que o discernimento não se preocupa principalmente com ideias e planos, e que ele não é realizado com base em razões de bom-senso, ou seja, julgando as hipóteses examinadas de acordo com sua maior ou menor adequação para o fim proposto.

Um exemplo talvez clarifique melhor do que raciocinar o que eu quero ensinar-lhe.

Quando se prescreve a uma pessoa doente um remédio que é desagradável ao paladar, quando ela o toma não duvida se é conveniente para sua recuperação obedecer às ordens do médico; mas, embora ela não precise se convencer do bem que isso lhe fará, sentirá uma repulsa interior em tomar o remédio que, por seu gosto, é repugnante à natureza. Vês que mesmo que a mente adere à cura, no entanto o gosto é perturbado por ela e reage despertando mil razões para se opor à determinação de combater o mal dessa forma ou, pelo menos, reduzir ao mínimo o que é tão repugnante a ela.

Será fácil aplicar o exemplo à vida espiritual. O homem que quiser abandonar o caminho do pecado, embora seja claro sobre o que é mais conveniente para ele atingir seu objetivo e esteja determinado a fazê-lo, ao colocar em prática sua intenção, abandonando de fato seu comportamento desordenado, sentirá um mal-estar interior; pois é a forma de a natureza reagir a cada mudança que o priva de algo a que está acostumado, e os próprios sentidos despertarão uma espécie de tédio e sugerirão muitas considerações com uma riqueza de argumentos, tudo ao contrário das proposições que fez.

Por isso, como podes bem compreender, mesmo antes de se deter nos pensamentos, é importante considerar os movimentos e reconhecer a partir de que vícios eles são gerados, sabendo muito bem que o que é tocado se move, e se algo em nós se eleva à perspectiva de uma vida mais parecida com a de nosso Senhor, é certamente porque nos recessos mais profundos e ocultos de nossas almas a raça do pecado criou raízes, pronta para alimentar novos rebentos assim que a oportunidade surgir. E não se surpreenda se tais ideias surgirem mesmo quando parece que os frutos amargos do pecado não amadurecem mais, pois a mediocridade é tão prejudicial ao progresso espiritual quanto, se não mais, o vício descarado. Portanto, prepare-se: a paixão não lhe dará descanso até que ela seja completamente erradicada. Não será suficiente podar os galhos ou cortar o tronco; será necessário arrancar as raízes e deixá-las por muito tempo no fogo do amor de Deus, para que sequem e o que foi a ocasião do mal vá alimentar o fogo da virtude.

Sobre a abnegação

"Quem quiser ser meu discípulo, renuncie a si mesmo, tome sua cruz e siga-me" (cf. Mt 16,24).

Ao falar dessa maneira, Jesus sabia que estava pedindo muito àqueles que o seguiriam. Pois Ele sabia que não é possível segui-lo até o fim se a mente está dividida entre dois senhores (cf. Lc 16,13): o conhecimento que vem da própria inteligência e a sabedoria que vem dele. Isto é ainda mais evidente se considerarmos que Jesus nada faz para evitar aquilo que assusta o homem mais do que qualquer outra coisa, ou seja, a morte; Ele antes a abraçou de modo consciente e voluntário, sabendo que desta forma Ele glorificaria o Pai (cf. Jo 17,1-22). Primeiro Ele suportou a ameaça de morte, e depois todo o seu poder destrutivo, para se levantar do túmulo após três dias.

Pelo contrário, o homem evita instintivamente aquilo que o assusta e, mesmo sabendo que um dia terá que enfrentar este inimigo inexorável, ele faz tudo ao seu alcance para adiar esse momento o máximo possível. Portanto, quando Jesus fala aos apóstolos, exortando-os a ir atrás dele negando-se, é como se Ele lhes pedisse uma confiança incondicional para segui-lo por um caminho desconhecido e cheio de perigos; é como se, quando perguntado onde ir e o que fazer, Jesus simplesmente respondesse: "Segue-me e cuida de seguir meus passos, e isso é suficiente para ti". Jesus pede confiança, sem reservas.

Tudo isso é muito difícil, porque se trata de dar mais crédito à palavra de Jesus, que aparece em nada ou em muito poucas provas, e de não dar qualquer crédito ao seu próprio julgamento, mesmo que pareça ser apoiado pelas provas.

Portanto, entendes que a abnegação é o que mais custa ao homem e requer a maior humildade.

Ela começa com a observância dos mandamentos e continua com a obediência aos ensinamentos que a Igreja, guiada pelo Espírito Santo, propõe para viver mais intensamente como discípulos do Senhor. Não escapa a ninguém que às vezes esses ensinamentos podem não ser tão certos quanto seria desejável, mas aquele que procura o Senhor está consciente de que ele se aproximará mais dele por sua atitude obediente do que por resistir ao que ele não pensa ser sábio, baseado em sua própria sabedoria. Nem sempre, na verdade, é o que é apreciável para raciocinar realmente a melhor coisa no plano de Deus. Podes encontrar um exemplo eloquente no preceito de perdoar os inimigos. Parece contrário a todo bom julgamento continuar a considerar como amigo aquele que manifestamente age mal; a razão, portanto, sentirá o preceito do Senhor como contrário. Mas aquele que acredita nele logo experimentará a sabedoria interior e a eficácia do amor ao qual Jesus pretende chamar com estas palavras.

Existem, portanto, diferentes graus de abnegação. No início, consistirá em desejar e buscar a Deus de todas as maneiras, combatendo efetivamente as próprias paixões; para este fim, a observância dos mandamentos e preceitos da Igreja será um instrumento válido.

Uma segunda maneira, mais perfeita que a primeira, é própria daquele que não só não deseja de forma alguma o mal em desobedecer à Lei de Deus, mas que se esforça em todas as coisas para querer e fazer o bem.

O terceiro grau, por outro lado, pertence àqueles que, renunciando a sua própria vontade, assumem a vontade de Deus, conhecida tanto por meio de suas leis e as da Igreja como também pelas boas inspirações, sujeitas ao discernimento da Igreja. Aquele que pela graça de Deus alcança este estado, amará obedecer sempre e de todas as maneiras, nem se preocupará com quem obedece, mas sim com aquele por quem obedece. De fato, ele terá aprendido de seu coração que a maior sabedoria, a maior felicidade de todas, está em tornar-se, pela graça do Espírito Santo, como o Filho de Deus, que, "embora fosse de divina condição, não se apegou ciosamente a ser igual a Deus, mas esvaziou-se a si mesmo, tomando a forma de um servo, e tornando-se como os homens; tendo a aparência humana, humilhou-se a si mesmo fazendo-se obediente até a morte e morte de cruz" (Fl 2,6-8). Em qualquer circunstância, mais do que revela superficialmente, será caro a ele encontrar aquilo que o aproxima em sua carne da carne abençoada de nosso Senhor.

Quando, finalmente, a alma for arrebatada por este amor, ela terá o que acontece entre dois amantes: sem perder sua liberdade, cada um aspira com todo seu ser ao que dá ao outro a maior alegria, e seu conhecimento é que o outro é amado e honrado. Dessa forma, Deus dará à alma uma participação cada vez mais plena na santa paixão de seu Filho, pois nela, em sua vida terrena, o Filho e o Pai manifestaram seu amor, e a criatura, contra toda sabedoria humana, encontrará sua maior felicidade na cruz e em toda forma de humilhação.

O sentido do dever

Na vida espiritual às vezes se experimenta propostas e compromissos com ansiedade. Por um lado, há o dever, e por outro, o risco de decepcionar aqueles (o Senhor acima de tudo) que esperam virtude de nós. Mas é precisamente no momento do julgamento que se torna evidente nossa incapacidade de cumprir uma proposta ou cumprir um compromisso que assumimos ou nos foi confiado. Naquele momento de evidente inadequação, a alma sente a dor de sua própria incapacidade, da decepção que sente ter dado àqueles que tinham expectativas, das possibilidades que evidentemente estão desaparecendo por causa do "julgamento" fracassado. Ao lado da dor, há também irradiação das próprias limitações e também porque nos foi pedido algo que parece estar além de nossas possibilidades e, portanto, diante da humilhação que se seguiu.

163

Se, diante de uma prova para a qual não se sente à altura não há alternativa, mas se é "forçado" a enfrentá-la e sair perdedor, o resultado será apenas autoaversão e ressentimento por tudo (pessoas e circunstâncias) que causou o fracasso.

Este também é o caso na vida moral. Há tantas situações em que é impossível não perder, porque somos muito fracos e, portanto, não somos capazes.

Deus não pede o impossível a ninguém. Ele conhece a alma humana e sabe que, mesmo que a intenção seja generosa, a força não é suficiente para superar o desafio. Foi o que Jesus disse a Pedro: "O espírito está pronto, mas a carne é fraca; orai, pois, para não cairdes em tentação" (Mt 26,41; Mc 14,38). Jesus nos exorta a pedir força a Deus, porque só Ele é mais forte que o pecado; Ele nos convida a ficar com Ele: "Vigiai comigo" (cf. Mt 26,38). Isto significa manter viva a memória dele, cultivar seus desejos, ser prudente e não desafiar suas próprias fraquezas. O Senhor não espera nada da criatura: seu amor permanece fiel mesmo quando o homem é um pecador; ao contrário, Ele ajuda as pessoas a crescer confiando nele, tirando dele a força para resistir ao mal e vencê-lo. Em termos concretos, isto começa com a oração constante, na qual o desejo de bondade e o afeto pela pessoa do Senhor se tornam cada vez mais claros e mais sólidos. Como é libertador poder dizer ao Senhor e a todos: "Eu não sou capaz"! Pense em São Paulo, quando escreve aos cristãos de Corinto e está consciente de que ele é apenas um homem imperfeito, com um caráter impetuoso e uma história não desprovida de contradições: "Esta é a confiança que temos por Cristo diante de Deus. Não é, porém, que sejamos capazes de pensar em algo como vindo de nós mesmos, mas nossa capacidade vem de Deus, que nos fez ministros aptos de uma Nova Aliança, não da letra mas do Espírito; pois a letra mata, mas o Espírito vivifica" (2Cor 3,4-6). Isso mesmo, "nossa capacidade vem somente de Deus". Professemos, portanto, humildemente nossa incapacidade diante dele e diante dos homens, e lhe peçamos assiduamente que sustente nossa fraqueza, o deixemos vencer em nossa carne, para que fique claro que sua força triunfa precisamente na fraqueza. E então somos obedientes à palavra do Senhor: se tomarmos em nós sua palavra e fizermos dela nosso guia, teremos a alegria de ver o Senhor triunfar em nós. Mas mesmo quando a derrota nos aguarda e nos encontramos caindo, não percamos o ânimo, mas sejamos como aqueles atletas que estão engajados na batalha com um adversário muito mais forte do que eles: mesmo que eles caiam e caiam, eles se levantam cada vez e retomam a luta, para que fique claro que, embora o adversário possa vencer pela força do corpo, na qual somos inferiores a ele, ele não pode vencer em espírito, no qual somos certamente iguais, se não superiores. Toda conversão começa hoje, de fato começa incessantemente todos os dias. Cada vez, portanto, dizemos para nós mesmos: "A partir deste momento, começo uma nova vida".

O desejo de pertencer a Deus é o início e a alma do caminho

Se as contradições persistem em nossas ações, e a fraqueza nos leva a cair, que nossos corações e nosso desejo de agradar ao Senhor permaneçam firmes. Que não aconteça, como acontece com alguns, que eles sejam incapazes de dar sequência a seus propósitos e com frequência encontrando-se com o rosto por terra, acabam por se resignar e chegam ao ponto de justificar sua desordem dizendo que não há remédio para ela e que afinal não é tão grave, e talvez nem mesmo um pecado.

Como homens iluminados, que conhecem a verdade, é necessário discernir o que está desordenado e, sem mesmo julgar o próprio coração, mas deixando isso para Deus, reconhecer a própria responsabilidade e confiar-se à misericórdia daquele que tudo sabe e, precisamente porque o Senhor é um Deus tão grande e bom, fortalecer o desejo de agradá-lo em tudo e pedir insistentemente que Ele dê seu Espírito para que nossa vontade se conforme à sua e a torne capaz de sentir e agir como Jesus sentiu e agiu. Se, portanto, a fraqueza pode facilmente nos desencaminhar, que nossos corações permaneçam firmes na bondade.

O abandono confiante é a via para superar a incapacidade

Quando não podes fazer algo, pedes ajuda. Quem a oferece não o substitui na tarefa, mas apoia, dá conselhos, explica... Pense num pai que ensina seu filho a andar: a criança não sabe nada e não se beneficiaria muito dos conselhos, porque, por pequeno que seja, não seria capaz de entendê-los. O pai então coloca a criança no chão, e depois a segura pelas mãos e a atrai suavemente para si mesmo, de modo que a criança, para manter seu equilíbrio, empurra uma perna para frente e depois a outra. Mas ela não tem a força: ainda é o pai que a torna capaz, porque é ele quem carrega o peso e a mantém equilibrada. Em pouco tempo se tornará mais forte e saberá como se mover por si repetindo de modo instintivo aqueles movimentos que antes não lhe eram em nada familiares. Se a criança não se deixa ajudar, se não se entrega a seu pai com confiança, certamente não será capaz de aprender, e por muito tempo se moverá como um animal.

É comum ouvir as pessoas reclamarem que não ouvem a voz de Deus, mas não se preocupam em remover o capuz pesado no qual embrulharam suas cabeças. Portanto, se realmente queres encontrar o Senhor, despoje-se o máximo que puder do que não é necessário, e se coloque ao longo do caminho que leva ao topo da montanha.

Poucos são capazes de grandes feitos, e talvez nenhum sem a ajuda de Deus, mas todos são capazes de coisas pequenas. Então comecemos com pouco, a fim de nos tornarmos capazes de fazer muito.

O que não é necessário, e na verdade nos sobrecarrega, são os maus hábitos. Portanto, se quisermos superá-los, devemos, lenta mas seguramente, transformar todos os nossos interesses daquilo que agrada ao nosso gosto exterior naquilo que agrada à nossa alma.

Quando experimentamos algo que nos agrada, naturalmente o procuramos novamente; assim, sem nos darmos conta, acabamos procurando aquilo que provamos e, achando-o bom, negligenciamos aquilo que ainda não conhecemos e que poderia nos trazer maiores delícias. Portanto, para nos desligarmos do que acabou se tornando uma cadeia, que nunca conseguiremos desfazer por nós mesmos, pode ser muito útil remover um pouco de cada vez aquilo que acentua o sabor das coisas. Um bom exemplo é a alimentação. É evidente para todos que será tanto mais agradável quanto mais saboroso; terás antes observado que um alimento particularmente agradável nos for servido com maior abundância, não mais porque haja necessidade, mas porque seu sabor estimula o prazer do gosto. Pois bem, se evitares o excesso de condicionamento, a comida terá menos atração para ti e comerás de acordo com teu apetite e talvez menos do que mais. Ainda mais se esse alimento não tiver sabor algum: só comerás o quanto for necessário, e às vezes com sacrifício. Isto requer um pequeno esforço, pois vai contra o instinto de ir onde os sentidos são tentados. Mas será de grande benefício espiritual, porque, não encontrando prazer nas coisas materiais para descansar, o coração buscará aquele que dá prazer ao espírito, que é somente Deus.

O exemplo dos alimentos, embora com as diferenças necessárias, pode ser aplicado a tudo aquilo a que se pode ser escravizado: privado do que agrada o sentido, tudo deixará de dominar o espírito.

Os sentidos, por outro lado, têm que ser educados e, às vezes, têm que ser feitos para sentir a dureza da mordida. Tenha isto em mente: quanto mais confiança deres aos sentidos, maior será o esforço para sentir as coisas do espírito. Portanto, não diga: Deus não fala, se manténs teus ouvidos fechados; não diga: Ele não se mostra, se não lavas teus olhos com colírio; não diga: Ele não se faz ouvir, se teu coração está perdido em saudade daquilo que alegra o sentido por um momento, e depois o deixa vazio.

Enquanto te esforças para desmamar seus sentidos dos prazeres aos quais eles se acostumaram, entregue-se ao Senhor, e o que quer que aconteça contigo aceite-o como dele, embora possa vir da maldade de seus inimigos: Ele sabe tirar o bem até mesmo do mal. Carrega-te como um servo que nada sabe dos planos de seu mestre e cumpre o que lhe for ordenado sem fazer perguntas inúteis. Deixe que o próprio Senhor trabalhe em ti como um artesão, que às vezes pinta com força, às vezes polirá com delicadeza, às vezes polirá com um pano macio, mas sempre age com igual amor.

Sobre a humildade

A humildade é talvez a virtude mais difícil de entender, pois pode tomar muitas formas e aspectos e muitas vezes pode ser malcompreendida. Seu próprio nome lembra a terra e lembra a todos que Deus fez o homem a partir da lama. Mas como era o artista supremo, Ele criou a mais sublime obra-prima com uma coisa tão vil, fazendo do pó do solo o mais nobre dos materiais.

Quando o silêncio é útil para o espírito

O Apóstolo Tiago escreve: "Se alguém julga ser religioso e não guarda sua língua, engana-se a si mesmo, sua religião é vã" (Tg 3,2). E para explicar melhor, ele acrescenta: "Quando colocamos o arreio na boca dos cavalos para que eles nos obedeçam, podemos também controlar todo o seu corpo. Mesmo os navios, embora sejam tão grandes e impulsionados pelo vento, são guiados por um leme muito pequeno para onde quer que aquele que os guie queira ir. Assim é a língua: é um membro pequeno, mas pode causar grandes coisas" (Tg 3,3-5).

As pessoas que não confiam em Deus geralmente multiplicam as palavras, muitas das quais ou são completamente inúteis ou são más. O muito falar faz com que, mesmo sem que se queira, ou enganando-se para escondê-la, mostra-se a baixeza da alma, suas invejas, a malícia que nela está escondida. Portanto, seguindo o conselho do apóstolo, aprenda a moderar sua língua e logo encontrarás grandes vantagens. Não tenha pressa em expressar seus pensamentos e, dependendo das circunstâncias, não os expresse, a menos que lhe seja solicitado.

Aquele que fala pouco adquire o hábito de pensar e com isso passa mais facilmente a se entreter com Deus, de quem sente-se próximo e amigável; o silêncio não será mais uma espécie de vazio insuportável, mas a maneira de saborear uma presença que não precisa de palavras para se comunicar.

Antes de tudo, é necessário aprender o silêncio exterior para que se possa chegar ao silêncio interior.

Uma maneira de aprender o silêncio, portanto, será evitar confusão e tudo o que parece superficial ou mesmo desnecessário. A princípio, isto pode ser cansativo e o muito barulho lá fora será substituído por uma luta de pensamentos. Então, os afetos desordenados que orientam as escolhas práticas surgirão. Isto proporcionará uma oportunidade para corrigir e realmente remover – conforme a força de cada um – qualquer coisa que não ajude a buscar somente a Deus e sua vontade. Será muito útil a este respeito abrir o coração ao pai espiritual, para que ele possa ajudar no discernimento dos próprios pensamentos; pois quando se vê tanto zelo no caminho da perfeição, o mal instila facilmente o escrúpulo. Além disso, a entrega dos pensamentos tira muito da força com a qual eles se impõem e, se as tentações estão envolvidas, eles se revelam pelo que são. À medida que prosseguimos, tornar-se-á então evidente que é necessário evitar conversas inúteis, especialmente aquelas em que o julgamento se insinua facilmente. Uma grande ajuda neste sentido virá da sobriedade no comer; com efeito, como a sabedoria dos Padres nos ensina, muito comer leva a vãos discursos. Não menos importante, portanto, será a promoção de pessoas serenas, de modo que falar não se torne uma ocasião de julgamento. Finalmente, a necessidade de solidão se tornará cada vez mais aguda, na qual o coração, livre de todas as distrações, se voltará naturalmente para o Senhor. Com suavidade, ele levará a alma a um autoconhecimento cada vez maior, para que ela sinta claramente seus fracassos passados e suas limitações atuais; em suma, sentirá o peso da condição pecaminosa em que está imersa, e o desejo de ser libertada crescerá dentro dela. Ela perceberá sua própria condição como a de alguém que, com humildade confiante, procura aproximar-se cada vez mais do Senhor para obter a cura, e de seus lábios, muito naturalmente e sem ela sequer prestar atenção, vem a oração do pobre homem: "Jesus, Filho de Davi, tende piedade de mim, pecador". Quando as circunstâncias o trouxerem de volta ao trabalho que tens que fazer, será natural que permaneças afastado e, de fato, sentindo a confusão ao seu redor como um incômodo, desejarás retornar o mais rápido possível à paz de solidão que acabou de deixar.

Amar ao Senhor com o coração que se tem

Se considerares cuidadosamente, poderás ver que muitas coisas na vida espiritual refletem nossa personalidade, especialmente aqueles aspectos nos quais estamos menos em controle de nós mesmos.

A experiência sempre deixa uma marca, que de algum modo condiciona, no bem ou no mal. É por isso que também São Paulo, após haver considerado como, apesar de buscar o bem, se acaba fazendo o mal, exclama: "Quem me livrará deste corpo de morte"! (Rm 7,24). Na verdade, nossa pessoa é difícil de educar, até porque às vezes adquiriu hábitos ou atitudes interiores a partir de experiências que deixaram uma impressão tão profunda que se tornaram permanentes, de modo que com o desejo do bem vem uma fragilidade estrutural, que leva a fazer o contrário do que se pretendia. Tente pensar quantas vezes resolveste corrigir um defeito e depois se viu repetindo o que havia resolvido não fazer novamente. Se nos medirmos pela lei, sempre nos faltará. Somos muito fracos! Mas apesar de nossa fragilidade, podemos desejar o bem com todo o nosso coração. E isso é o que conta. O Senhor, que vê o coração, sabe que ele está lhe alcançando e que se não der frutos é apenas porque as mãos não têm força para alcançá-lo e tocá-lo. Pois desejar o bem é desejar a Deus, e um coração que deseja que Deus já lhe pertença.

Há pessoas que, com grande esforço, conquistaram as paixões e os vícios aos quais conduzem – embora ninguém jamais possa se gabar de tê-los erradicado completamente de si mesmo – e se aplicaram às virtudes. Por vezes, sem o saber, eles têm sido guiados pela necessidade de serem valorizados aos seus próprios olhos; pois é insuportável para eles ter que reconhecer que são dominados por aquelas paixões que desprezam nos outros. Há também aqueles que se aplicam à virtude com a ideia em seus corações de que só assim podem contar com a clemência de um Deus que é severo a ponto de ser impiedoso. No primeiro caso, o que parece ser o fruto de um grande esforço espiritual é na realidade apenas virtude aparente, o fruto do orgulho; no segundo caso, o esforço nasce de um coração que pensa como o servo da parábola: "Sei que recolhes onde não dispersaste e colhes onde não plantaste" (cf. Mt 25,24): a obediência à lei e a cada pequeno preceito tem o único propósito de "reivindicar" a salvação de Deus. Mas a virtude que agrada a Deus nasce de um coração que o ama, pois Ele olha para o coração e não para os resultados de nossas ações; como diz o santo Profeta Davi: "Não desprezais um coração contrito e humilhado" (Sl 51,19). Aquele que volta seu coração para Deus e vive seus fracassos com a alma triste de quem nada pode oferecer a Ele senão o desejo de louvá-lo com todo seu ser, voltará para casa justificado muito mais do que aquele que se apresenta a Deus satisfeito com sua própria virtude (cf. Lc 18,10-14).

Afinal de contas, o Senhor disse àqueles que foram desprezados pelos fariseus por causa de sua humilde observância das regras: "Vinde a mim, todos vós que estais cansados e sobrecarregados, e eu vos aliviarei. Tomai sobre vós o meu jugo e encontrareis descanso, pois sou manso e humilde de coração. Pois meu jugo é suave e meu fardo é leve" (Mt 11,28-30). O Senhor sabe bem que todos nós somos coxos, cegos, surdos e mudos; sabe bem que somos tocados pela lepra e infestados por mil espíritos impuros, e sabe bem que somos agarrados pela morte, que quer nos arrebatar de sua mão. Ele sabe e quer curar e salvar. Quando, portanto, cultivamos um desejo por Ele e tentamos amá-lo em nossa pobreza como Ele merece ser amado, nosso coração já está curado e somos como aqueles a quem o Senhor, cheio de piedade – e não de julgamento, como os fariseus – veio para curá-los e dar-lhes plenitude de vida. Em resumo, se o coração não ama, nunca se pode aspirar à cura. Quanto mais forte for, portanto, o desejo de Deus, mais próxima estará a cura do homem inteiro. Amemos, portanto, com o coração que temos, prestando atenção frequente aos benefícios que recebemos dele e à paciência com que Ele espera cada passo fraco, pensando como Ele é bom e olhando mais para o desejo do que para o resultado.

"Basta-te minha graça"

Que não aconteça que te sintas seguro onde estás, pois então estarás em perigo de cair, e muito baixo, a ponto de sentir que voltaste ao início de tua viagem. E não penses que obtiveste a virtude por teus próprios esforços. Pois, embora Deus, que te criou sem ti, não te salve sem ti, como diz o Padre Agostinho, apenas teus generosos trabalhos em nada resultarão. Da mesma forma, não penses que o progresso na virtude cancela a propensão ao mal. Mesmo depois de anos passados na busca da perfeição e do exercício do bem, basta um único incidente para despertar paixões adormecidas e tendes a sensação de que tantos anos de vida monástica tivessem passado em vão. Acontece com frequência que monges que estão muito avançados na subida da montanha sagrada de Deus voltam em um instante ao início do caminho que eles têm laboriosamente trilhado, por causa da obstinação e da autoconfiança insana que eles tinham inconscientemente construído em seus corações, acreditando ser firmes em virtude. Pois este perigo é ainda maior naqueles que, não sem esforço, superam as paixões que mais os humilham, para que possam sentir, ou mesmo pensar, que a virtude é seu próprio mérito e que ela é, afinal, o resultado de uma arte. Sem ter consciência disso, acontece-lhes, de fato, que, tendo começado com o desejo de mais agradar ao Senhor mediante a aquisição da virtude, acabem por agradarem mais a si mesmos com os resultados obtidos, esquecendo-se de que, ainda mais do que a virtude, agrada a Deus um coração humilde. Que não se pense, portanto, que os santos tenham sido imunes a este perigo. O bem-aventurado Apóstolo Paulo diz: "Para que eu não me orgulhasse por causa da grandeza das revelações, um espinho foi colocado em minha carne, um enviado de satanás que foi encarregado de me esbofetear, para que eu não me orgulhasse. E acrescentou imediatamente: "Por causa disso, por três vezes rezei ao Senhor para que o tirasse de mim. E disse: 'Basta-te minha graça, pois na fraqueza se manifesta minha força'" (2Cor 12,7-9). O Apóstolo estava ciente de sua própria incapacidade de lidar com os julgamentos. O espinho que ele afirma ter em sua carne é certamente uma tendência a algo contrário à Lei de Deus; ele diz: "um espinho na carne", ou seja, algo que pertence a sua própria natureza e para o qual ele sabia que sua força não era suficiente, nem os meios sugeridos pela prudência. Sem saber como se opor a este tormento, ele se voltou para o Senhor, que não mudou sua carne, nem a curou de forma alguma, mas respondeu a sua oração dizendo: "Basta-te minha graça". Para compreender esta passagem, podemos recordar o bem-aventurado Pedro, que pela graça do chamado do Senhor se propôs a caminhar sobre o mar (cf. Mt 14,28), o que é manifestamente impossível para o homem com suas próprias forças. E se queres saber por que o Senhor, que ouviu a todos aqueles que vieram a Ele para curar, não ouve o clamor de seu apóstolo, ouça o que ele acrescenta: "Pois na fraqueza se manifesta minha força", de modo que o bem-aventurado Paulo conclui: "Por isso, de bom grado me gloriarei das minhas fraquezas, para que a força de Cristo habite em mim", e ainda: "Quando sou fraco, então é que sou forte" (2Cor 12,9-10). Sentir-se fraco diante da tentação ajuda a evitar o orgulho e a julgar-se melhor do que os outros. Um coração misericordioso é mais agradável a Deus do que a excelência nas mais altas virtudes; e aquele que sabe que precisa do perdão de Deus todos os dias, consciente da oração "perdoa nossas ofensas, assim como nós perdoamos a quem nos tem ofendido", saberá desculpar e interceder diante de Deus por seus irmãos e irmãs que vê cometendo erros. Finalmente, ele ouvirá o ditado: "Quem pensa estar em pé, cuide para não cair" (1Cor 10,12).

O amor é a via pela qual Deus quer ser conhecido

O amor é o caminho pelo qual Deus quer ser conhecido. Pois se a agudeza da mente pode conceber coisas excelentes, apenas o coração é admitido ao conhecimento íntimo do Senhor, não feito de ideias, por mais ousadas que sejam, mas moldado por sua graça na experiência; as palavras dificilmente podem expressá-lo, mas podem ser intuídas por meio de alguma imagem, como acontece com aqueles que já provaram essa experiência. Desde que o coração seja indiviso, ou seja, que tudo esteja voltado para Deus. Ele, como lemos na Escritura, é um Deus ciumento e não permite que a criatura seja dividida entre dois senhores (Mt 6,24; Lc 16,13). Se, então, queres amar a Deus com todo o seu coração, serás gradualmente capaz de provar Aquele que o ama com todo o seu coração.

Talvez te falte confiança e perguntes como é possível ganhá-la. Bem, é o próprio Deus que quer se fazer conhecer e espera apenas que abras o coração. Se, portanto, vencendo a perturbação que poderia te deter, começares cada dia a confiar tudo o que há em seu coração a Ele: as alegrias, mas também as dificuldades; tudo isso é nobre e, ao mesmo tempo, as coisas que lhe causam dor e que desejarias manter bem escondidas porque, mesmo aos seus olhos, elas parecem baixas e desprezíveis; e se souberes como dar um nome a tudo o que há em que impedes a comunhão com Ele, e fizer tudo isso com confiança e grande respeito, como um filho deve fazer com seu pai, ou um amigo com um amigo sempre fiel, logo poderás saborear as boas-vindas de Deus, e o silêncio dele não o assustará nem o deixará desconfortável; ao contrário, Ele o consolará, desfrutarás de seu refresco e perceberá que o silêncio de Deus é a palavra de amor mais eloquente que se pode imaginar.

Para atender a esta nossa necessidade, o Senhor Jesus, ao ensinar os discípulos a orar, convidou-os a usar para Deus um nome que convida à confiança, de fato, é a chave para isso: Ele disse: "Quando orardes, dizei: 'Pai...'" (Mt 6,9; Lc 11,2). Repita este nome, então; diga-o com respeito, pensando que sem nenhum direito, mas por um dom sem limites, foste tomado pelo próprio Deus como um filho e é amado como um filho, para que possas te voltar para o Criador de todas as coisas com a maior confiança, confiante de que Ele, com um coração cheio de amor, está ansioso para ouvir sua voz e ver seu amor por Ele crescer em teu coração. À medida que sua confiança crescer, também crescerá sua liberdade de si mesmo e de seus desejos, os mesmos que o mantêm preso e muitas vezes alimentam sua rebelião para que sintas que eles não estão esgotados pelo Onipotente, e te tornarás tão imprudente em pedir quanto em confiar em fazer sua vontade.

É a própria vida que alimenta a oração incessante

O Evangelista Lucas relata o ensinamento de Jesus sobre a necessidade de orar sempre, sem esmorecer (cf. Lc 18,1). Mas parece muito difícil, até mesmo impossível, orar o tempo todo; de fato, quem quisesse se dedicar à oração incessante não encontraria tempo para fazer outra coisa; pelo contrário, todos devem dedicar tempo até mesmo ao estritamente necessário, como vemos na vida dos monges santos. Portanto, a oração de que estamos falando não será apenas aquela que consiste no canto de salmos ou outras orações silenciosas. São Paulo, além disso, ensina que "o Espírito vem para nos ajudar em nossa fraqueza, de modo que não sabemos sequer o que pedir, mas o próprio Espírito intercede por nós com gemidos inefáveis" (Rm 8,26). Se então quisermos saber o que isso significa, somos auxiliados pelo evangelho, que relata a oração do homem que foi ao templo e, batendo no peito, disse: "Ó Deus, tende piedade de mim, pecador" (Lc 18,13). Ele estava consciente de seus pecados, mas acima de tudo de sua condição de pecador (ele era de fato um publicano); nessas palavras, então, podemos ouvir a invocação do santo Profeta Davi, que, reconhecendo a condição do homem, diz no Salmo: "Em pecado minha mãe me concebeu" (Sl 51,7), e depois continua imediatamente: "Na intimidade me ensinais sabedoria. Purificai-me com hissopo, e ficarei um puro; lavai-me, e ficarei mais branco do que a neve. Fazei-me sentir vossa alegria; e se alegrarão os ossos que quebraste. Desviai vosso olhar dos meus pecados, e apagai todas as minhas transgressões. Criai em mim um coração que seja puro, renova em mim um espírito decidido. Não afasteis de vossa face o vosso servo, e não retireis de mim vosso santo espírito. Dai-me de novo a alegria de ser salvo, confirmai em mim um coração generoso" (Sl 51,8-14). Esses sentimentos estão contidos naquela curta expressão que o publicano repete incessantemente.

Dirás imediatamente que mesmo uma oração tão breve exige recolhimento, e as ocupações normais inevitavelmente o impedem. Bem, considere que o espírito de oração, que é um dom de Deus, significa que a própria vida, com todas as suas grandes e pequenas experiências, confronta continuamente cada pessoa com sua própria pequenez, fazendo sentir o peso do pecado, às vezes de uma forma ardente: Tanto o que nasce da malícia como, mais frequentemente, o que atormenta o homem por sua própria condição, como, por exemplo, uma natureza impetuosa que leva a excessos indesejados e, no entanto, igualmente dolorosos, ou a inépcia em um escritório, que traz à tona defeitos e limitações que o expõem à crítica justa dos outros. De muitas maneiras, então, a vida diária traz a todos de volta à sua necessidade fundamental de serem salvos da condição de pecado. Assim, se apenas se presta atenção à experiência, a oração do cobrador de impostos no templo brota espontaneamente do coração o tempo todo: "Ó Deus, tende piedade de mim, pecador". Poder-se-ia até dizer que esta oração não vem apenas do coração, mas é o grito da própria carne, que a cada momento sente necessidade de ser curada e sustentada. Desse modo, a oração torna-se contínua, mais ainda do que expressa em palavras, com a consciência da própria condição: é o próprio sopro da pessoa inteira. Por esta razão, São Paulo ensina com razão: "Toda a criação geme e sofre em dores de parto; não apenas ela, mas também nós, que possuímos os dons do Espírito, gememos internamente, aguardando a adoção filial, a redenção de nosso corpo" (Rm 8,22-23). Assim como, portanto, aqueles que estão apaixonados têm seu coração próximo de sua amada, ainda que se dediquem com todo esforço às atividades pelas quais se esforçam, da mesma forma aqueles que, ao se deixarem levar pela própria vida, cultivam a consciência de sua própria enfermidade, vivem em cada fibra de seu ser o desejo de serem curados e redimidos, e mesmo que a invocação do público nem sempre lhes escape, no entanto, sentirão crescer dentro deles a confiança amorosa de serem ouvidos por Aquele que, ainda mais do que o homem, deseja sua salvação. A oração contínua, em suma, como certamente terás compreendido, é o desejo de uma vida plena, que nunca abandona o coração e que se expressa de maneiras sempre diferentes. Portanto, cultive este desejo e estarás sempre em oração.

Justos diante de Deus

Deus quer que o ser humano seja justo. Podes pensar que se trata da lei, para a qual é justo aquele que a mantém. O fariseu orando no templo também pensava assim (cf. Lc 18,9-14). Mas "justo" é antes aquele que agrada a Deus. Ora, quem está agradando a Deus? É aquele que faz tudo de modo correto? Aquele que nunca infringe nenhuma regra? Mesmo que existisse tal pessoa, não estaria agradando a Deus. Agrada a Deus aquele que tem coração e é capaz de compaixão; aquele que não olha para a condição de seu próximo, mas lhe dá a ajuda de que é capaz sem julgá-lo. Essa é a perfeição que agrada ao Senhor. Pois há mais perfeição na caridade do que na observância da lei.

A graça da vocação

Aquele que, desejando partir em uma viagem, não tem um destino claro, permanece constrangido e na maior parte do tempo, tendo empacotado seu alforje, permanece parado à porta ou está apenas a uma curta distância dos lugares que conhece; se, movido pelo desejo ou pela necessidade de se afastar de onde esteve, ele começa sua jornada com determinação, logo será tentado a refazer seus passos, ou a viver como um vagabundo, sem propósito, quando o cansaço e a necessidade surgirem, sem saber para onde ir. O mesmo acontece com aqueles que embarcam no caminho espiritual: as dificuldades logo surgem, e sem um objetivo claro, o cansaço e o tédio podem se tornar obstáculos intransponíveis. É por isso que está claro para todos o quanto é grande a graça de uma vocação: primeiro de tudo, a graça que se faz sentir como um desejo de Deus e de seu reino, e depois, como é próprio de cada pessoa, a graça de seguir nosso Senhor Jesus Cristo como fizeram os discípulos e as mulheres, cada um cooperando e servindo de acordo com suas capacidades e como as circunstâncias e o próprio Jesus podem exigir.

O chamado do Senhor é aquele com o desejo de viver uma vida feliz, na qual os talentos confiados por Deus podem ser engajados em grandes empreendimentos. Quanto à vocação particular, ela é iluminada quando a alma, purificada dos afetos desordenados, sente uma consolação particular de uma forma distinta de servir ao Senhor, como acontece, por exemplo, com aqueles que, tendo decidido viver como pessoas salvas, como convém aos renascidos no batismo, encontram alegria no pensamento daqueles que, deixando tudo para trás, foram para o deserto para vencer o maligno e encontrar Deus na solidão. Ou, então, para aqueles que estão cheios de grande alegria com o pensamento de viver no casamento e gerar filhos para Deus e para a Igreja; ou, finalmente, para aqueles que são consolados pela vida daqueles que generosamente se colocam a serviço dos cristãos, celebrando os santos mistérios, explicando a Palavra de Deus e ajudando os pobres.

Aquele que, pela graça de Deus, tem bem em mente o objetivo de sua jornada, achará mais fácil distinguir o caminho, os obstáculos e perigos que pode encontrar e, apoiado pelo Senhor, superará facilmente qualquer adversidade.

Como é útil estar na presença do Senhor

Há alguns que sentem uma dificuldade insuportável em estar na presença de Deus. Isto acontece especialmente no início da vida espiritual, porque eles não sabem como dirigir a Deus nada além de palavras, por mais santas que sejam, como as invocações dos Salmos, ou aquelas que sabem tirar de seus corações em certos momentos de consolo, e sentem como muito pesado o silêncio que surpreende suas almas quando derramaram no coração de Deus tudo o que havia no seu.

Pois bem, eles devem pensar que é justamente então que começa a oração mais agradável a Deus: quando eles não saberão mais como dizer nada de próprio, e sua oração será apenas aquela que o próprio Deus desperta neles pelo dom de seu Espírito. Pois devemos aprender a rezar a Deus não à nossa maneira, mas à sua maneira, que é feita de silêncio, que não expressa conceitos, mas de unidade de sentimentos, que não procura alimentar a mente, mas preenche todo o ser de bem-aventurança.

Será, portanto, um conforto para eles pensar em Deus que, tendo criado o homem, estava satisfeito com o trabalho de suas mãos, vendo que o que havia feito "era bom" (Gn 1,31); do mesmo modo, no sétimo dia, quando, após a criação, descansou, contemplando o que tinha feito. Da mesma forma, será motivo de alegria pensar no que Jesus diz: "Tudo o que o Pai me der virá a mim; e aquele que vier a mim não recusarei, porque não vim para fazer minha vontade, mas a vontade daquele que me enviou. Pois esta é a vontade de meu Pai, que todo aquele que vê o Filho e nele crê tenha a vida eterna; e eu o levantarei no último dia" (Jo 6,37-40). O que mais significam essas palavras se não que tudo tem seu começo e vida do Pai? Pois é aquele que "dá" o Filho com eles que "o vê" e "nele crê": eles – diz Jesus – terão a vida para sempre. Quem sente o cansaço da tarefa deve, portanto, refletir sobre como Deus criou cada homem para ser "dado" ao Filho e como cada um é chamado a receber o dom da vida pela fé no Filho eterno do Pai, nascido de Maria segundo a carne. Todos nascem com um destino eterno, que se cumpre na comunhão eterna com as Três Pessoas Divinas. O homem é feito pelo Pai para o Filho e à imagem do Filho, que se encarnou no ventre virginal de Maria. Maravilhe-se de como todos nós somos um presente do Pai para o Filho! E nós somos recebidos pelo Filho como um presente precioso do Pai! Nascemos para a vida. Toda nossa vida, quando é dirigida a Deus, é habitada pelo Espírito Santo: pois é Ele que descende do Pai e do Filho, o Senhor que dá vida a toda criatura.

A criatura, portanto, embora nada saiba, pode, em sua cegueira, contemplar em si mesma o diálogo das Três Pessoas Divinas e, na fé pura de quem, não vendo, põe toda sua confiança na palavra da Santa Madre Igreja, pode se alegrar na descoberta de ser ela mesma dom que o Pai e o Filho trocam entre si em seu divino amor. Pode então pensar: o Pai me fez e me escolheu para me entregar ao Filho e o Filho me acolhe como um presente do Pai! E então – porque sou a "vontade" amorosa do Pai, o Filho me acolhe como um dom precioso e não me perderá, mas me fará viver nele para sempre, no coração da Santíssima Trindade.

Portanto, é possível para todos "ver e acreditar". Ver o Filho na carne, ou seja, em sua fraqueza, em sua paixão e morte e, como o ladrão, como o centurião, reconhecê-lo como Senhor de sua vida. Esta contemplação do Senhor crucificado é dada na própria carne do homem, já que com o Filho todo homem compartilha carne e sangue. Na carne derrotada da criatura, a ressurreição é preparada, porque se ela aderir a Ele pela fé, o Pai levantará, junto com o Filho, aquele que se tornou seu discípulo e amigo.

Como é insensato pensar em si mesmo e temer pela própria vida!

Somos salvos pela condição, pois somos dados ao Filho e Ele nada perde do que o Pai lhe deu (cf. Jo 18,9). A criatura, portanto, só tem que aceitar o dom da salvação e deixar-se envolver completamente na obediência do Filho ao divino Pai. Ao serem dóceis no Filho pela obediência, eles sentirão como é doce ser crianças amadas e cheias de vida pelo próprio Autor da vida. Mesmo a morte será abençoada, a das mortificações diárias que preparam a morte final, nada menos que a que atacará a carne para superá-la, pois cada morte será uma superação do limite imposto pela carne e uma lenta maturação para a visão.

Em sua morte, o Filho fez de si mesmo um sacrifício de doce odor; permanecer estreitamente unido ao Filho, de fato vivendo nele cada momento da vida, seja em alegria ou em prova, já será para ressuscitar com Ele, de fato é para ser entregue no Filho ao amor do Pai.

Este é o trabalho que o Espírito realiza no discípulo fiel. Portanto, tenham confiança na vida e na história, pois embora sejam um lugar de pecado, eles são, acima de tudo, apesar das contradições e responsabilidades monstruosas da maldade humana, o lugar e os meios da ação do Espírito. O Apóstolo diz: "Pois sabemos que toda criação geme e sofre em dores do parto; não apenas ela, mas também nós, que possuímos as primícias do Espírito, gememos interiormente enquanto aguardamos a adoção como filhos, a redenção de nossos corpos. Pois na esperança fomos salvos" (Rm 8,22-24).

Sobre a oração

Será muito útil para ti reservar tempo para o Senhor durante o dia para a oração e depois manter o que obtiveste. Na verdade, é mais proveitoso estar com o Senhor sem fazer outra coisa que oferecer-lhe um pouco de companhia, como se faria com um amigo, do que ficar com Ele apenas o tempo necessário para orações gulosas, embora estas sejam muito aconselháveis e da maior importância para o monge, como se fossem trabalhos a serem interrompidos o mais rápido possível para atender a coisas mais urgentes. O tempo em que permaneceres na presença de Deus será um tempo de descanso e confiança, onde não importará se falas ou ficas em silêncio, mas sim se estão juntos. Pense também que és como um dos santos do deserto, embora agora seus olhos não possam ver o rosto de Deus a não ser pela fé; regozije-se, portanto, que sejas dado a parar por alguns momentos na condição que o espera.

A oração pode ser onerosa e às vezes requer muito esforço. Pode ser porque estás cansado ou porque seu coração está cheio de pensamentos. Mas também pode ser que Deus queira testar seu fiel servo e fazê-lo sentir dessa forma que a oração é, antes de tudo, seu dom. Por outro lado, como os santos bem sabiam por experiência própria, Deus é misterioso: colocar-se à sua disposição e chamar, só para que se entenda o grande que é, faz sentir todo o seu peso, quase a ponto de ser esmagado por ele. De fato, muitas pessoas – mesmo monges de vasta experiência – estão habituadas a pensar em Deus da maneira como pensam dos homens, com a única diferença de que tudo lhe é atribuído de uma maneira maior e mais elevada, como se poderia fazer com um grande governante. Deus, por outro lado, é misterioso e ninguém pode fixar seus olhos em seu rosto. Justamente por causa disso, Ele nunca deixa de surpreender e também de decepcionar, parecendo sempre diferente do que se pensava. Este é o caso, por exemplo, do que acontece no mundo: muitas vezes, até pessoas piedosas são perturbadas pelo que parece misterioso e incompreensível aos seus olhos, como seria uma calamidade que atinge os inocentes.

Acerca da tentação (4)

É importante, como ensina Santo Inácio, examinar cuidadosamente o caminho dos pensamentos para entender onde e como a tentação se instalou (cf. *Exercícios espirituais* 334). Poderás então ver que a tentação pode irromper em uma pessoa que deseja sinceramente servir ao Senhor, especialmente quando o coração é agarrado por algo que pesa muito sobre ele. Por exemplo, quando a doença ameaça uma pessoa à qual és muito apegado, de modo que temes perdê-la ou ser abandonado, ou quando já experimentaste um fracasso ou algo semelhante. No fundo da alma, há uma mistura de dor, medo, sensação de impotência, em suma, um emaranhado de sentimentos que não é fácil de desvendar, mas que se torna evidente porque, embora continuemos a levar uma vida geralmente ordenada, a oração torna-se progressivamente mais seca e menos desejada: é como se o coração tivesse se tornado completamente insensível. De fato, embora a mente nunca tenha concebido tais pensamentos, o coração passou a considerar Deus com suspeita, na verdade com hostilidade, como se Ele fosse responsável por tudo o que nos entristece, quanto mais não seja porque, embora Ele possa, Ele não intervém para aliviar nossa dor. A experiência parece contradizer o que aprendemos sobre Deus, ou seja, que Ele é todo-poderoso e bom e provê para cada uma de suas criaturas. Se Ele é bom e pode fazer todas as coisas, por que Ele não vem para ajudar? A convulsão é muitas vezes mais grave do que parece, dependendo da gravidade da situação para a qual Deus foi solicitado a ajudar; não apenas porque a condição da qual se esperava ser libertado permanece, mas porque surge a dúvida de que se foi tolo em confiar em Deus, tornando-se cautelosos e até hesitantes em testemunhar a seu respeito o que já havia sido afirmado com tanta confiança antes. E então, o que dizer àqueles que desafiam a fé exigindo um relato e uma razão para o silêncio de Deus?

É sobre este conjunto de sentimentos, que constitui a grande tentação contra Deus, muitas vezes confusa e despercebida, mas não menos devastadora, que o maligno propõe suas "consolações". Eles estão sempre disponíveis e parecem responder tanto à necessidade de sentir que se é o mestre do campo quanto de "vingar-se" de um Deus que primeiro propõe e depois não cumpre.

Como se defender contra esses ataques? Santo Inácio sugere que digas a seu confessor ou a um homem espiritual o que está em seu coração (cf. *Exercícios espirituais* 326). Em uma conversa sincera, a realidade vivida no fundo é iluminada pelo Espírito e a tentação se torna reconhecível. Melhor ainda, é possível identificar o que o mal usa como alavanca para insinuar a calúnia contra Deus. Ao mesmo tempo, é possível reconhecer a própria fraqueza e agir para remediá-la.

Também é muito útil cultivar o conhecimento do Senhor por meio da contemplação de sua Paixão, para que se torne mais espontâneo reconhecer no que acontece, especialmente se toca o coração tão intimamente, uma participação em seu sofrimento. Para que o que inicialmente era percebido como o afastamento de Deus seja agora descoberto como uma singular proximidade, pois Ele se tornou um homem, sofrendo como um inocente o que os homens sofreram por sua própria culpa. Tende em mente que Deus é fiel e que nada acontece que impeça sua vontade, isto é, que um dia a alegria de cada uma de suas criaturas será nele plena.

Mas há também outro nível no qual a tentação encontra fácil desenvolvimento. Essa é a situação da pessoa que ainda não se decidiu firmemente pelo Senhor, mas enquanto sua mente sente o fascínio das coisas sagradas, seu coração permanece atraído pelo que facilmente apela aos sentidos, tanto externos quanto internos. A pessoa em tal situação, muitas vezes sem se dar conta, tende a conciliar as necessidades do espírito com as dos sentidos, e pode enganar-se tomando para consolo de Deus o que são apenas indulgências à sua imaturidade. Na realidade, o consolo que vem de Deus passa sempre pela cruz, o que significa então o compromisso com a contínua conversão de cada fibra do ser. Assim, a oração, que se deseja sempre ver como portadora do gosto interior, é acompanhada por uma sensualidade que se manifesta na indulgência para com o que se considera prazeres inofensivos do paladar ou na imprudência da visão ou na fala vã. Assim, é fácil cair no julgamento e em todo tipo de sentimentos que extinguem do coração a caridade de Cristo.

Sobre a utilidade do colóquio espiritual

O colóquio espiritual não é apenas uma conversa entre amigos, embora esta já seja uma verdadeira bênção do Senhor, mas um momento espiritual em que o Espírito de Deus realmente trabalha. Na comunhão entre as pessoas, a caridade divina cura suas feridas e acalma sua dor; o próprio Deus é feito para sentir solidariedade na verdade e ilumina a mente para que possa conhecer as formas pelas quais é chamado a uma união mais estreita com o Senhor da glória.

Quando a conversa acontece na caridade, o coração se abre e encontra a coragem de ver o que nunca teria coragem de abrir os olhos por si mesmo. A companhia de alguém que faz sentir o amor de Deus dá a força para descer até os cantos mais escuros da vida e iluminá-los com o calor da caridade de Cristo. Então a dor é aliviada pela compaixão, a verdade é sustentada pela miséria e o coração descobre essa liberdade que não está sujeita a chantagem porque é fortalecida pela certeza de que o amor de Deus não se detém no pecado. Muitos não reconhecem o que pesou em suas vidas e as feridas que causam dor, o que muitas vezes resulta em ações desordenadas, porque eles mesmos são os primeiros a se julgarem e se condenarem pela causa dessas feridas, quando muitas vezes eles são apenas vítimas. Sem se darem conta, passam a acreditar que Deus não pode pensar diferente deles e, portanto, olha com um olhar severo para os males das pessoas que sofrem; não conseguem pensar nele pelo que Ele é: um bom pai que quer curá-los de toda a dor. Se assim fosse, eles superariam sua vergonha e sem medo desvendariam cada ferida para ter o alívio desejado, assim como fizeram aqueles que vieram a Jesus de longe e tentaram tocá-lo, porque dele veio um poder que curou a todos (cf. Lc 6,19).

Na conversa espiritual, portanto, acontece que a companhia daquele que oferece seu coração para que nele as dores que afligem o nosso coração possam ser deslocadas e ciosamente guardadas, apoia a jornada em busca da cura que só Deus pode dar, curando com sua misericórdia ao mesmo tempo os males da alma, do espírito e também do corpo. Quando a cura é completa, o estigma do pecado – seja pessoal ou alheio – de ser motivo de vergonha torna-se motivo de ostentação no Senhor, fonte de vida eterna; ele é de fato um sinal da bondade misericordiosa de nosso Deus, cujo louvor é doce.

O juízo severo

Muitas vezes, julgamento severo, críticas amargas e um temperamento obstinado são um sinal da incapacidade de se desafiar a si mesmo. As pessoas que se comportam desta forma muitas vezes se apresentam como defensoras convictas de grandes princípios e não percebem que estão sacrificando pessoas em nome destes princípios. Mas isto é o resultado do orgulho, que leva a uma falta de vontade de aceitar as próprias fraquezas, a ponto de se tornar juízes implacáveis. Aqueles que são atormentados por este vício, que muitas vezes se esconde por trás da aparência da virtude, gostariam de se ver cercados por aquela perfeição que não conseguem encontrar dentro de si; eles estão tão confortáveis quanto os atores em um palco. Não é raro que pessoas que gostariam de ser perfeitas, colocando a perfeição na observância de cada regra, tenham sucesso em seus esforços por curtos períodos e depois fiquem cada vez mais para trás. No exterior, elas parecem mutáveis, para não dizer mal-humoradas. Mas também acontece que, como o gato, elas ficam quietas durante o dia e inquietas à noite. Mas isto alimenta sua angústia e as leva à loucura. Um sinal desta guerra secreta e lacerante é um certo hábito de maledicências, de insinuações maliciosas, de condenação. Nelas também encontramos meticulosidade em assuntos marginais acompanhada de superficialidade em coisas. A maneira de curar é uma abertura sincera do coração. É difícil para elas encontrar a coragem para fazer isso. Então, terá que ser o homem de Deus que abrirá seus olhos com grande amor. Tais pessoas podem ser um grande prejuízo para a comunidade, não tanto por causa de suas fraquezas, mas por causa de sua dureza de julgamento.

A amizade é boa para a vida espiritual

Muitas vezes as pessoas confundem como provações espirituais as dificuldades relacionadas com o desconforto do coração. Todos precisam pertencer a alguém e encontrar na comunhão com seu próximo a aceitação e a segurança que dão força à sua jornada em direção a Deus. Quem se sente só e inútil, quem nunca é procurado por ninguém, quem nunca sente apreço pelo que faz, nem a estima de ninguém, não pode crescer na vida espiritual a menos que haja uma graça especial de Deus, e mesmo que ele tenha a impressão de que isso é apenas uma ilusão. Pois é na comunhão dos irmãos que o próprio amor de Deus toma forma para o homem e lhe permite ver a que plenitude ele está destinado, se ele se mantiver no caminho da caridade. É por isso que muitas vezes acontece que a secura espiritual não se deve a uma falta de compromisso com as coisas espirituais, mas sim à falta de comunhão. Diz a Bíblia: "Um amigo fiel é uma proteção poderosa; aquele que o encontra também encontra um tesouro" (Eclo 6,14). Abra-se a uma amizade sincera e será auxiliado em sua busca de Deus.

Seguir o Senhor requer praticidade

Conheci pessoas que eram sinceramente apegadas ao Senhor, mas que em sua vida espiritual, apesar de seus bons desejos, eram como se estivessem presas. Isto porque, embora frequentassem os sacramentos, levavam uma vida média e tudo era deixado ao bom hábito.

É útil pensar no seguimento do Senhor como um caminho no qual nos afastamos gradualmente das coisas que consolam os sentidos e nos aproximamos cada vez mais das coisas que consolam a alma. Por esta razão, aqueles que querem ser discípulos do Senhor tentam permanecer sóbrios e satisfeitos com o essencial. Mesmo que tenham muito à sua disposição, eles se preocupam em ter apenas o necessário, ocasionalmente se livrando do que parece supérfluo. Se decidires não ter mais do que tem, e se discernir cuidadosamente o que vai precisar antes de obtê-lo, e se buscar o conselho de pessoas espirituais; se tomar cuidado para não dar lugar ao sentido e ao gosto; se, finalmente, permanecer fiel em seu diálogo com Deus; se, em suma, tomar cuidado para manter a disciplina, sem se permitir muitas exceções, farás grandes progressos em um curto espaço de tempo.

O Padre Inácio, ao dar as regras para a alimentação (cf. *Exercícios espirituais* 210-217), ensina como determinar o que se tomará quando a necessidade move o apetite em um momento em que os sentidos exercem menos pressão, porque eles não são movidos pela necessidade. Esse princípio pode ser aplicado em todas as coisas e tornar-se uma disciplina para guardar a liberdade, de modo a não permitir que desejos desordenados possam constranger o espírito.

Muitas vezes, as intenções que são demasiado imponentes, mesmo que sejam generosas, não são bem-sucedidas. Especialmente para aqueles mais fracos ou apenas começando, é mais eficaz propor coisas simples e fáceis, lembrando que quem é fiel em pouco também será fiel em muito (cf. Lc 16,10). É mais fácil se propor a ficar longe do fogo do que propor não se queimar por estar perto dele. É mais fácil ficar longe da tentação do que resistir a ela. Portanto, de pouco adianta propor longas orações: é mais eficaz propor que se mantenha fiel às orações breves todos os dias em um horário fixo.

O Senhor construirá uma casa para ti...

Na generosidade de seu coração, desejas fazer algo agradável para o Senhor; esse desejo certamente vem dele, que abriu seus olhos para abraçar seus planos para sua salvação. Mas não és tu quem fará algo pelo Senhor, mas Ele fará algo por ti, se o permitires. Pois Ele ama tanto seu Filho que quer moldar tudo o que foi criado em sua imagem. Bem, se deixares a graça operar em ti, fará de ti a imagem perfeita de seu Filho nas várias instâncias da vida, na plenitude da revelação do amor fiel de Deus, ou seja, no momento em que Ele manifestar a glória do seu amor sem amaldiçoar ninguém. Portanto, deixe-se moldar pela própria vida e reconheça mesmo naqueles que o fazem sofrer a mão do Deus da vida. Isto, se pensarmos bem, é o coração da obediência religiosa: na cruz habita a Vida.

A vida casta

A castidade nasce da fé, e na fé ela se fortalece e vive. A fé é uma só com amor. O amor não é tanto um sentimento, mas a decisão de entregar-se ao Pai, como Jesus o fez. O encontro com o Senhor vivo, que é reconhecido nas experiências da vida cotidiana, e a partilha de seus sentimentos, torna a alma nobre e a leva a querer o que Deus quer, e a estar preparada – se o Senhor lhe conceder uma graça especial – para deixar as maiores coisas e os mais sagrados afetos, a fim de se colocar a seu serviço sem entraves.

A integridade do corpo e do espírito que a regra nos convida a viver é um dom reservado a alguns que são chamados a buscar e encontrar a comunhão perfeita com Deus no hábito, no trabalho e na oração, sem qualquer mediação. A união que Deus quer estabelecer com a criatura é obra do Espírito, e se realiza participando de todo coração da cruz do Senhor e da ressurreição em coisas tão modestas quanto grandes. É pela Paixão do Senhor, de fato, que a carne do cristão se torna uma verdadeira epifania da humanidade de Cristo, o cordeiro oferecido como sacrifício. Com o discípulo, o Senhor se funde numa perfeita comunhão do destino; em sua carne ferida, o amor fiel de Deus se manifesta: o discípulo é crucificado com o Mestre e, como o Mestre, torna-se uma manifestação do mistério invisível.

Uma maneira muito eficaz de se manter casto é fugir da dissipação e amar estar na própria cela: isso ajuda a guardar o tálamo do próprio coração, não permitindo nada nem ninguém entrar. A cela, portanto, será verdadeiramente o lugar em que a sobriedade e a ordem ajudarão a alma e o espírito a se prepararem para o encontro com o Esposo. Da mesma forma, a modéstia do olhar e a sobriedade na satisfação das necessidades do corpo evitarão o despertar de pensamentos e desejos inúteis. Quando a vontade de Deus o chama a deixar sua lembrança para dedicar-se a algum serviço, procure permanecer intimamente na presença de Deus, como acontece com aqueles que, tendo saboreado o amor, onde quer que vão, levam consigo seu consolo e sua nostalgia, ansiando por retornar o mais rápido possível em silêncio à comunhão silenciosa com o Amado de seu coração.

Mas que isso não seja um exercício que gere tristeza. Pois quando a alma se torna sombria, a tentação está próxima. Em vez disso, sê feliz porque pertences ao Senhor, que se estabeleceu em ti. Aproveite todas as circunstâncias para contá-lo vivendo em ti. Imagine sua humanidade e os sentimentos que foram gerados nele pelo que estás experimentando. Quanto mais amas sinceramente o Senhor, mais a vida casta será uma fonte de alegria serena para ti.

A causa da impaciência

A pessoa virtuosa é consciente de suas próprias falhas: sabe que está sempre pronta para se impor e não suporta ser dominada pelo exercício e mantida a distância pela vigilância; portanto, é humilde e quieta e inclinada à misericórdia com todos. Tendo sempre diante de seus olhos a misericórdia com que o Senhor revestiu sua nudez, ela pensa que Ele tem o mesmo amor por todos os que a cercam, por isso ela permanece paciente e firme em sua confiança. A pessoa virtuosa é, portanto, normalmente amável, embora seu caráter retenha alguma dureza, pois é o amor que Deus derramou sobre ela que a torna atraente.

Às vezes, de fato, a impaciência que torna algumas pessoas difíceis de tratar e de amar habitualmente – embora, se as conheces bem, elas sejam ricas em muitos dons e teriam Deus para agradecer e se alegrar – vem de sua incapacidade de serem como gostariam de ser. (Não me refiro, é claro, à aparência ou à riqueza, embora isso também tenha uma influência considerável sobre a felicidade – ou assim pensam – daquelas que não têm a virtude em alta estima.) Não sabendo dominar o que as confunde, e percebendo em si mesmas as falhas que tanto detestam nos outros, elas vivem em permanente estado de medo, como se estivessem sob ameaça; e isto as deixa desconfortáveis e às vezes agressivas, e suas relações com seus vizinhos sofrem como resultado. Elas acreditam que as deficiências que não conseguem eliminar ou ocultar são a causa da rejeição que sentem dos outros, e isto é, ao menos em parte, verdade.

Assim, acontece que, não se sentindo aceitas, acabam detestando a si mesmas e a sua própria miséria, e enquanto estão ocupadas culpando a si mesmas, as falhas que tanto detestam ficam fora de controle e aumentam sua confusão. Elas não percebem que são, de fato, a forma pela qual a dor que se acumula incontrolavelmente dentro de suas almas clama por ajuda.

Seria muito útil se alguém pudesse ajudá-las a entender que elas não são um com as falhas que detestam em si mesmas; e que mesmo que, por causa deles, não se encontrem com a simpatia de seus vizinhos, a benevolência de Deus que os criou e que sabe o quão grande é seu sofrimento pelo fardo que não podem livrar-se, muito além de toda a intemperança que os torna indesejáveis ao próximo.

Na amplitude de seu coração, Deus só lhes pede que acreditem firmemente que ama cada uma de suas criaturas como ela é e que não deseja que nenhuma delas o deixe de amá-lo. Será a partir desta maneira diferente de ver as coisas que algo começará a mudar nelas, até que elas ganhem controle sobre seu comportamento e os impulsos que as geram, e adquiram uma confiança que tornará suas relações mais relaxadas e dominadas pela tolerância.

Sentindo-se mais no controle, tais pessoas sentirão menos a necessidade de serem apaziguadas pela boa vontade dos outros e também tolerarão melhor o desacordo e a solidão, embora o afeto e a estima de boas pessoas continue sendo muito importante para se conseguir o autocontrole.

Portanto, é necessário cuidar bem de si mesmo, evitando que os impulsos aos quais mais frequentemente se cai vítima sejam desencadeados por circunstâncias que dependem de nós, e das relações com os outros, as quais devemos sempre tentar apreciar em seus melhores aspectos. Devemos sempre considerar, de fato, que os defeitos que muitas vezes tornam difícil estar juntos são a expressão de cansaço e dor, e que a pessoa que sofre com eles, às vezes sem mesmo saber ou mesmo ter orgulho disso, precisa ser ajudada a aceitar a si mesma; e isso será possível se ela se sentir amada com a amplitude com que Deus ama suas criaturas. É por isso que Deus é fiel no amor, porque é pelo amor que Ele leva suas criaturas à perfeição, exortando a boas obras nelas e não pelo medo ou, pior ainda, pelo desprezo.

Os grandes propósitos têm pouca valia

Grandes intenções, embora generosas, de pouco servem. Para resistir à pressa da paixão, boa vontade não é suficiente; pense, por exemplo, num homem que jurou segurar sua mão com firmeza em brasas quentes: em seu propósito imprudente ele ainda poderia ser sincero, mas certamente não seria sábio, e mesmo que conseguisse mantê-la, seria antes por meio da determinação da loucura do que pela firmeza da virtude. É, de fato, a própria natureza da paixão que de repente ultrapassa todas as defesas, de modo que mesmo o bom homem, tomado de surpresa, pode ser esmagado; pode ser comparado a um grande cão que, quando se enfurece, não obedece mais à voz de seu dono, mas segue seu impulso de forma incontrolável, e o que antes poderia ter sido uma defesa válida para ele de repente se torna um perigo.

Contra a paixão, portanto, é muito mais eficaz se afastar de tudo o que pode despertá-la e torná-la incontrolável. É muito mais útil visar ficar longe das oportunidades do que ganhar, enfrentando-as; pois quem entra na briga nunca pode presumir sair incólume.

Uma vida simples...

A vida espiritual é afetada pela nossa maneira de viver. Se somos surdos e mudos, ou tão ocupados que acumulamos tensões, a oração sofrerá imediatamente, e logo nos sentiremos levados pelo instinto de compensar nossos frutos com intemperança. Se nossas afeições não estão em paz, a oração vai sofrer. A oração, de fato, é um reflexo do estado de nossa alma.

Como é importante ter um coração livre

Tome todo o cuidado para libertar o coração de tudo o que possa mantê-lo cativo. Particularmente daquilo que pode provocar emoções que o forçam a parar sua atenção sobre elas, tornando-o incapaz de se elevar ao pensamento de Deus ou de se aplicar ao que deve esperar. Pode haver coisas, de fato, nas quais o olhar repousa ou nas quais a atenção da mente habita, e que na época parecem ser bastante inofensivas, mas depois de algum tempo voltam, ocupando a memória com mais força do que poderias ter imaginado. Para se defender contra este perigo, deverás te aplicar ao seu trabalho sem desviar sua atenção dele, e para fazer isso deverás recorrer à força de sua vontade.

Se deixares o mundo para se retirar para o deserto, não pense que o mundo vai deixá-lo ir tão facilmente. Ele vai querer segui-lo, e mesmo que possas afastá-lo, dedicando-se à oração e aplicando-se completamente às suas tarefas diárias, ele vai mantê-lo com medo à noite por muito tempo, pois em sonhos as coisas pelas quais o coração ficou fascinado voltam à vida, e só depois de muito tempo e depois de ter entregue pacientemente todos os seus pensamentos ao abade é que poderás te sentir livre deles.

Pois é necessário não só deixar a terra do Egito, na qual viveste como prisioneiro, mas também tudo, não levando nada contigo. E isso não dependerá apenas da tua vontade, pois se tua mente, atraída pela Verdade, segue de bom grado aquilo que, pela sua beleza, tem fascinado o teu coração, a tua carne, por outro lado, resistirá e terás que arrastá-la com determinação, pois ela permanecerá sensível a qualquer lisonja. A carne será a última a destruir o coração, e isso será quando tiver perdido não só o gosto pelo que desfrutou, mas também a própria memória do prazer. Portanto, sejas forte e não lhe dê nada mais do que ela precisa. Acima de tudo, não permitas que ela preencha tua mente com a visão do que recusas ao ventre; caso contrário, o desejo voltará, e quando menos esperares, com tumulto e de repente, ela reivindicará o que, com dificuldade, te havia negado. Portanto, mantenhas as persianas bem fechadas; não fiques satisfeito com o canto gracioso, pois, como os poetas ensinaram, nem mesmo os heróis podem se render a teus encantos, a menos que estejam intimamente ligados a ele; não pares tua jornada e olhes para o que acabaste de passar no caminho para o deserto, ou o que o deixou porque pertence à tua idade passada, mas continues tua jornada em direção ao leste, pois dali o Sol nasce para iluminar seus passos.

Tende muito cuidado quando fores tocado no que te é caro

Tende muito cuidado quando fores tocado naquilo que te é próximo ao coração. Às vezes, Deus o apoia mais sensivelmente, e então te entregas sem esforço à oração, "lançando sobre Ele todos os seus cuidados" (1Pd 5,7); outras vezes, porém, sentes como se Deus o tivesse abandonado. Esteja atento, pois é então que o inimigo toma coragem e o exorta a se rebelar, implicando que Deus não se importa contigo, incitando-te a buscar apenas a salvação daquilo que te angustia. Assim, tendo saído do caminho da confiança, te vês todo apanhado pela ansiedade, que é o campo em que as paixões prosperam. Na verdade, quando és esmagado de todos os lados e a esperança se perde, as paixões, que pensas ter conquistado, voltam com suas antigas forças. Por outro lado, na aura que acompanha a tentação deves reconhecer o sinal de que seu coração está zangado com Deus, por quem te sentes abandonado; então poderás fazer tuas as palavras do salmista, quando diz: "Por que orar, se não queres ouvir; por que chorar, se não queres me responder?" (cf. Sl 21,3). Refletir e compreender que Deus se comporta conosco como um pai se comporta com seu filho: nem sempre responde às suas expectativas como ele esperaria, mas quando o filho é capaz de enfrentar sozinho um julgamento, o pai fica de lado; não, porém, como aquele que é indiferente ou distraído, mas como aquele que permanece pronto para intervir na situação com sua graça, de modo que, ao ser bem-sucedido nesse julgamento, o filho cresce em confiança e ousadia. Se, então, desejas entender de onde vem a amargura, considere como sua demência, se ela agarra seu coração, tem o poder de desviá-lo de seu propósito de querer em tudo o que Deus quer. Pois não pense que só porque queres coisas boas, Deus quer o mesmo. Nem o bem mais conveniente é o que lhe parece ser, assim como a desordem que desejas evitar nem sempre é um mal pelo qual és culpado. Em sua bondade, Deus olha para o coração e valoriza o desejo de servi-lo além do que és capaz de fazer em sua fraqueza, nem o condena por ter sido derrotado no concurso por seus esforços mal-intencionados. Às vezes, Ele realiza seu plano por meios misteriosos, que não nos é permitido compreender. Portanto, em sua aflição, não deixe de ter esperança no Senhor, que abre um caminho no mar e prepara a terra firme para aqueles que nele confiam. Recorda-te de que não é a sua bondade que o salvará, mas a dele.

Seguir o Senhor mesmo na fraqueza

Infelizmente, acontece também às pessoas espirituais que são tentadas a ser fiéis ao Senhor, quando as circunstâncias exigem que elas o sigam em fraqueza e derrota, de acordo com o pensamento mundano. Acontece quando os afetos são feridos ou a justiça é ofendida e a indignação cresce; quando a dor inocente é testemunhada e o Senhor parece negar a si mesmo, pois Ele não se levanta para defender os fracos e os pobres ou parece surdo para a oração que se eleva dos corações ansiosos para ver finalmente seu reino. A impotência do justo diante do mal e a ausência, pelo menos na aparência, de Deus são a prova mais terrível para aquele que deu fé ao que Jesus diz no evangelho: "Tudo o que pedirdes em meu nome será dado para que o Pai seja glorificado no Filho" (Jo 14,13-14). Mas Deus não pode contradizer a si mesmo, muito menos mentir. Portanto, devemos procurar uma razão diferente para o que está acontecendo. E ela pode ser encontrada na paixão do Senhor; ali Ele foi abandonado nas mãos dos homens, nem o Pai parecia ouvir sua voz. E no entanto o Apóstolo diz: "Por isso mesmo Ele ofereceu orações e súplicas com gritos e lágrimas durante sua vida terrena àquele que foi capaz de libertá-lo da morte, e Ele foi ouvido por causa de sua misericórdia" (Hb 5,7). E é bem verdade: pois Ele o levantou do túmulo e lhe deu um nome que está acima de qualquer outro nome. Entenda então que, quando Deus parece não ouvir a oração dos justos, Ele, na verdade, participa do abandono do Filho à vontade do Pai, que, aceitando o desafio do mal, lhe permite realizar sua obra na carne do servo fiel, e só então dará, em Cristo, nova vida àqueles que perseveraram em acreditar em sua fidelidade. A paixão do Senhor é a luz que guia o discípulo em sua paixão; sua Páscoa o sustenta no escândalo da morte, assegurando-lhe que Ele foi criado para a vida.

A boa e a falsa espiritualidade

Às vezes a insatisfação emocional encontra uma forma de escapar no compromisso ascético e na multiplicação de práticas piedosas. Acontece também que algumas pessoas gozam de um excesso de austeridade e chegam ao ponto de fazer da mortificação o próprio coração da vida espiritual. Estes podem ser confirmados nesta opinião pela vitória sobre seus próprios impulsos, que, infelizmente, logo retornarão, embora de formas diferentes mas não menos sérias, embora aos seus olhos possam parecer pouco, ou mesmo virtuosos, em comparação com os primeiros. Estão sempre descontentes, inclinados ao pessimismo, desprezam o que não podem ter, e mesmo que tenham uma opinião baixa de si mesmos, em seus corações se consideram muito melhores que os outros; cobiçam posições de prestígio e a honra dos homens, acreditando que podem fazer melhor do que aqueles a quem estão sujeitos. Sua sede de poder se manifesta em severidade excessiva e julgamento amargo; eles são facilmente irritados e não inclinados à miséria, mas inflexíveis em punir o erro. Se às vezes eles podem parecer mansos, essa mansidão logo se manifesta como aquilo que é: a perfeição que eles buscam é toda exterior; é meticulosa e certificável; é uma imitação afetada das virtudes que eles ouviram celebrar nos santos, mas não nasce de um coração cheio de amor.

Acontece a eles como àqueles que, por serem de baixa estatura, para parecerem mais altos, usam botas com sola mais grossa. Ou como as mulheres que, para se olharem como gostam de ser vistas, pintam seus rostos, perdendo sua natureza, mas, quando chega a noite, a ilusão cessa e elas encontram a aparência que queriam esconder. A aparência é como a neve derretendo na primavera.

O que parece ser uma vitória sobre os impulsos mais básicos, porém, alimenta dissimuladamente a vaidade e rapidamente leva ao orgulho da mente. Muito dano pode advir disso. Viu-se que as pessoas que são estimadas por sua compostura se mostraram de repente capazes das paixões mais sombrias. Na realidade, elas estavam se escondendo atrás de uma conduta tão perfeita quanto frágil.

A boa espiritualidade, portanto, requer um coração sereno, cheio de simples afeto; requer abertura e humildade para pedir ajuda, direcionando as inclinações, especialmente aquelas que poderiam levar à desordem, ao bem, sem esconder o fato de que a imprudência poderia levar ao erro. Uma boa espiritualidade nasce sempre de sentir-se amado apesar das limitações e não da dor de não ser como se gostaria de ser. Uma boa espiritualidade é alimentada pela experiência do amor gratuito e do perdão e, por sua vez, gosta de perdoar. Porque perdoar é como regenerar-se para a vida. E aquele que se regenera sente que está vivo.

A boa espiritualidade é amiga da humanidade simples, que se mantém amável apesar de haver defeitos. Pois o coração é como a luz que tranquiliza e alegra; um coração acolhedor restaura aqueles que o encontram; um bom coração supera as misérias inevitáveis. O homem bom é perfeito, mesmo que não possua muitas virtudes.

Sobre a oração

"Não recebeis porque não pedis; pedis e não recebeis porque pedis de modo errado" (Tg 4,2-3), é assim que Tiago se refere aos cristãos de seu tempo. E é preciso reconhecer que isto também se aplica a nós. Nós reclamamos que Deus não ouve nossas orações, embora o que pedimos a Ele seja bom, e muitas vezes nem mesmo para nós, mas para nosso próximo. Mas não nos ocorre que talvez sejamos nós que não sabemos como rezar. Não basta que nos dirijamos a Deus com devoção, nem que o objeto de nossa oração seja bom em si mesmo. Nossa oração só será ouvida se estiver unida à oração do Filho.

Quando oramos, estamos nos unindo ao Filho, que está sempre se voltando para o Pai; quando dizemos "Pai nosso...", estamos nos unindo à oração de Jesus, que de sua condição humana se volta para Deus. Os cristãos devem ser completamente assimilados a Jesus, devem ter os mesmos sentimentos que Ele tinha, devem estar completamente voltados para o Pai, desejosos de que sua vontade seja feita na terra como no céu; devem ser completamente abandonados a Ele, com uma confiança inabalável e dispostos a carregar o fardo da cruz com Jesus, para que o mundo seja salvo; finalmente, aquele que reza deve ser, como Jesus, completamente oferecido ao Pai, sem que nada mais o obrigue a sua própria vontade. Se aquele que ora será uma só coisa com Jesus, então sua oração será ouvida segundo a vontade do Pai. Pois o Pai só ouve a voz do Filho, e as vozes que ressoam com Ele.

Sobre a conversão

Certamente já experimentaste que muitas vezes, apesar das intenções mais generosas, estás em meio ao tumulto que querias deixar para trás. De fato, parece que sua mente é dominada por uma força maior do que aquela que generosamente move sua alma.

Os antigos falavam do homem como um ser composto de corpo, alma e espírito. Podes compreender, então, como o espírito pode ser movido por generosas intenções e resolvido para o serviço de Deus, enquanto a carne pode permanecer ligada por seus próprios hábitos e más inclinações, contradizendo o que o espírito generosamente resolveu.

A alma, que está presa no meio, é puxada de ambos os lados: ela sente o chamado ao bem superior, mas ao mesmo tempo sente o estímulo dos sentidos, que exigem o que eles estão acostumados a receber. A mudança da vida não será, portanto, uma questão de pensamento claro ou de generosidade de propósito, mas sim de educar pacientemente nossa humanidade e suas necessidades, como se faz com uma criança, com quem é necessário usar doçura e persuasão, mas com quem às vezes também é necessário usar firmeza e severidade.

Tende em mente, portanto, que o Senhor já lhe deu uma grande graça, concedendo-lhe clareza de juízo e desejo de servi-lo; portanto, agradeça e expresse seus elogios todos os dias, juntamente com o pedido de que sua boa proposta seja consolidada e enraíze profundamente em seu coração. E pedir incessantemente para crescer no amor por Ele, porque só daí vem a capacidade de superar a força de uma natureza retrógrada. Então, com paciência, como fazes com as crianças, comece a educar sua própria natureza, afastando-a dos muitos maus hábitos adquiridos ao longo do tempo, sem desistir se, apesar de seus esforços, ela continuar a seguir seus impulsos. A natureza se move com base nos estímulos que recebe. Há alguns que são próprios, como a fome, a sede, a necessidade de descanso. E há outros que são induzidos pelo uso, como o gosto pelo que parece belo e agradável aos olhos, ou pela suavidade. Bem, fará muito bem em desviá-lo de qualquer coisa que possa despertar nele o desejo. Se, então, o desejo não é despertado por um objeto material ou por uma situação contingente, mas pela memória de experiências passadas, será útil manifestar estes pensamentos a uma pessoa espiritual, para que ela perca sua força; pois o desejo mantido em segredo tem muita influência, enquanto que o que foi manifestado pouco pode fazer. E mesmo nas coisas necessárias, para não exagerar, mas sim para controlá-lo, é melhor determinar a tempo e sem o estímulo da paixão como e com o que satisfazê-lo. Finalmente, pode haver hábitos desordenados que gravaram tão profundamente sua marca que são difíceis de serem apagados. Às vezes é necessário defender a liberdade do próprio espírito contra eles, negando resolutamente a satisfação que eles exigem. Isto se consegue pouco a pouco, mortificando os sentidos, especialmente a garganta e os olhos.

Em tudo isso deixe-se guiar humildemente por uma pessoa espiritual, e logo terás a alegria de ver como tudo em ti é direcionado para Deus. Finalmente, peço-lhes que não sejam fáceis em seu julgamento do que fazem, mas que deixem isso para Deus, que vê o coração de cada um de nós, e que sozinho sabe quanto de nosso comportamento desordenado vem de um coração agarrado pelo pecado, e quanto dele vem de uma natureza que não quer se permitir ser educada. É o próprio Senhor que permite uma certa incapacidade, para que possamos permanecer humildes e não nos iludir de que nos tornamos perfeitos, se por vezes conseguimos nos superar.

Sobre a liberdade interior

O evangelho adverte sabiamente: "Onde estiver teu coração, ali estará também tua alma" (Mt 6,21). Se nosso trono está no céu e trabalhamos para preservá-lo lá, fazendo não a nossa própria vontade mas a de Deus, manteremos nossa serenidade e a maior calma interior aconteça o que acontecer, porque sabemos que só Deus é Senhor do tempo e da história. Se, por outro lado, estamos atados à nossa própria vontade, justificando-nos protestando que ela é boa e razoável e que não há nada melhor do que aquilo que ela tenazmente quer e deseja, só encontraremos nossa segurança e consolo em sua realização, e ficaremos expostos à ansiedade sempre que nos parecer que ela está no caminho. Por isso, esforce-se por guardar "tesouros no céu, que a traça não come e a ferrugem não corrói, nem os ladrões roubam" (Mt 6,20).

Se tiveres que cuidar de negócios nos quais é preciso defender seu bom direito, será muito conveniente para ti que nunca considereis como inimigos aqueles com os quais tendes de lutar; pois São Paulo ensina que "nossa batalha não é contra criaturas de carne e sangue, mas contra principados e potestades, contra os governantes deste mundo de trevas, contra os espíritos do mal que habitam nas regiões celestiais" (Ef 6,12). Sempre que o mal atravessa nosso caminho e nos faz parar, devemos permanecer calmos e dispostos a fazer a vontade de Deus em todas as coisas, sabendo que Ele conduzirá as coisas de todas as maneiras de acordo com seus propósitos.

O poder das imagens

Evite o máximo possível aquilo que produz em ti uma emoção muito forte. Pois o espírito reage da mesma forma que o corpo: se recebe um golpe que lhe causa dor, demora um pouco antes que a dor desapareça, e não raro, se assume uma posição incomum, a dor se repete. Assim é com o espírito; se te expuseres a uma experiência que se imprime fortemente nela, terás dificuldade de embotar a memória dela, isso exigirá tempo e esforço. E isto é particularmente verdadeiro no que diz respeito aos apetites que estão mais vivos em ti por causa de inclinação, experiência passada ou vício. Isto é especialmente verdade se possuis uma sensibilidade particularmente delicada. Observe como, mesmo nos homens mortificados, pela própria natureza da natureza humana, permanece alguma inclinação para apetites sensíveis; portanto, é importante manter-se à distância de tudo o que pode despertá-los.

Se prestares atenção, verás que os sentidos vão espontaneamente em direção a qualquer coisa que possa satisfazer seus apetites.

De todos eles, porém, é a visão aquela que mais tem necessidade de ser dominada. Pois os olhos podem vaguear por toda parte e se fixar em objetos que, mesmo que não pareçam ser particularmente atraentes por causa do exercício da virtude, ainda assim se imprimem na mente, estimulando os sentidos mesmo escondidos da vontade. Para que, mesmo que se dedique às coisas habituais e com o esforço habitual, continue a existir um mal-estar, uma frustração da qual não se compreende com a razão, como acontece com as crianças que, não tendo conseguido obter o que desejavam, seguem suas tarefas com um rosto amuado, procurando a oportunidade de obter para si mesmas o que o tutor lhes havia negado. Os sonhos agitados, dos quais despertas sem o benefício do descanso que desejava obter dormindo, às vezes lhe revelam a razão que perturba sua paz; muitas vezes trazem à tona objetos distantes ou maltocados, mostrando-lhe claramente o que os desejos obscuros habitam em seu coração, e como, apesar do exercício da virtude, as raízes da sensualidade permanecem tenazes. Portanto, não deves estar sob nenhuma ilusão, pois podes moderar o ímpeto da sensualidade, mas não pode erradicá-la completamente, e, com a sabedoria sugerida pelos homens santos que foram os primeiros a vivê-la, deves tomar todo o cuidado para mortificar sua aparência, especialmente quando sente que eles podem descansar sobre imagens provocadoras, pois nada mais do que estas têm o poder de reavivar aquelas inclinações insanas que pareciam ter desaparecido completamente. E se dominas a aparência, poderás mais facilmente dominar os pensamentos. Somente aqueles que estão verdadeiramente mortos para o mundo, porque seu coração vive em Deus e somente pela graça que dele recebem, podem sair incólumes, e somente por um tempo muito curto.

Sobre o equilíbrio

Notaste, por certo, que quando estás cansado ou quando tem uma ferida em seu coração, tudo se torna mais difícil. Pois se seu coração está ferido, mesmo que tentes te controlar e, com a graça de Deus, consiga escondê-lo, essa ferida cicatrizante lhe retira as forças e há sempre um momento ou ocasião em que, quando menos esperas, essa dor toma conta de ti e te leva a agir de um modo que não queres.

É por isso que, como nos males do corpo, é necessário cuidar das feridas do espírito e sua saúde. Mesmo que te sintas forte, ainda assim és fraco. Portanto, tende a humildade de descansar. Mesmo que todos estejam a te solicitar, exigindo seu tempo e ajuda, deves ter a humildade de te afastares durante o tempo necessário para recuperar suas forças. Não se considere indispensável: este mundo foi feito sem ti, e continuará quando estiveres fora.

Sobre a humildade

Para surpresa dos cristãos de Corinto, São Paulo proclama que nada, nem mesmo o heroísmo do martírio, vale a pena se faltar a caridade: "Ainda que eu falasse a língua dos homens e a dos anjos, sem a caridade eu nada seria; seria como um bronze que soa ou um címbalo que tine. Ainda que eu tivesse o dom da profecia, conhecesse todos os mistérios, tivesse todos os conhecimentos e a plenitude da fé para mover montanhas, sem a caridade eu nada seria. E se distribuísse todos os meus bens e entregasse o meu corpo às chamas, sem a caridade eu nada seria" (1Cor 13,1-3). Justamente por isso, os Padres ensinam que o monge virtuoso, que alcançou alturas elevadas em santidade, é carregado pela terrível tentação do orgulho: consciente e feliz com suas realizações, ele se apresenta a Deus de forma humilde, mas intimamente convencido de que tem direito ao que é e será sempre apenas um dom. De fato, ele pode agir como um gentil mestre daqueles que, sabendo que não têm virtudes, o olharão com veneração e o elegerão como seu guia, mas em seu coração ele se sentirá melhor do que aqueles que se confiam a ele, e apesar de seu comportamento resignado ele viverá com a presunção de que obteve para si o que vem da misericórdia divina. Estas pessoas de vida reta, mesmo que tenham alcançado a virtude com grande esforço, se não tiverem muito cuidado para se manterem humildes e vigilantes contra os enganos do maligno, facilmente verão o que presumiram ser uma rocha segura transformada em palha. Para o diabo não poder obter seu consentimento para aqueles vícios que agora desprezam, dá-lhes a presunção de que isto é suficiente para ser aceitável a Deus. Assim, sem se darem conta, são levados a sentir, embora não pensem, que a salvação que vem somente da bondade de Deus é sua própria realização.

Que ninguém, portanto, confie em sua própria virtude, ainda que possa viver com todo cuidado as regras estabelecidas por seu abade, mas que mantenha seus olhos fixos no infinito amor de Deus, que ama suas criaturas uma a uma e quer cada uma perto de si em sua casa.

Sobre o pecado e a graça

Tende em mente que existe uma fonte da qual pode fluir o licor da graça, mas também o álcool da rebelião. Esta fonte é a dor. Somente Deus pode curá-lo; somente Ele pode dar-lhe um coração novo. Somente Deus é capaz de suportar o sofrimento sem que a ira o leve a destruir aquele que o infligiu. Mas quando esta dor permanece escondida nas profundezas da alma, então ela é ainda mais perigosa, porque procura – e geralmente encontra – mil saídas e se traduz em excessos de todos os tipos, que causarão mais dor, que será a causa de novos pecados. Às vezes, a dor insuportável leva alguém a pedir, a gritar a Deus, para que Ele, que pode fazer todas as coisas, finalmente ponha um fim a isso e venha com sua retidão para perturbar os caminhos dos ímpios. Mas se pensas que aquele de quem recebes tanto mal é a pessoa que mais amas, ainda terás força para gritar e exigir que Deus faça justiça? Ou então, em nome do amor, não deterás a mão que está prestes a golpear em nome da justiça que invocaste?

O perdão pode acalmar e até mesmo curar essa ferida. Mas é somente pela graça que o perdão pode ser oferecido à ofensa, e é somente pela graça que a dor pode ser curada. Acontece quando é aceita e experimentada como uma participação íntima na dor de Deus pela dor da criatura. Então a dor da criatura, qualquer que seja sua causa, torna-se uma participação mística na dor de Cristo.

Paradoxalmente, o que instintivamente fugimos descobrimos como um dom singular; o que nos move à rebelião contra Deus descobrimos como pura graça: é a *sapientia crucis*, graça sublime, o privilégio dos eleitos.

É mais importante do que as imagens garantir que o coração não sofra ferimentos que lhe causem tanta dor que não possa se conter, porque depois sucumbe como uma besta ferida: torna-se feroz ainda que seja habitualmente mansa e não há como mantê-lo imóvel, a não ser tentando evitar seus ataques, permitindo-lhe tudo o que deseja. Mas mesmo assim, a paz e o sossego serão apenas uma ilusão, pois nunca serão saciados, nem se tornarão domados. Ao contrário, aprenda com o dono que nota que o cão tem uma pata ferida: com prudência e coragem ele se aproxima dele e agarra sua pata, mesmo que a besta mostre seus dentes ameaçadores, arranca o espinho e o cura; assim, quando o mal cessa, o cão se torna domesticado ao seu comando. Pois se ainda houver alguma ferida aberta no coração, será muito mais difícil dominar as paixões. Portanto, peça ao Senhor com insistência confiante para curar seu coração da dor que o atormenta, e estarás livre do pecado.

Cuidado com o demônio, que envia armadilhas pelos caminhos atraentes da inteligência

Acontece que o diabo pode perturbar aqueles que buscam o Senhor por meio de um raciocínio sutil. Em uma inspeção mais detalhada, eles repetem de diferentes maneiras as dúvidas que levaram Pedro a se opor a Jesus quando Ele anunciou que queria ir a Jerusalém, onde a paixão o esperava. De fato, é incompreensível para o homem que Deus tenha escolhido ser fraco a ponto de escandalizar aqueles que confiaram nele e, tendo acreditado nele, se viram sobrecarregados pela mesma desgraça. E é ainda mais incompreensível que este sacrifício não tenha mudado o destino daqueles que vieram depois, já que Deus continua a se mostrar tão fraco para os homens. Portanto, não é raro que esse escândalo seja tão insuportável que se busque interpretações complexas das Escrituras, com a finalidade de retirar Deus do que parece ser uma crueldade flagrante e para aliviar a consciência daqueles que se sentem traídos, não menos que os apóstolos, pela fraqueza de Jesus. Se estiveres procurando respostas para satisfazer a mente que está ansiosa por um raciocínio agudo, não encontrará nenhuma; ao contrário, experimentará como Deus pode se esconder dos olhos daqueles que fingem fazer dele um sábio racional. A única maneira de sentir com o coração a verdade íntima do que permanece um mistério inextricável para a mente é viver a caridade, que é o fruto maduro das escolhas do Senhor oferecidas aos homens.

É por isso que um velho mestre nas coisas do espírito, que confiou ao jovem quanto esforço ele havia gasto no estudo e na oração para compreender o escândalo da cruz, depois de tê-lo escutado longamente, não lhe disse nada mais do que cuidar de um monge ancião que estava doente e, além disso, até agora incapaz de compreender nada. Então ele foi e cuidou do velho, e o fez por um dia, e depois outro, e outro, e mais outro, e mais outro, e mais outro, e mais outro. Como achava difícil servi-lo, já que o ancião não lhe perguntava nada nem respondia suas perguntas, e como não sabia o que fazer, voltou para o mestre e lhe disse: "Não sei o que fazer"; o monge lhe respondeu: "O que lês no evangelho?" O jovem pensou por um tempo, e então respondeu: "Ama teu próximo como a ti mesmo, e faz aos outros o que queres que eles te façam". "Bem", disse-lhe o mestre, "faça como diz o evangelho". O jovem voltou para a cela do velho doente e começou a servi-lo com grande solicitude, como lhe pareceu melhor. Por fim, o velho morreu e o jovem monge voltou para seu mestre, que o fez sentar-se a seu lado e se dedicou a ouvi-lo com paciência. O jovem monge começou então a narrar o que havia acontecido durante o tempo que havia passado no serviço daquele ancião enfermo. Quando ele terminou, o professor lhe perguntou: "O que sentes em teu coração?" "Uma grande consolação", respondeu o jovem. Ele disse: "Aprenda, então, que a fraqueza de Deus é maior do que a força dos homens, e a tolice de Deus é maior do que a sabedoria de todos os homens sábios. Nunca serás capaz de penetrar nos mistérios de Deus, mas serás capaz de mantê-los dentro de ti mesmo; então poderás compreender o que não pode ser compreendido. Quando vives a caridade sem esperar qualquer recompensa, o Espírito de Deus se instalará em seu coração e lhe dará uma sabedoria que não se expressará como os homens desejariam, mas a sentirás fluir em ti como uma vida mais forte do que qualquer medo, como uma luz que guia o caminho na escuridão.

Sobre a desolação

O inimigo da natureza humana sabe como ser muito astuto com as pessoas espirituais, tentando levá-las por todos os meios à hostilidade para com Deus. Ele coloca suas armadilhas mesmo em momentos em que o Senhor quer se manifestar, tais como a oração. Particularmente se o Senhor está um pouco atento, a fim de fortalecer a fé, porque deseja ser amado e honrado pelo que Ele é e não pelo consolo que acompanha sua manifestação na alma, o maligno tenta trazer o pensamento de volta ao que a memória guarda de desagradável. Ela explora habitualmente o defeito predominante, para o qual a memória normalmente é mais rica, desperta ressentimento e ira, de modo que no final eles são dirigidos ao Senhor, que aparece naqueles momentos como injusto e injustamente mudo. É muito útil, em tais momentos, lembrar os benefícios do Senhor, como seu amor pela criatura é sempre muito prático, podemos então ver que o Senhor de fato cuida de nossas necessidades e muitas vezes até nos dá o supérfluo. Se, então, em vez de esperarmos que o Senhor nos dê grandes dons espirituais, que não está claro o que eles devem ser, exceto aqueles que Ele prodigaliza a cada um de nós nos sacramentos e no serviço da Igreja, se, em vez de pensarmos muito nas coisas, prestarmos atenção ao cuidado amoroso que Ele tem por cada um de nós nas coisas concretas, descobriríamos imediatamente para onde esses pensamentos estão nos levando e eles seriam colocados em repouso com grande paz de espírito.

Há mais uma coisa que deves ter em mente, pois não é menos importante do que as mencionadas acima, e que é que o maligno, a fim de induzi-lo a se rebelar contra o Senhor, começa derramando óleo sobre suas feridas mais profundas, e então derrama em seu coração o vinagre do ressentimento contra Deus, que, de acordo com o que ele perversamente sugere, não o favoreceu como seria justo esperar de um Deus tão grande e tão bom. Todos têm algum tipo de ferida, muitas vezes dolorosa, e Deus sabe disso e a sofre com a criatura. De fato, mesmo a ferida mais dolorosa é o santuário no qual todos podem descobrir Deus em solidariedade e salvação. Não foi Ele quem o infligiu, mas Ele o toma e o santifica, sofrendo dele como das feridas de seu Filho amado, a quem Ele vê no homem que sofre. No entanto, devemos muito humildemente buscar ajuda, pois às vezes somente o testemunho e a fé da Igreja podem nos apoiar em nossos esforços. E então é sábio lutar por todos os meios para um equilíbrio saudável do coração, curando suas feridas com a ajuda de Deus e do abade, para que elas não se tornem rapidamente ninhos de vermes devoradores.

Detende tua mente neste pensamento: quando nosso Senhor sofreu na cruz, o Pai não estava menos perto dele do que está na glória do Paraíso, e por causa daquela comunicação divina que existe entre as Pessoas Divinas, o Pai experimentou, com a intensidade que só Deus possui, os sentimentos do Filho, que eram de fato de amor infinito, mas, como homem, também de sofrimento indescritível. Portanto, a dor da criatura é conhecida de Deus, que compartilha dela por causa de seu amor pela obra de suas mãos e, sobretudo, porque toda voz que clama a Ele é o eco do Filho que clama a Ele desde a cruz. Portanto, ao buscar o alívio adequado de seu sofrimento, não deixe de oferecer ao Pai o que fere sua alma e sua carne como uma renovação no momento do sacrifício da cruz e daquele dia abençoado em que o amor das Pessoas Divinas derrotou para sempre a morte e abriu as portas da vida. Todo sofrimento é conhecimento na carne do sofrimento de Deus.

O mal está à espreita em tua porta, mas podes dominá-lo

A Escritura diz bem: "O mal está à tua porta, mas podes dominá-lo" (Gn 4,7). É inerente à natureza humana estar inclinado a tudo o que a impulsiona. Somente um coração completamente absorvido em coisas espirituais torna alguém surdo às solicitações da paixão. Então descubra como é importante fugir do cerco daquelas imagens que gostariam de se impor à sua atenção e distraí-lo de Deus e de suas coisas. Cuidado com as manobras do maligno, que irá ao seu redor até encontrar uma maneira de insinuar sua bajulação. Se descobrires tua fraqueza, poderás ter certeza de que é ali que ele concentrará seus esforços para te induzir a cair.

Melancolia

Às vezes a melancolia parece ser um mal do espírito. Contra a melancolia, nem muita oração nem muito jejum podem ajudar. Os vícios aos quais a melancolia se inclina são apenas o alimento ilusório de um coração insatisfeito. Quando um monge está sempre insatisfeito, quando vê apenas falhas em sua comunidade, quando diz que aspira à vida mais perfeita, quando se queixa das mitigações do mosteiro, mas não renuncia a nenhuma delas; ele não sabe apreciar os frutos de seu ministério e é mais crítico dos fiéis do que agradecido, e nunca está satisfeito com a estima e o afeto que recebe de seus vizinhos, mas apenas parece feliz – e mesmo assim apenas por pouco tempo – quando se encontra no centro das atenções daqueles cuja estima ele deseja. As manifestações de vícios, que normalmente o acompanham em segredo, só serão prova disso. O monge que reconhece esta mudança de humor em si mesmo deve abrir seu coração para seu abade, que lhe ensinará as maneiras de evitar o fascínio do mal, não excluindo a mortificação ou penitência. O abade, por sua vez, terá que lembrar que o que falta ao monge certamente não é sinceridade de propósito, nem o desejo de ser melhor – pelo contrário, pode ser sua própria teimosia que o impele ao desejo de perfeição –, mas sim força, nem a graça de Deus pode sustentá-lo. De fato, assim como a natureza do junco o faz se dobrar ao sopro da mais leve brisa, de tal modo ocorre com o monge que sofre de melancolia. Não será, portanto, suficiente para ele exercer a virtude – o que requer não apenas determinação mas também habilidade, pois ninguém sujeitaria um corpo esbelto a um grande esforço – mas ele precisará de alguém que o apoie com afeto sóbrio, como será conveniente. Pois ele é como os primeiros gatinhos desmamados, que, mesmo quando adultos, assumem a atitude de sugar o leite da mãe mordendo um cobertor e repetindo com as patas os gestos que faziam na barriga da mãe quando eram bebês. Afinal de contas, nada é suficiente para aqueles que não se sentem amados. O mestre, sendo ao mesmo tempo misericordioso e forte, terá portanto que conduzir o monge pacientemente a um amor-próprio tranquilo e à humildade de aceitar sua pobreza, porque o Senhor ama cada uma de suas criaturas e não desperdiça nada do que Ele criou. Ele terá que ensiná-lo que é a misericórdia que é a virtude mais agradável ao Senhor e que ela nasce da humildade. Quando um monge entende do coração, isto é, tendo experimentado na caridade de seus irmãos, que sua pobreza, longe de ser um obstáculo à perfeição, é antes a razão pela qual Deus tem uma predileção especial pelos pequenos, então ele encontrará a paz e se tornará manso.

Que o mestre preste atenção...

Que o mestre seja muito cuidadoso com aqueles que o abade lhe confiou e que mostram sinais de melancolia. Eles não são adequados para a vida monástica, então ele os envia de volta em paz, mostrando-lhes como, ao invés da perfeição que buscam, encontrariam tormento no mosteiro. Os melancólicos, com efeito, são inclinados a ver apenas a si mesmos e suas próprias necessidades; e mesmo no exercício da virtude, sem se darem conta, buscam a perfeição para satisfazer sua vaidade e não para agradar a Deus, como atestam. (Pois a verdadeira perfeição não é tanto aquela que o monge busca conformando-se em tudo à sua regra – embora este seja o caminho certo –, mas aquela que brota sem que ele tenha consciência disso, como fruto do espírito, pois ele, esquecendo-se de si mesmo, sempre e em tudo busca o Senhor por quem deixou o mundo e suas vaidades.) Às vezes, porém, o cansaço espiritual ou a fraqueza dos sujeitos faz com que um noviço, embora fervoroso, sinta melancolia por algum tempo. É melhor então que o mestre o alivie, dando-lhe tarefas de acordo com sua força, por meio das quais ele se mantém ocupado, usando sua força física e não mental. Estas devem ser tarefas cujo propósito seja claramente aparente, para que seja fácil para o novato dirigir seus esforços com confiança, e ver por si mesmo se ele está fazendo isso corretamente. Ele também deve garantir que não se detenha em longas orações, mas que seja fiel ao coro. Finalmente, com frequência, mas sobriamente, passe algum tempo com ele, tentando mostrar-lhe sua preocupação paternal, mas sem permitir que ele fale mais sobre si mesmo do que é necessário. De fato, aqueles que são melancólicos, sem perceber, gostariam do mestre para si, como se ele estivesse sozinho no mosteiro; do mesmo modo, sob o pretexto da humildade, eles dedicam muito tempo para investigar sua própria alma em vez de fixar seu olhar interior no Autor de toda perfeição. Da mesma forma, quando algum monge idoso está insatisfeito e propenso a murmurar, a razão é que muitas vezes ele sente que não é valorizado ou, o que é pior, é duro de coração. Se o mestre, após repetidas experiências, percebe que não há maneira de levar o noviço à serenidade, que o confie ao abade para que suavemente o reconduza a seu lugar de origem.

Quão importante é a prudência

Muitas vezes encontrei monges que estavam cheios de fervor e ansiosos para viver de acordo com Deus e, no entanto, incapazes de permanecer fiéis ao que tinham resolvido em seus corações. Não lhes faltou sinceridade de propósito, nem ardor para lutar pela perfeição; ao contrário, o que lhes faltou foi a capacidade de resistir ao início da tentação. Todos eles tinham a intenção de atingir o objetivo, mas negligenciaram os meios. Aquele que quer partir para uma viagem e percorrer muitos quilômetros como peregrino a Jerusalém deve primeiro considerar se tem força suficiente; como diz o evangelho, considere se tens meios suficientes para construir uma casa ou se podes tomar o campo contra um inimigo numeroso (cf. Lc 14,28-32). Não basta um propósito sincero, nem o ardor do desejo; é preciso prudência para se afastar de qualquer coisa que possa inflamar o coração daquelas luxúrias contrárias à virtude, e é preciso humildade para dizer ao abade da própria fragilidade, para que, pela obediência, ele possa apoiar a fraca vontade do monge e ordenar-lhe que faça o necessário para alcançar seu fim. Porque é bem conhecido que a carne faz guerra à alma, e é por isso que o Apóstolo Pedro ensina: "Amados, exorto-vos como estrangeiros e peregrinos a abster-vos dos desejos da carne, que fazem guerra à alma" (1Pd 2,11), e o bem-aventurado Paulo: "Que o pecado não reine mais em vosso corpo mortal, para que estejais sujeitos aos seus desejos; não oferteis vossos membros ao pecado como instrumentos de injustiça, mas ofertai-vos como oferendas agradáveis a Deus e vossos membros como instrumentos de justiça para Deus" (Rm 6,12-13), e ainda: "Agora os que pertencem a Cristo Jesus crucificaram sua carne com suas paixões e desejos" (Gl 5,24). Pois a carne é muito fraca, e a graça não é suficiente para sustentá-la, se não for acompanhada pela prudência em evitar a ocasião do mal.

Ainda sobre prudência

Certamente observaste que mesmo as intenções mais sinceras e generosas são às vezes incapazes de resistir à força das paixões; é como se forças estivessem em ação dentro de nós que dificilmente estão se movendo na mesma direção, de modo que nos sentimos intimamente divididos. Se, portanto, examinares longamente teu coração, notarás o quanto uma imagem que o atingiu, um evento que testemunhaste ou foi contado, a impressão feita por uma palavra... mudou seu humor a tal ponto que fostes capaz de mudar a maneira como te sentes, a ponto de mudar seu humor e de privá-lo do sono ou, inversamente, a ponto de lhe dar paz se estivesses agitado. As intenções, que são fruto de um julgamento correto, dificilmente podem resistir à pressão dos efeitos. Eles ficam agitados sempre que os sentidos são afetados; de fato, pode-se dizer que os afetos são apenas o tilintar dos sentidos, um tilintar que pode tornar-se tão alto e insuportável a ponto de superar a resistência da razão correta. É por esta razão que o homem espiritual que busca a perfeição de todo o coração, e que deseja ser fiel a seu propósito, se esforça para manter-se fiel a uma vida ordenada, isto é, de modo que seus sentidos e as necessidades de seu corpo não sejam negligenciados nem brandos, mas educados para a sobriedade, nem se expõe a excessivas fadigas do corpo ou da mente. Nem todos são chamados por Deus a trabalhar muito ou por muito tempo. É preciso ter cuidado, portanto, para evitar qualquer coisa que possa fazer a fome crescer fora de qualquer proporção, para que o apetite não se torne tão incontrolável a ponto de quebrar o baluarte levantado pelas boas intenções.

O monge será particularmente cuidadoso em não dar espaço a coisas que possam colocar em perigo sua modéstia e a pensamentos que despertem a ira. O monge tentará antes de tudo evitar qualquer coisa que desperte sensualidade, com o olhar mortificado e mantendo-se longe de pensamentos perturbadores. Ele, com frequência, descobre que o inimigo da natureza humana, para humilhar o monge fazendo-o cair, o induz a se deter sobre curiosidades insalubres, sobre os bens dos outros, que parecem mais apreciáveis que os seus, ou sobre algo que o enojou, sobre uma ação errada do abade ou sobre uma injustiça sofrida ou mesmo sobre um fracasso que o queima... gerando tristeza em seu coração. Ela cresce rapidamente e se torna como uma fome insaciável, como uma necessidade à qual ele não pode negar satisfação; nesse ponto será muito fácil para o inimigo fazer as pessoas esquecerem suas intenções e proporem seus frutos anteriores. O inimigo então achará muito fácil fazer o monge esquecer suas intenções e propor os frutos de seus esforços. A melancolia num corpo enfraquecido é como a sede num homem que atravessou o deserto: ele é salvo do calor, mas cai facilmente vítima de sua sede. É por isso que se deve ter cautela e se deve manter o meio-termo certo. E se a luta parece muito difícil para a força do monge, o monge deve ir rapidamente ao seu abade e denunciar humilde e decididamente o laço do inimigo e sua própria fadiga, e a fé da Igreja o apoiará sem falha.

Sobre a necessidade de repouso

A necessidade de repouso é proporcional ao cansaço. Há o cansaço que vem do trabalho honesto; há o cansaço acumulado do esforço de suportar o fardo da própria natureza; e, finalmente, há o cansaço que vem da impureza ou de circunstâncias imprevistas. O primeiro cansaço deve ser proporcional à força do monge, e o abade deve tomar cuidado para que o monge não exagere e que lhe seja dado o trabalho que melhor se adapte às suas habilidades. O segundo é ser temperado pelo cuidado espiritual, para que, aprendendo a dominar a paixão da ira, o monge alcance uma liberdade interior cada vez mais plena. O terceiro cansaço é próprio da alma, que é tocada onde as paixões dos sentidos têm suas raízes mais profundas, e deve ser curada pela atitude de viver na luz, ou seja, abrindo o coração ao abade e confessando o que está escondido ali. Aquele que trabalha no campo faz um trabalho duro, e à noite seus membros são pesados pela fadiga; mas o escriba, também, que não carrega pesos, nem estica suas costas até a brida, mas se senta por muito tempo curvado escrevendo boas cartas, sentirá à noite sua mão doer e seus olhos cansados. Da mesma forma, o cozinheiro e o adegueiro e os que cuidam dos animais: cada um carregará seu próprio cansaço à noite, e sentirá o peso de acordo com sua força e idade, e cada um precisará descansar e restaurar seus membros a fim de começar um novo dia frutífero. Estes são trabalhos que são facilmente restaurados pelo sono, de acordo com nossa sensação de bem-estar. Existem, entretanto, outros fardos que pesam sobre a alma: estes se devem em parte ao coração, que facilmente sente contradições e com frequência se detém em suas feridas, e em parte à imprudência com que a mente se expõe ao que estimula as paixões.

Estes trabalhos da alma são muito mais profundos do que os do corpo e requerem um longo tempo para assentar, e dormir nem sempre é suficiente. Algumas vezes eles se beneficiam do esforço físico, parecem derreter nele, e a alma é restaurada à paz; outras vezes, porém, o esforço não é suficiente, porque eles acrescentam ao esforço físico e, se não for dado o descanso adequado, a melancolia pode se instalar. Portanto, o monge prudente, que busca a perfeição com todo o seu coração, abrirá seu coração ao seu abade e se confiará a seus cuidados. O abade, por sua vez, fará com que ele seja designado para uma obra de seu próprio gênio, porque aquilo que é feito de boa vontade e que envolve os afetos é mais restaurativo do que qualquer sono. Acontece também que o monge, por alguma razão, é perturbado por uma imagem, ou que as antigas são reavivadas, depositadas em uma memória sempre necessitando de purificação.

Elas podem ser tão vivas a ponto de impedir até mesmo o sono, ou de torná-lo fatigante em vez de restaurador, como quando uma febre irrompe. Tudo isso acontece por causa da excitação que eles causam. Pode-se entender, então, que é necessário que o monge evite emoções que possam pesá-lo e alterar a ordem à qual a regra a que está sujeito tende, a fim de ajudar sua alma a buscar a perfeição e a paz. Quanto mais sua alma se acalma, menos tempo ele precisa para repor suas forças; quanto mais seu coração se liberta das imagens, melhor preparado ele estará para cantar os louvores de Deus. Quanto mais seu coração se libertar das imagens, melhor preparado estará para cantar os louvores de Deus. Para se libertar de tais sugestões perniciosas, ele pode dizer ao abade o que está oprimindo sua mente, e, tendo confiado tudo à Igreja, ele não mais carregará esse fardo sozinho. Então deixe-o contar com o exercício que seu bom pai lhe dará para encontrar a paz e a tranquilidade. Finalmente, nunca se esqueça o monge prudente de que a vida do espírito requer a harmonia de tudo.

O mal habita em teu interior

"Por que estás irritado e por que teu rosto está abatido? Se ages bem, não deverias continuar assim. Mas se não ages bem, o pecado está à espreita em tua porta; teu impulso está em ti, mas deves controlá-lo" (Gn 4,6-7). É com essas palavras que Deus se dirige a Caim, zangado porque sua oferta não foi apreciada. Mas por que o Senhor se expressa desta maneira? Certamente para nos fazer compreender que a inclinação ao mal faz parte de nós e devemos aprender a nos defender contra ele. Certamente notaste que, às vezes, um gosto por certas inclinações malignas se instala e não pensas mais nisso. Se examinares cuidadosamente a ti mesmo, notarás que é como se algo que parecia morto em ti estivesse voltando à vida: é como quando uma leve chuva cai sobre o deserto, lâminas de grama brotam imediatamente entre as pedras. Uma série de demônios armados até os dentes está esperando, prontos para tomar posse da casa bem--ordenada, se apenas pararmos de observar por um momento, distraídos por algo que despertou nossa curiosidade. Assim, uma imagem que chamou sua atenção, um pensamento provocado por uma ocasião imprevista, pode dar nova vida – e uma vida terrivelmente violenta! – às paixões que pensavas ter conquistado para sempre. Pelo contrário, serás capaz de reconhecer onde se escondem as paixões que podem prejudicá-lo, prestando atenção ao objeto que mais atrai sua curiosidade e capta seu interesse de tal forma que, se estivesses numa encruzilhada e tivesse diante de si o caminho reto e ordenado da santa regra e o caminho atraente dos velhos vícios, te sentirias ao menos por um momento em dúvida sobre o caminho a seguir, apesar do sofrimento que o vício sempre traz. O homem é um homem com a fraqueza da qual ele se queixa e pede ao Senhor que o sustente. É por isso que, conscientes disso, devemos tomar todo o cuidado para que não seja posto à prova: esta é a nossa parte na superação do mal que espera incessantemente por uma oportunidade de nos sobrecarregar, humilhando nossos esforços para viver na luz. Fracos como somos, porém, estamos sempre em condições de superar os impulsos malignos que nos assaltam os sentidos, se eles forem despertados de fora. É uma questão diferente, porém, quando, por causa de nossa própria malícia, nos expomos aos ataques da concorrência. É por isso que o

Senhor diz: "Se não ages bem, o pecado está à espreita junto a tua porta", como um cão que foi expulso de sua casa, esperando que a porta fique entreaberta para que possa entrar e destruí-la. Portanto: "Aja bem", isto é, seja inquisitivo e não se deixe apanhar pela curiosidade; finalmente, sabendo onde suas paredes são mais fracas e onde a luxúria pode romper, abra seu coração para o pai de sua alma, para que ele possa lhe dar bons conselhos sobre como se defender. Não tenha medo, mesmo que fosse o mais endurecido dos pecadores: a luxúria é como uma trombeta, que não faz som a menos que seja soprada com força, ou um címbalo que não ressoa a menos que seja golpeado.

Caridade

O que seja a caridade como diz o Apóstolo Paulo: "A caridade é paciente e bondosa, não é ciumenta nem orgulhosa, não busca sua própria vantagem, nem considera o mal recebido. Satisfaz-se com a justiça e regozija-se com a verdade. Tudo perdoa, tudo confia, tudo espera, tudo suporta" (cf. 1Cor 13,4-7).

Ao doutor da lei que lhe pergunta qual é o primeiro e maior dos mandamentos, Jesus responde que há dois mandamentos a cumprir: "Amarás o Senhor teu Deus com todo o teu coração, com toda a tua alma, com todas as tuas forças, com todo teu entendimento, e a teu próximo como a ti mesmo" (Lc 10,27). Mas como é possível, pode-se dizer, comandar o amor? O coração pode ser obrigado a ter outros sentimentos além daqueles que sente espontaneamente?

Vejamos, então. Jesus, ao dizer "amarás", diz imediatamente "com todo o teu coração". Em outro lugar, Ele ensina: "O homem bom tira o bem do tesouro bom de seu coração; o homem mau tira o mal de seu tesouro mau, pois a boca fala da plenitude do coração" (Lc 6,45). No coração, então, são concebidos pensamentos, que às vezes são apoiados por sentimentos, e às vezes dificultados por eles. Assim, a alegria da amizade ajuda a conceber pensamentos benevolentes, enquanto o medo estimula a hostilidade e a memória de um mal sofrido leva à vingança. Então Jesus também diz: amarás "como a ti mesmo". Devemos amar nossas vidas e queremos suprir nossas necessidades com cuidado. Mas sabemos que muitas pessoas não se amam, seja porque não fazem nada para cuidar de sua própria alma, preparando-se assim para um lugar entre os condenados, seja porque não sentem mais nenhuma razão para viver, que é o que acontece com aqueles que se retiram para dentro de si como se não vivessem mais entre os homens. Mas considerando um homem comum, que se preocupa consigo, compreendemos que o amor ao próximo se manifesta bem mais que em sentimentos elevados, na preocupação com suas necessidades. Parece, portanto, que o Senhor quis nos mostrar desta maneira o caminho para conceber aquele amor que nenhum comando pode acender no coração: o caminho da compaixão. Mesmo o inimigo em uma condição triste – mas basta pensar como é triste a condição interior do maligno para sentir compaixão por sua alma – move aquele que tem o olho no céu para a piedade.

Acontece que mesmo os clérigos, tendo um coração endurecido, permanecem indiferentes ou mesmo cultivam sentimentos hostis para com os outros, especialmente se lhes parece que sofreram ofensas; e acontece que as pessoas consideradas grosseiras são capazes de uma compaixão espontânea e simples para com qualquer um que esteja aflito ou necessitado. Acontece também que, ao falar de coisas que foram ouvidas, os homens que parecem piedosos se inclinarão para o julgamento, e outros que não parecem piedosos serão mais cautelosos e dispostos a desculpar. No final, Jesus, ao dizer "amor", significa que devemos ser humanos. Aqueles que têm o conhecimento vivo de sua própria humanidade pobre e das necessidades que diariamente procuram remediar (especialmente a necessidade de encontrar bondade e perdão para suas misérias) também têm compaixão pelos outros e amor como o Senhor pede.

Os dons do Espírito Santo

Jesus diz a Nicodemos: "Em verdade, em verdade vos digo que, a menos que alguém nasça da água e do Espírito, não poderá entrar no Reino de Deus. O que nasce da carne é carne, e o que nasce do espírito é espírito" (Jo 3,5-6).

Dessa forma, nosso Mestre e Senhor nos diz claramente que também existe uma vida diferente da vida do corpo, para a qual sabemos como suportar muitas dificuldades e para a qual também estamos preparados para fazer renúncias heroicas. É a vida da água e do Espírito Santo, ou seja, a vida recebida como um presente pelo batismo.

A criança é formada no útero materno durante nove meses, mas se o espírito não encher seus pulmões quando nascer, ela não viverá. Se o Espírito de Deus não lhe dá a vida eterna, certamente morrerá e não viverá, pois "é o Espírito que dá a vida, a carne não tem utilidade" (Jo 6,63). Ninguém pode ser suficiente para si mesmo, e a perfeição é obra do Espírito de Deus. Portanto, aquele que busca a vida pede a Deus, de forma lívida, os dons de seu Espírito. Falando do Senhor que viria em carne e osso, o profeta diz: "O espírito do Senhor repousará sobre ele, um espírito de sabedoria e compreensão, um espírito de conselho e fortaleza, um espírito de conhecimento e temor do Senhor" (Is 11,2). Estes mesmos dons, dados aos apóstolos e a toda a Igreja no dia de Pentecostes, fazem com que os discípulos gostem de seu Mestre. É por isso que é necessário pedi-las incessantemente, como o próprio Jesus ensina quando promete: "Vosso Pai celestial dará o Espírito Santo àqueles que lhe pedirem" (Lc 11,13).

Se tivéssemos a caridade no coração...

Se acarinhamos a caridade tanto quanto acarinhamos os dons de Deus que atraem a atenção das pessoas! Se acarinhamos Deus e a amizade a que Ele chama seus fiéis servos tanto quanto acarinhamos ocupar os primeiros lugares!

Caso já pensaste que o servo do rei está mais próximo dele do que seus ministros? Que o conhece melhor do que ninguém, e que muitas vezes recebe suas confidências mais íntimas?

Há homens que estão preparados para fazer grandes sacrifícios a fim de alcançar altos cargos; eles pensam que servirão à Igreja mais e melhor do que ela é servida agora se puderem assumir responsabilidades importantes. Eles estão iludidos sobre sua própria sabedoria e sobre a obediência daqueles que estariam sujeitos a eles. Eles pensam que alguns escritórios são de particular valor porque são destinados a poucos, enquanto que o que constrói é a caridade à qual todos são chamados.

Examine cuidadosamente a contrição de seu coração

As vezes confundimos a tristeza de nossos pecados com a tristeza do orgulho ferido. Podemos dizer que sentimos tristeza quando sentimos pena por ter ofendido alguém. Pois se percebemos que alguém foi ferido por nossa causa, mesmo antes de vermos se estávamos certos ou errados, temos o cuidado de avisá-lo que não era nossa intenção feri-lo; e se o que aconteceu foi devido a nossa própria malícia, com pesar também apresentamos nosso humilde pedido de perdão. Mas se a tristeza prevalece em nossos corações porque falhamos em nosso dever, por mais generoso que seja, então é o orgulho ferido que nos faz sofrer e não a tristeza por desagradar a ninguém. Se sentíssemos a dor de nossos pecados enquanto sentimos as feridas do orgulho por falhar, quão rapidamente avançaríamos no caminho da santidade!

Aquele que tem algum amor por si mesmo sente o desejo de aparecer também no exercício da virtude: ele faz resoluções e se esforça para colocá-las em prática, ele assume um comportamento muito virtuoso; mas ele age como alguém que assim obtém elogios pelo que fez. O verdadeiro servo de Deus, por outro lado, tem sempre seu Senhor diante dos olhos e não se importa consigo mesmo; o que ele faz não é tanto fruto do estudo, mas vem a ele de seu coração, que busca incessantemente aderir à vontade de Deus; e ele não calcula, nem pensa no prêmio, porque só deseja morar na casa do Senhor todos os dias de sua vida. No mosteiro ele será feliz com qualquer escritório, porque sabe que é a caridade que o aproxima de Deus, e não os escritórios mais importantes. E ele terá o cuidado de fazer tudo como se fosse pelo Senhor, lamentando se, por causa dele, ele não for honrado como deveria. No final do dia, ele agradecerá a Deus por tê-lo chamado ao seu serviço, apresentará a seu Senhor os talentos que recebeu e o interesse que ganhou deles, e pedirá perdão por não ter podido fazer mais, pronto para voltar ao trabalho no dia seguinte, se o Senhor o levantar novamente para trabalhar em sua vinha. O monge que é movido pela caridade de nosso Senhor, e que por isso busca somente o Reino de Deus e sua justiça, não calculará ou julgará a si mesmo pelo sucesso de seus empreendimentos, mas pelo louvor que ele dá a Deus.

Agora podes entender por que és incapaz de superar as más inclinações. A tristeza que tomou conta de teu coração não é o efeito do pesar por ter ofendido um Deus tão grande e tão bom, mas o pesar de não ter conseguido fazeres a ti mesmo parecer melhor aos teus próprios olhos.

Aquele que ama seu Senhor não pensa em si mesmo, mas naquele a quem ele honra ao servir, e sabe que ama seus servos fiéis e valoriza mais sua devoção do que sua capacidade. Pois quem poderia se gabar de ser digno de servir na casa do Senhor? Portanto, quando te esforças para fazer o melhor que pode, é apenas para expressar-lhe dessa forma todo o amor de seu coração e não para que a perfeição de seu serviço possa ser apreciada.

Ao monge sacerdote

Ser sacerdote deve te induzir à maior humildade, pensando que um bem tão grande foi dado a um homem tão pequeno. Portanto, não te julgues superior a ninguém, mas o servo de todos. Pois foi assim que o Senhor instruiu os discípulos: "Vós sabeis que aqueles que são considerados senhores das nações governam sobre eles, e que seus grandes exercem poder sobre eles. Mas não é assim entre vós; mas aquele que quiser ser grande entre vós será vosso servo, e aquele que quiser ser o primeiro entre vós será o servo de todos. Porque o Filho do Homem não veio para ser servido, mas para servir e dar sua vida em resgate por muitos" (Mc 10,42-45). E o discípulo deve ser o mais parecido possível com o Mestre. Por isso, nunca se afaste dele, mas se sirva assiduamente de sua palavra e aceite-a, examinando cuidadosamente o que Ele diz para ti todos os dias. Seria um grande erro que alguém que foi nomeado ministro do Senhor e dispensador de seus benefícios a seus irmãos pensasse que basta celebrar o sacrifício ou ser diligente no coro. Na verdade, ele é obrigado a ser uma imagem viva do Mestre em tudo. Portanto, terás que encontrar seu consolo em apresentar ao Senhor os pensamentos, os trabalhos e as ansiedades de vossos irmãos, de fato de todos os homens, que estão diante dele com as mãos erguidas, como Moisés (cf. Ex 17,11), e ainda mais como nosso Senhor e Mestre, cujos braços permanecerão erguidos até o fim, pregados na cruz, intercedendo pelos pecadores, para que seu trabalho, sustentado por vossa oração unida à do Senhor crucificado, seja vitorioso, produza frutos abundantes e Deus seja glorificado. Da mesma forma, vós que ligais com a misericórdia de Deus as brigas dos corações e levantais aqueles que pecaram e se entregaram à morte, não vos ofendais se algum irmão, deixando-se ir com raiva ou incapaz de conter a impiedade que invade sua alma, abandona a caridade e lança sobre os ombros seus fardos, o mal obscuro e até mesmo a morte que carrega em seu coração. Poderás então sentir-se um verdadeiro companheiro de seu Senhor e Mestre, que desejou carregar os fardos de todos e os carregou até o Calvário, de onde pendeu para a salvação do mundo. De fato, é então que viverás de acordo com o sacramento que lhe fez a verdadeira imagem do Senhor, o único e eterno sacerdote: quando o sacrifício que celebras na missa marca tua carne.

E que a memória da Virgem nisto te sustente, pois permaneceu firme aos pés da cruz, enquanto os insultos e ódios mortais dirigidos contra seu Filho divino caíam sobre ela. E quando o irmão que carregou a cruz por ti, que não pudeste ou não soubeste carregar sozinho, vês seu rosto, em vez de ficar obscurecido de cólera por causa dos golpes que sofreste injustamente, sereno e composto como alguém que está feliz em realizar o serviço pelo qual se apresentou à Igreja, sentirá a presença do Senhor misericordioso ao seu lado, que não quebra o caniço inclinado, não apaga a lâmpada fumegante (Mt 12,20) e não humilha os caídos, mas está pronto para perdoar. E, pela graça de Deus, ele compreenderá que a vida que lhe falta pode ser encontrada em abundância na comunhão de irmãos e irmãs que se amam. Aqui está, então, o que deve estar perto de seu coração e o que o ajudará a cumprir sua missão como sacerdote em todas as horas do dia, o que quer que lhe seja pedido: oferecer a Deus, numa oração santa, a vida de cada um de nós, com toda a alegria e amargura que ela traz; suportar os fardos de nossos irmãos e irmãs com a mesma caridade de Cristo, não resistindo de forma alguma, como fez nosso Senhor quando foi de modo tão infame carregado de nossos pecados em sua paixão e os carregou sem queixa ao Calvário; dispensar com humildade o amor, a força e a misericórdia de Deus em todas as coisas. Se fizeres isso, a celebração do sacrifício eucarístico será para ti o momento em que sentirás que o Senhor, aceitando seu serviço como servo fiel, não só lhe dará a alegria de repetir com Ele, em seu nome e com sua autoridade, as palavras e gestos com os quais Ele se entregou à Igreja sua noiva para ser alimento para a vida eterna e infinita misericórdia, mas fará com que participes de sua alegria divina. Portanto, mesmo que, como sacerdote, possas às vezes ser tratado por alguém com algum respeito, lembre-te que é por causa dele que representas indignamente e não por causa de suas virtudes; pois mesmo que houvesse algum traço delas – e é claro que não cabe a ti julgar –, elas ainda ficariam muito aquém do que seria necessário para um serviço tão santo. Não se preze, portanto, superior a ninguém, e tenha em alta consideração aqueles que o Senhor chamou para os serviços mais humildes e menos estimados, pois no final cada um será julgado e recompensado apenas por sua santidade.

Aquele que se tornou sacerdote foi tomado dentre os diáconos

Recorde que chegaste ao sacerdócio de modo gradativo. O abade escolheu-te entre teus irmãos para que fosses constituído no serviço deles para as coisas do espírito, e te formou pelo estudo do conhecimento sagrado, bem como da virtude; então, sabendo que nenhum esforço humano pode fazer o que a graça de Deus pode, ordenou que, de acordo com o que a Santa Igreja sabiamente definiu, entrasses gradualmente no serviço do altar sobre o qual, no final, deverias te preparar para ascender junto com a Vítima divina. Foi assim que foste ordenado diácono. Ele canta a palavra do santo evangelho diante da comunidade; na noite santa da Páscoa ele proclama as obras de Deus; e quando o primeiro raio de sol rompe a escuridão, ele levanta o canto do *Aleluia*, despertando o sono e reavivando o louvor daqueles que esperaram. O diácono serve no altar e é o mais próximo do padre, mas também lhe são confiadas outras tarefas que completam o que está simbolizado no altar. Ao diácono é confiada a tarefa de acolher os peregrinos: ao chegar, ele lava os pés e os senta à mesa; é o diácono quem cuida dos pobres e não os envia de volta sem esmola; o diácono também instrui as crianças, ensinando-lhes a doutrina e o que é próprio de um bom cristão. Todas essas tarefas, portanto, pertencem a ele, assim como o cuidado com as coisas sagradas. Leia o que dizem as Escrituras: os apóstolos escolheram alguns para cuidar dos pobres (cf. At 6,1-6). Não pense, entretanto, que se tratava simplesmente de distribuir esmolas, pois quem cuida dos pobres não só lhes fornece alimentos, mas dá atenção também às suas outras necessidades e o que mais tem no coração é que, quando provam o amor de quem cuida deles, reconheçam o Senhor. Portanto, o diácono é, antes de tudo, uma figura de Jesus nosso Senhor, que se fez servo de todos; é por esta razão que no meio dos irmãos é ele quem serve, segundo o que Jesus mesmo ensina (cf. Jo 13,13-14). É precisamente para que a comunidade dos fiéis possa ver com seus próprios olhos com que e quanto amor Aquele que era rico se tornou pobre para nos enriquecer (cf. 2Cor 8,9) que alguns são instituídos pela imposição das mãos do bispo, para que possam mostrar em sua carne o próprio Cristo, servo de Deus e dos homens. Aquele que, como diácono, é ordenado sacerdote, deixa de ser um servo no meio de seus irmãos? Certamente que não. O ministério que lhe foi conferido permanece; ele permanecerá, portanto, um servo, pois foi constituído como tal pela imposição de mãos. Se, então, o diácono dá testemunho da vontade misericordiosa de nosso Deus acima de tudo, cuidando dos corpos feridos e necessitados, o padre demonstrará a mesma misericórdia cuidando principalmente das almas feridas e dos corações partidos, não desdenhando, quando surgir a oportunidade, de acrescentar a eles aqueles serviços que ele um dia prestou para outras necessidades. Pois é o mesmo Senhor que está sendo testemunhado, e de fato dado a conhecer por meio de diferentes escritos. Isso deve fazer-te perceber que se, especialmente na liturgia, uma honra especial é dada aos ministros de Deus, é porque eles o representam e, de alguma forma, Ele está encarnado neles para seu ministério e não para si mesmo. Portanto, por sua vez, os ministros de Deus devem se manter humildes, recordando que é precisamente a comparação com a dignidade da qual estão vestidos, e que é representada por suas ricas vestes, torna mais evidente sua miséria. Deixai-os, portanto, sentir que não são melhores do que qualquer outra pessoa e deixe-os julgar apenas a si mesmos, considerando-se, com razão, os últimos e servos de todos.

Sacerdote segundo a ordem de Melquisedec

O Apóstolo, falando do sacerdócio de Cristo, diz: "Vós sois sacerdote para sempre, segundo a ordem de Melquisedec" (Hb 5,6). Pois Jesus não podia ser um sacerdote de acordo com o personagem, pois Ele não era da tribo de Levi, a quem o serviço do templo era reservado segundo o rito antigo; mas Ele era da tribo de Judá e da família de Davi, da qual o Messias viria de acordo com a promessa. Mas somente o sumo sacerdote poderia entrar na morada de Deus uma vez por ano para aspergir o santuário com o sangue da vítima e depois aspergir o povo, de modo a limpá-lo de seus pecados e reconciliá-lo com Deus. Esse sacrifício, ordenado por Moisés para a purificação dos pecados, tinha que ser renovado a cada ano, portanto o sacerdócio também tinha que ser renovado. O que era necessário, portanto, era um sacerdote diferente dos antigos; um sacerdote formado pelo próprio Deus, que, vivendo entre os homens, seria capaz de cruzar o limiar do santuário do céu, para estabelecer uma aliança eterna, não mais fundada na lei, mas na misericórdia. Jesus, aclamado pelas multidões em Jerusalém como o filho de Davi, foi constituído pelo próprio Deus em um sacerdócio eterno para oferecer a si mesmo como sacrifício de reconciliação eterna. Por esta razão, os escolhidos para o sacerdócio estão associados ao único sacerdócio de Cristo e, com o tempo, tornam-no presente tanto na celebração dos mistérios como por meio da generosa oferta de si mesmos, tanto no ministério como na vida com o Mestre que eles seguem com amor.

Quem quer que seja ministro do altar também deve tornar-se uma vítima.

Crês que aquele que celebra no altar pode contentar-se em celebrar com fé e devoção? Que fique claro que seres sacerdote te associou a Cristo e te separou por Ele e com Ele para ser sacrificado no altar da caridade. Todos devem poder ver em ti a imagem de nosso Senhor que veio para o bem de nossas almas, lembrando o bem-aventurado Paulo, que diz aos cristãos: "Diante de teus olhos, Jesus Cristo está crucificado" (Gl 3,1). O sacerdócio fez de ti um sacramento de Cristo no meio de teus irmãos e irmãs. Ele se rebaixou ao assumir o título de servo (cf. Fl 2,7): O discípulo pode buscar honras? Ele não tinha onde colocar sua cabeça (Mt 8,20): Seu discípulo se entregará ao conforto, ou pior, ao conforto? Ele comeu do que estava sobre a mesa de seus convidados: Seu discípulo vai se entregar aos prazeres da mesa? Ele se sentou cansado e sedento no poço de Siquém pedindo à mulher samaritana a caridade de um pouco de água (Jo 4,7): Será que seu discípulo poderá permanecer na companhia de estultos? Encontrou desprezo e hostilidade: Será que seu discípulo será capaz de evitá-los, cedendo ao compromisso e obscurecendo a pureza da palavra? Tende em mente o que ele diz: "Ai de vós quando todos os homens vos bendisserem, pois assim fizeram seus pais com falsos profetas" (Lc 6,26). O Mestre passou suas noites em oração: Podes te satisfazer com a oração apressada e distraída? O Senhor foi tomado pela compaixão: Podes endurecer o coração e permaneceres indiferente àqueles que pedem tua ajuda? O Mestre e Senhor partiu com decisão em direção a Jerusalém para encontrar em sua paixão, mantendo-se perto dele até o fim Judas, que o traiu; Pedro, que o negou; todos os outros, que fugiram deixando-o sozinho: Podes te recusar a entrar em sua paixão, evitando contradições e hostilidades? Ou não deverias antes, para ser digno do Mestre que te chamou a segui-lo tão de perto, oferecer-te livremente à Paixão por meio de mortificações e penitências voluntárias, a fim de subir à cruz com Ele pelo menos por um momento, sabendo que a partir desse plano poderás te voltar de modo infalível ao Pai para interceder por teus irmãos e irmãs, fazendo ressoar sua voz em uníssono com a de teu Senhor e Pai, dizendo com Ele: "Pai, perdoa-lhes, pois não sabem o que fazem"? Convença-se, então, de que o sacerdote foi colocado entre aqueles que devem ser sacrificados com Cristo, para que a paixão do Senhor possa ser renovada no tempo tanto por meio do sacrifício eucarístico quanto pela vida santa do sacerdote que, em virtude do sacramento, foi feito à imagem de Cristo Salvador; e assim os homens, vendo, possam ser ajudados a acreditar.

É necessária ao sacerdote uma grande santidade

Aquele que é o embaixador e representante de um soberano tão grande é obrigado a refletir sua grandeza. Compreendeis, então, que "Aquele que diz que permanece em Cristo deve agir como Ele agiu" (1Jo 2,6); isso é ainda mais verdadeiro para o sacerdote que o representa em tudo. Ora, a santidade exigida de um padre é de fato um dom de Deus. É-lhe dado no próprio sacramento, pois ele realiza coisas sagradas pela graça que lhe foi derramada. Pois o Apóstolo diz: "O que possuis que não tenhas recebido? E se a recebeste, por que te vanglorias como se não a tivesses recebido? (1Cor 4,7). Mas que não aconteça que o vaso de tão grande santidade, mesmo que seja feito de argila de base, não seja tão mundano quanto deveria ser. O Senhor adverte: "Santificai-vos, pois, e sede santos, porque eu sou santo; não contamineis vossas pessoas" (Lv 11,44). Entenda bem este exemplo: há pessoas de condição muito humilde que, por causa de suas dificuldades, ao trabalho árduo e à baixa ocupação a que são obrigadas, têm uma aparência grosseira; nem podem e sabem como usar esses meios que os homens costumam usar para cuidar de sua saúde e aparência. Em alguns deles, porém, tendo sido conformados no coração à vontade de Deus, e tendo aceito isso como o caminho seguro para a salvação, pode-se detectar uma aparência clara e boa, uma nobreza e um orgulho suave, que é raro encontrar naqueles que podem se vangloriar de um nascimento nobre: seus olhos são como pedras brilhantes, revelando uma beleza interior e uma altivez que não poderias ter imaginado. Suas almas estão cheias de saudades, e vivem cada dia na expectativa do Senhor. Eles são misericordiosos e pacientes, e mesmo que não saibam usar os modos que são apreciados entre as pessoas que se diz serem de alto *status*, eles possuem, sem mesmo sabê-lo, as virtudes que os tornam nobres entre os homens, e ainda mais entre Deus. Entenda então como a primeira coisa que deves buscar, como fonte de onde flui a esperada santidade, é manter viva a memória da graça de seu chamado. Disso a gratidão será alimentada e fluirá suavemente para o amor; do amor, cultivado com assiduidade na oração e na companhia de Deus em silêncio, todas as outras virtudes surgirão suavemente. Será o amor ao Senhor que o impulsionará a imitá-lo em tudo aquilo de que é capaz, e não te deterás em pouco, mas aspirarás a muito, como acontece com aqueles que estão apaixonados: nunca se contentam com o que fazem por sua amada, mas se esforçam para fazer cada vez mais e para surpreendê-la, se possível, das formas sempre novas que só um grande amor pode encontrar. Assim, como acontece entre aqueles que realmente se amam, não deixareis seu Mestre e Senhor ir sozinho pelo caminho da cruz, mas acompanharão Maria, como fez o discípulo a quem Jesus amou, e, com ela, firmemente segurada por sua mão, encontrareis a força para seguir o Senhor, mesmo que de longe, até o Calvário, e encontrarão também a força para ajudar, ao lado de sua Mãe, em sua morte. Contemplareis sua paciência e o amor com que Ele reza ao Pai por aqueles que o crucificaram e por todos, e observareis como eles perfuram seu lado e veem o sangue e a água que lava os pecados do mundo; por fim, estareis com aqueles que o descem da cruz e o conduzem ao túmulo. E tendo contemplado tudo isso com amor, darás um testemunho eficaz, porque sua voz vibrará de amor pelo Mestre e pelo amigo que morreu por ti e por todos. Entenda, então, como será importante voltar assiduamente ao silêncio; em silêncio terás que te retirar, mais seu serviço exigirá que te consumas generosamente por aqueles que te foram confiados! Não tenha escrúpulos para deixar o rebanho pelo tempo necessário para se reunir em oração, como fez o Senhor durante a noite. Nesse silêncio, serás capaz de purificar-se de tudo aquilo que o tornava pesado pelo fogo da caridade de Cristo, podes depositar o fardo que terá entristecido a santidade da qual és o portador; podes descansar um pouco na companhia do Mestre, e então partir novamente para carregar e mostrar em si mesmo o reflexo da santidade da qual fostes feito ministro.

O sacramento do Senhor

As ocupações do padre são muitas e variadas. Há aqueles que vivem em mosteiros e atendem às tarefas a eles atribuídas pelo abade. Eles elevam suas orações a Deus no canto coral, celebram o sacrifício divino, assistem às confissões dos peregrinos e conversam com aqueles que vêm em busca de conhecimento espiritual. Eles levam tempo para estudar as Escrituras, das quais extraem alimento para suas próprias almas e para as almas dos outros; ensinam as crianças a soletrar e, para aqueles que se dedicam ao conhecimento de Deus, abrem de bom grado os preciosos tesouros nos quais estão armazenados; eles cuidam dos pobres e dos estranhos, curam os doentes no hospital; os boticários cultivam plantas medicinais e fazem remédios para aliviar os doentes e os enfermos; o ceramista pratica a sangria e corta fervuras. Nem estas obras de misericórdia podem ser suficientes, mas, como nossos pais nos ensinaram, eles também cuidam de outras coisas, como os cuidados da cela, da horta e do jardim; há também aqueles que, junto com os convertidos, embalam e consertam roupas, e aqueles que fornecem sapatos; e aqueles que saem para o campo ou cuidam de animais, e aqueles que cozinham a adega e destilam o licor. Aqueles que o abade envia aos priorados dedicam quase todo o seu tempo ao cuidado das almas, acolhendo aqueles que vêm para pedir os tesouros de fé; eles batizam, abençoam os casamentos, ouvem confissões, visitam os doentes em suas casas e dão enterros cristãos aos mortos. Eles também pregam a doutrina cristã e exortam incessantemente à medida que a necessidade surge. Acontece frequentemente que eles resolvem disputas e conciliam inimizades. Finalmente, há aqueles que, por causa da idade ou da doença, não podem mais fazer nada, exceto permanecer na presença de Deus e rezar por seus irmãos e irmãs. Podes pensar que alguns trabalhos são mais valiosos do que outros. Certamente, para um sacerdote, é uma tarefa muito preciosa e uma grande honra distribuir as riquezas de Deus prodigamente na pregação ou na escuta dos penitentes ou na celebração do sacrifício. Não lhe deve escapar, porém, que o sacerdote preserva sua própria missão mais no que é do que no que faz; mais no que Deus fez dele do que no que ele faz por Deus. Para que fique claro para ti o que estou dizendo, pensem no que Deus fez naquele a quem fez um sacerdote pela imposição das mãos. Ele possui o poder de fazer as obras de Deus porque, mediante tal sacramento, embora seja uma pobre criatura de lama e cinzas, ele foi feito como o próprio Cristo. Portanto, sua própria pessoa e vida são como um sacramento de Cristo que veio entre os homens para sua salvação. O Senhor dedicou muito pouco de seu tempo entre os homens àquelas tarefas que agora ocupam a maior parte da vida dos sacerdotes; pois, como relata o evangelho, Ele mesmo foi filho de carpinteiro e carpinteiro, e ganhou seu pão com seu trabalho, como é justo, e São Paulo nos ensina a todos: "Quem não quer trabalhar, não coma" (2Ts 3,10). Por esta razão, então, o padre deve fazer tudo como se estivesse no coro, com o mesmo cuidado e atenção o que quer que ele faça para que aquele que o vê possa pensar no Filho de Deus, que não desdenhava participar de todas as coisas na vida dos homens. Isto deve estar próximo ao coração dos sacerdotes: mostrar Deus em sua própria carne e no exercício da virtude. Para que os homens, vendo suas boas obras, possam dar glória a Deus no céu (cf. Mt 5,16).

Desejo, por um momento, refletir sobre a condição daqueles que, devido à gravidade da idade ou da doença, perderam os sentidos: eles, mais do que ninguém, têm a imagem do Senhor, como apareceu no pano de Verônica, quando, como dizem, ela se aproximou para limpar o rosto dele. Que fique claro, portanto, que é exigido em qualquer ofício que mostreis ao Senhor e o sinal santo de que Ele fez de ti um presbítero, isto é, alguém a quem o próprio Deus deu o dom da sabedoria próprio de um ancião; e que Ele te fez tanto um servo que lava os pés dos irmãos como uma vítima sacrifical para sua salvação e alimento. Isso, portanto, deve estar perto de teu coração antes e mais do que qualquer outra coisa ou tarefa.

Companheiros do Cordeiro e amigos do Esposo

Lemos no evangelho que um dia João Batista estava com alguns de seus discípulos e quando ele viu Jesus passar, apontou para Ele e disse: "Eis o Cordeiro de Deus, que tira o pecado do mundo! (Jo 1,29). Ele não diz: "Eis o Messias", mas: "Eis o Cordeiro de Deus". Por que então ele se expressa desta maneira? Certamente, com estas palavras ele quis recordar muitas passagens da Escritura que ilustram a vida e a missão de Jesus Cristo: o cordeiro sacrificado a Isaac (cf. Gn 22,13); os cordeiros cujo sangue foi sacrificado a Isaac (cf. Gn 22,13), posto na testa e no portal das casas dos israelitas, tenha-os salvo do anjo exterminador (cf. Ex 12,5-7); a vítima sacrificada por Moisés para estabelecer o Pacto no Sinai, cujo sangue ele tomou e aspergiu sobre o povo; o cordeiro sacrificado no Dia da Expiação (cf. Lv 16) e os milhares e milhares de sacrifícios oferecidos pela culpa. E não somente isso; o Profeta Isaías também compara o servo que carrega o pecado de todos a um cordeiro levado à matança, que não abre sua boca diante daqueles que o matam (cf. Is 53,7). Mas ouça novamente João: "Eu vi", diz ele, "o Espírito descendo do céu como uma pomba e descansando sobre Ele". Eu não o conhecia, mas aquele que me enviou para batizar com água tinha-me dito: 'O homem sobre quem vereis o Espírito descer e permanecer é aquele que batiza no Espírito Santo'" (Jo 1,32-33). E de fato Jesus batizou no Espírito quando, morrendo na cruz, derramou o Espírito sobre o mundo inteiro (cf. Jo 19,30) e o encheu de vida, derramando água e sangue daquele peito sobre o qual o discípulo amado havia colocado sua cabeça, ouvindo o batimento amoroso de seu coração (cf. Jo 19,34). Mas ouça novamente o que ele diz: "Eu vi e testemunhei que este é o Filho de Deus" (Jo 1,34); ele começa chamando-o de "Cordeiro" e conclui dizendo "Filho de Deus". Ele está certo disso porque viu o sinal: o Espírito de Deus veio sobre Ele! Ele é, portanto, o Filho em quem Deus se compraz (cf. Mt 3,17), porque Ele faz a sua vontade em tudo, fez da vontade do Pai o seu alimento (cf. Jo 4,34) e tudo o que Ele faz Ele viu do Pai (cf. Jo 8,28). Ele é verdadeiramente o Filho amado a quem o Pai tem o prazer de entregar o domínio das nações (cf. Is 53,12), pois Ele as conquistou para Deus derramando seu sangue. Ainda te admiras de que aqueles discípulos, tendo deixado o antigo Mestre, o tenham seguido de novo e ansiosamente lhe perguntaram "onde moras?", ficando com Ele todo aquele dia? (cf. Jo 1,38ss.). Pois Ele habita na morada da glória; aqueles que o aceitam como Senhor e Mestre recebem uma dignidade eterna como filhos de Deus. Em sua escola, eles crescerão na observância de seus mandamentos, assim aprenderão o amor (pois não há amor sem a observância de seus mandamentos). De fato, eles receberão o dom da própria presença do amor neles; pois o Senhor não diz: "Iremos até Ele e faremos nossa morada com Ele?" (Jo 14,23). Vês, então, quem é o sacerdote? Ele é um discípulo que segue o Senhor na mente e no coração, seguindo seus passos todos os dias, e segue o Cordeiro para onde quer que vá. Isto é corretamente dito de todos os que nascem de novo em Cristo, mas podemos entendê-lo de uma maneira especial para os padres. Olhe para eles enquanto se preparam para celebrar o sacrifício: eles usam vestes brancas, indicando que purificaram suas vidas lavando-as no sangue do Cordeiro (cf. Ap 7,14), ou seja, receberam nova vida em seu sangue. Mas o fato de segui-lo significa que também eles se tornaram cordeiros puros e imaculados oferecidos ao Pai para a salvação do mundo. Isto é verdade para todos os verdadeiros crentes, mas aqueles que são chamados pelo Senhor e marcados com o selo sacerdotal têm uma tarefa especial e inatacável: como sacerdote, deves saber que foi chamado não apenas para seguir Jesus, o Cordeiro de Deus que foi morto e que tira os pecados do mundo, mas também para torná-lo presente no tempo. Não és de forma alguma diferente ou mais santo do que teus irmãos; mas foi escolhido para ser um sinal de salvação para teus irmãos. Isto significa que tudo em ti deve falar do Cordeiro de nossa redenção. Em tudo deves conformar tua vida com a do Mestre, para que aquele que te vê a Ele veja. E nada do que fizerdes, por mais santo que seja, será tão precioso quanto o testemunho do sacrifício: o sacerdote vive no mundo, mas não pertence ao mundo; ele é um do rebanho, mas ao mesmo tempo é um cordeiro separado do rebanho para ser oferecido junto com o Cordeiro; nele, unido ao Cordeiro que reina na glória, o único sacrifício pela salvação é efetivamente renovado no tempo. Somente Cristo é o Cordeiro sacrificado, mas o sacerdote renova sacramentalmente sua imagem nos dias do homem. Portanto, em sua vida ele faz de si mesmo uma oferta incessante a Deus, em união com a vítima divina do qual Ele é a memória, imolando misticamente o sacrifício para a salvação de muitos. O sacerdote é a visibilidade do Filho de Deus que veio em carne e osso e agora está presente, mas é também visível entre os homens.

Poderás contemplar o Senhor

Em virtude do ministério que lhe foi confiado, o sacerdote percorre um caminho especial e privilegiado para encontrar o Senhor, para conhecê-lo e amá-lo mais. Ele acolhe seus irmãos e irmãs que lhe abrem o coração e lhe confiam os fardos, as ansiedades e o cansaço da vida, assim como lhe confiam suas expectativas e seu desejo sincero de caminhar nos caminhos de Deus. Muitas vezes reconhecerás nestes irmãos uma virtude maior do que a sua própria e verdadeira santidade. Tu lhes dará o conhecimento da aceitação e do perdão. Mas muito maior será o conhecimento de que desfrutarás. Pois no coração de cada homem habita o Senhor. Assim, quando um de teus irmãos abrir sua alma para ti, serás capaz de contemplar o Senhor vivo. Em cada vida que lhe for confiada, serás capaz de contemplar nela refletido o mistério da face do Senhor, que se encarnou no seio de Maria, viveste a vida e o trabalho de pessoas humildes, compartilhando as alegrias e as tristezas dos que lhe são próximos, desfrutando do calor de sua família e de uma amizade sincera, bem como de mal-entendidos e ansiedade e todos aqueles sentimentos que moldam a alma e muitas vezes deixam feridas profundas. Na verdadeira vida que seus irmãos confiarão a Deus para seu ministério, encontrarás a paixão, morte e ressurreição do Senhor que veio para servir. Calmamente, assim que te for dada a oportunidade, ensines cada um a entrar em seu interior com simplicidade para descobrir um Deus que faz seus os mais simples e verdadeiros sentimentos e desejos de suas criaturas. Ensina-nos a falar a Deus como se falasse a um pai, com respeito e confiança. Ensina-nos a arte de esperar, porque o Senhor que veio virá novamente. Finalmente, ensina como recebê-lo e reconhecê-lo quando ele entra na vida diária.

"Vivei segundo o Espírito..."

O Apóstolo Paulo diz: "Vivei segundo o espírito, assim não satisfareis os desejos da carne, pois a carne tem desejos contra espírito, e o espírito tem desejos contra a carne. Há uma oposição entre carne e espírito de modo que nem sempre fazeis o que gostaríeis de fazer" (Gl 5,16-17). O que ele quer dizer com isso é que nossos instintos nos levam a fazer coisas contrárias às sugeridas pelo Espírito Santo e que encontramos nos ensinamentos de Jesus. Quando alguém nos engana, queremos satisfação, mas Jesus ensina a perdoar. Quando alguém possui habilidades, agrada-lhe que sejam louvadas, mas, ao invés disso, Jesus recomenda que permaneçamos humildes e não nos deixemos ensoberbecer. Em resumo, muitos comportamentos são instintivos e precisam ser refreados. Ouça o que o Apóstolo diz: "As obras da carne são bem conhecidas: fornicação, imoralidade, licenciosidade, idolatria, bruxaria, inimizades, ódio, ciúme, dissensões, divisões, facções, inveja, embriaguez, orgias, e coisas do gênero. O homem espiritual, ou seja, aquele que se libertou das exigências da carne e obedece ao preceito da caridade, deixa-se guiar por outra lei. Paulo diz: "Mas os frutos do Espírito são: amor, alegria, paz, paciência, bondade, fidelidade, mansidão, autodomínio" (Gl 5,22). Aquele que vive desta maneira é livre e nenhuma lei o constrangerá novamente, porque ele está em Cristo.

O caminho da vida

"Por que vieste à casa de Deus?", perguntou o abade quando te apresentaste para seres recebido no mosteiro. E respondeste: "Para buscar a vida eterna". Bem, depois de tanto tempo usando o hábito da penitência, pensas que já a encontraste? Pensas que já estás vivendo a vida eterna agora? Pois a vida que será revelada em seu esplendor somente no dia do Senhor já é dada àqueles que são seus amigos fiéis.

Ouça, então, o que o Senhor diz na noite em que foi traído e foi de boa vontade à Paixão por nosso amor: "Permanecei no meu amor, guardando meus mandamentos", então acrescenta: "Meu mandamento é que vos ameis uns aos outros como eu vos amei" e ainda: "Ninguém tem maior amor do que aquele que dá a vida por seus amigos" (Jo 15,9-17). Jesus ensina àqueles que procuram o modo de vida que consiste em fazer o que Ele fez, ou seja, em dar sua vida pelo próximo: aquele que ama seu próximo a ponto de preferir sua própria vida à sua própria tem em seu coração o mesmo amor que está no coração do Filho, e mesmo que seja assaltado pela morte, ele ressuscitará. Quem tem um amor tão grande em seu coração não morrerá eternamente. E esta vida pode ser vivida a partir de agora, colocando sempre os irmãos e irmãs à frente de si mesmo em tudo. Compreendes, então, por que Jesus disse para estar sempre no último lugar? Esse é o lugar do servo, o lugar em que Ele se colocou para servir a humanidade ferida. Pois aquele que se faz servo é chamado de amigo de Deus. Abraão recebeu este título, porque Deus nada fez sem antes lhe confiar seus planos, assim como fez com seu Filho, a quem confiou seu desejo de salvar toda a humanidade, e por isso o Filho, obediente, encarnou no ventre de Maria e tomou carne como a nossa e se tornou um de nós para assumir nossos fardos e carregá-los na cruz. Vede, Ele não veio para ser servido, mas para servir e dar sua vida. Da mesma forma, aquele que quer a vida deve se comportar como se comportou (cf. 1Jo 2,6). Podes ver então que este ensinamento de Jesus estabelece a marca discriminatória entre o verdadeiro e o falso discípulo.

O discípulo e amigo de Jesus é aquele que dá sua vida para que o amor de Deus seja conhecido. O amor do qual Jesus fala não é um sentimento que depende das circunstâncias ou é movido pela simpatia, mas é aquele mesmo amor do qual vive a Trindade; um amor que quer a plenitude de vida para as criaturas, para que o Pai envie o Filho em uma carne como aquela dos homens a fim de revelar com o dom de sua própria vida o quanto ama todas as suas criaturas. Quem conheceu este amor, tendo sido tocado por ele, deve revelá-lo a todos pelo dom de si mesmo. Portanto, aquele que aprendeu este amor e dá testemunho dele é um discípulo de Jesus. Amar até o ponto de dar a própria vida é a única maneira de tornar visível o amor de Deus pela humanidade. Aquele que guarda o mandamento de Jesus permanece apaixonado. Mas permanecer no amor da Trindade significa permanecer na Vida, permanecer vivo apesar da agressão da morte. Conhecer o caminho da vida enche de alegria, e é a mesma alegria de Jesus, que pode enfrentar sua paixão sabendo que ninguém pode matar a Vida que está nele. E esta Vida não é outra do que aquela que se expressa naquele amor pelos amigos que não volta atrás mesmo quando é necessário sacrificar a própria vida: "Aquele que ama seu irmão permanece na luz, e não há motivo para tropeçar nele" (1Jo 2,10).

Amigos do Esposo

João Batista diz de Jesus: "Este é o Filho de Deus". Ele era um profeta e falou movido pelo Espírito Santo. Ele, portanto, professa que em Jesus os discípulos podiam ver o que "muitos profetas e reis desejavam ver, mas não viam, e ouvir seus ensinamentos, mas não ouviam" (Lc 10,24). Os discípulos do Senhor são admitidos em sua casa; como servos fiéis, eles podem entrar nas salas internas e ouvir os discursos daquele que habita ali, ou seja, Deus, que é Pai, Filho e Espírito. E que discursos eles ouvem? "O mistério da vontade de Deus, segundo o que em sua bondade Ele predeterminou em Cristo a ser cumprido na plenitude dos tempos: o plano, ou seja, recapitular em Cristo todas as coisas" (cf. Ef 1,9-10), "fazendo as pazes pelo sangue de sua cruz entre as coisas que estão na terra e as coisas que estão no céu" (Cl 1,20).

Os companheiros do Cordeiro guardam suas riquezas e lhes são confiadas as tarefas mais reservadas, a ponto de não serem mais apenas servos: de fato, o próprio Senhor diz: "Eu não vos chamo mais servos, porque o servo não sabe o que seu senhor faz; mas eu vos chamei amigos, porque tudo o que ouvi do Pai, eu vos dei a conhecer. Vós não me escolhestes, mas eu vos escolhi, e eu vos nomeei para que vades e deis frutos, e para que vossos frutos retornem; para que tudo quanto pedirdes ao Pai em meu nome Ele vo-lo conceda" (Jo 15,15-16).

Amigos, portanto, amigos do Esposo (cf. Jo 3,29), que acompanham o Senhor em seu encontro com sua própria Igreja. Considere então o quanto isso traz honra ao sacerdote que, sem nenhum mérito próprio, se vê elevado de servo a amigo, e quanto respeito ele deve à Noiva amada pelo Senhor que o queria entre os mais próximos a ela, ou seja, à Igreja, que deve ser reconhecida, amada, honrada e servida como a grande Senhora. Que dignidade sublime! Que visão consoladora ver os cordeiros cantando os louvores do Cordeiro no coro celestial! O coração se encanta com a liturgia celestial, prefigurada nesta; pois dela se inspira e a ela conduz, e de ouvir a voz alegre dos amigos do Esposo cantando a alegria do eterno casamento.

A oração é uma pedagogia da confiança

Dirija-te a Deus com o nome que Jesus colocou em nossos lábios. Chame-o: "Pai". Repeti esse nome familiar com afeto e gratidão por todos os presentes que recebeu, e especialmente por este, que é o maior e mais inesperado, a saber, que fui adotado por Ele e me tornei herdeiro do Reino dos Céus. Pense em sua paciência infinita. Repiti: "Pai" pensando que Ele te ama mesmo quando tu não te amas e te perdoas. Repeti: "Pai", pensando no tempo em que Ele, em seu Filho, te buscou enquanto vagueavas pelas montanhas, o carregou sobre seus ombros e o trouxe de volta para sua casa. Repita esse nome e começarás a te sentir como um verdadeiro filho, gerado no sangue de Jesus, o Filho com quem se compraz e a quem quer que toda vida seja semelhante. Medita em teu coração que não és mais um estranho, mas que vives naquele que está sempre diante do Pai para interceder em nosso favor.

O Senhor ouve a oração

Às vezes, parece que o Senhor não ouve nossa oração, mesmo que seja sincera e tenha boa intenção, tal como a reconciliação dos inimigos. Examine isto cuidadosamente: muitas vezes, quando pedimos algo, embora pareçamos fazê-lo com a maior vontade de aceitar a vontade de Deus, seja ela qual for, na realidade temos em mente uma forma precisa na qual Ele deve nos conceder; a concessão da oração aos nossos olhos deve resultar em um objeto, em uma mudança de circunstâncias; em suma, deve ter aquele efeito que, aos nossos olhos, representa o melhor que podemos imaginar. Quando os apóstolos pediram ao Senhor para ensiná-los a orar, Ele os convidou a repetir com Ele: "Pai, venha o teu reino" (Lc 11,2), e os outros pedidos que seguem são apenas uma repetição do primeiro, sob outra forma, pois no Reino de Deus entre os homens está a resposta a qualquer pedido das criaturas; Ele, além disso, nos convida com vida a orar continuamente, sem cansaço (cf. Lc 18,1). Mas o que significa a vinda do Reino de Deus, se não que Ele virá e fará todas as coisas novas? Portanto, ainda mais do que o que pedimos na oração, vale a pena rezar, porque quando rezamos o Senhor vem. Como é o caso das crianças, que em sua angústia se afligem e choram, incapazes até mesmo de dizer por que, mas sentindo apenas que precisam de ajuda; ao seu choro a mãe vem e, sabendo muito mais do que a criança o que pode confortá-la, a toma em seus braços e a restaura, de acordo com sua necessidade. Da mesma forma, a oração sempre induz Deus a encontrar a criatura. De fato, o Senhor, que governa o destino do mundo, não é indiferente ao pobre homem que lhe grita (cf. Sl 72,12). Pelo contrário, aquele que sabe bem o que precisamos, mesmo antes de lhe pedirmos (cf. Mt 6,8), é movido à compaixão e vem verdadeiramente em nosso auxílio, pois disse: "Vou embora, mas voltarei para vós" (Jo 14,28). Pode nos parecer que Ele está atrasado e nossa fé muitas vezes falha, assim como as virgens tolas (cf. Mt 25,3), mas Ele é fiel a suas promessas. E sua vinda acontece no tempo: é no passar do tempo que Deus responde à oração do homem. Na verdade, com o passar do tempo – que, no sofrimento, nos parece muito lento – Ele se aproxima da criatura e quando, na morte, o encontro finalmente estará em sua plenitude, Ele o fará novo e o introduzirá onde tudo é novo, onde todo sofrimento é apagado e onde todo desejo encontra a paz na visão. Assim, o passar dos dias é Deus se aproximando; o amadurecimento dos tempos é um com a aproximação de Deus. Entretanto, causa mais temor a oração e mais intenso o desejo do encontro. O cumprimento da oração é o passar do tempo e encurta a espera pelo encontro com Aquele que faz todas as coisas novas.

Sobre o propósito

É evidente para todos que o mal e, de modo mais geral, o que é desordenado merece desprezo. É por isso que aquele que busca a perfeição, descobrindo em si mesmo um projeto maléfico ou desordenado, se propõe a rejeitar seus aliciamentos. Mas não adianta propor não cair novamente nos mesmos defeitos se não chegarmos à decisão de nos distanciarmos do que realmente nos leva a eles. Ele, por exemplo, que cede facilmente à ira, em vão se propõe a ser paciente, se não se esforça para se afastar daquelas ocasiões em que seria submetido a um teste muito severo para ele. É inútil jurar não ficar bêbado; é muito mais eficaz propor não entrar em tabernas. É bastante inútil propor não ceder à luxúria se não se vive em constante mortificação dos sentidos. Da mesma forma, como resistir à inveja se não se propõe amar a Deus acima de tudo, pensando nos muitos dons que Ele dispensa todos os dias? Portanto, aquele que reconhece que é fraco em algumas coisas deve se propor a manter--se fiel naquelas pequenas coisas que estão ao seu alcance e que, se observadas, o mantêm a salvo da tentação a que não pode resistir. Para aquele que quer permanecer firme na virtude, a intenção de se afastar da luta é mais eficaz do que jurar permanecer firme na batalha. O propósito efetivo é aquele que diz respeito às coisas práticas e se traduz simplesmente em "sim" e "não", sem se deter em exceções à regra.

Sobre a perfeição do monge

Infelizmente, quantas vezes acontece que o generoso entusiasmo do início logo se perde, até que tudo o que resta é uma memória desbotada na velhice! Há monges que, embora não deixem de seguir a regra, não progridem no caminho da perfeição e sua vida é insípida: lembram-se do que Jesus reprovou aos judeus: serem como figos que crescem exuberantemente, mas sem o fruto doce que devem dar (cf. Mc 11,13). Eles fazem tudo da maneira do burro que gira a roda: ele caminha com um ritmo resignado e igual e nunca prossegue, porque ele continuamente recua seus passos, contente com o pasto que lhe é servido. Esses monges, embora externamente irrepreensíveis, fazem tudo por hábito e sem coração. Enquanto estão ocupados com as tarefas que lhes foram confiadas, e mesmo quando estão atendendo ao serviço de Deus, suas mentes estão em outro lugar, ocupadas com o que fizeram ou com o que devem fazer em seguida, ou estão longe, perdidas nos afetos que deveriam ter deixado – e de fato deixaram um dia, generosamente – e aos quais suas mentes agora retornam por causa do tédio de uma vida sem ímpeto; de modo que, em vez de ser tudo sobre o Senhor, para quem só ele deveria servir, o monge está lá com seu corpo, mas sua alma vagueia. Tendo esquecido o que aprendera no início e tendo mudado seu ardor pelo hábito, mesmo vivendo externamente de uma maneira adequada à sua condição, ele não encontra nenhuma ou bem pouca consolação na vida que conduz e isso porque não basta vestir o hábito do monge para receber sua herança, se a alma não estiver vestida de Cristo (cf. Gl 3,27). Eles, como diz o bem-aventurado Apóstolo João em seu livro, "não são nem frios nem quentes" (Ap 3,15-16), portanto, embora estejam próximos ao Senhor por sua condição, são para Ele como servos que não só não têm amizade com Ele, mas nem mesmo a confiança nascida de muitos anos de hábito. O monge, deixando o mundo, assumiu desta vida o hábito daqueles que seguem o Cordeiro para onde quer que vá (cf. Ap 7,14), para que tudo o que ele faz, mas especialmente no exercício das coisas sagradas, ele participe da liturgia celestial e a torne visível tanto para os cultos quanto para os simples, Ele é o primeiro a desfrutá-la, e ajuda os outros a vê-la e a desejá-la, vendo-a celebrada com devoção, respeito e alegria interior que emanam do rosto e dos gestos de quem, embora ainda cego pelo véu da caridade, sabe, no entanto, que habita na eternidade. Este é o fruto do desejo santo, que é uma graça de Deus, e que deve ser implorado diariamente do Espírito Santo.

Consagrado ao Senhor

No templo de Jerusalém, em tudo o que era usado para adoração estava escrito: "Consagrado ao Senhor"; o profeta anuncia um tempo em que tudo e todos serão sagrados ao Senhor (cf. Zc 14,20-21). Tenha em mente que foste chamado para a casa de Deus principalmente para ser as primícias de um novo povo que pertence a Ele. Isto não o torna mais santo, mas certamente o torna santo, isto é, algo que pertence a Deus. Pense, portanto, que respeito deves a ti mesmo e quanta devoção deve cuidar à vista de seus irmãos. Embora sem mérito e pobres em virtude, quantos de nós no tempo de Deus são sagrados para o Senhor! Como, então, não podemos tentar por todos os meios adequar nossas vidas às altíssimas condições em que nascemos? Deixaste o mundo e vieste a este lugar sagrado; vieste com o disfarce de sua humanidade como o peregrino cansado que bate no hospital para se abrigar e para abaixar sua cesta. Regozijavas ao carregar seus fardos, mas teu rosto escureceu quando foi-te pedido que os deixasse para trás. Pois assim é o coração do homem: muitas vezes ele se apega àquilo de que se queixa. Foi-te oferecida a liberdade das aves do ar e dos lírios do campo, que não possuem nada e têm tudo (cf. Mt 6,25ss.). Recebeste isso com alegria, depois seu carinho pelas coisas passadas voltou e tudo começou a parecer difícil e entediante. Que grande infelicidade para um mosteiro ter monges que cessaram seu antigo amor! Pois eles são um fardo para todos, pois, tendo deixado o compromisso com a virtude, estão novamente nas garras da velha intemperança, que, embora pequena, perturbará a paz da casa como uma mosca perturba a paz daqueles que desejam descansar. Para que as preocupações dos outros, em vez de se voltarem para a conquista do que é mais importante, sejam consumidas em suportar os aborrecimentos daqueles que deveriam se esforçar para passar despercebidos neste mundo e, sobretudo, para servir seus vizinhos, não lhes dando nenhum peso. Existem, no entanto, defeitos que não podem ser corrigidos, porque são involuntários ou resultantes da idade. Estes, no entanto, geralmente são acompanhados de virtudes que os tornam menos onerosos, ou, no caso dos idosos, são confortados pela memória dos muitos méritos que adquiriram quando eram bons. Essas falhas, portanto, devem ser encobertas com o manto da caridade. Mas há alguns que vêm apenas da ignomínia e estes não devem ser tolerados. O abade tem uma pesada responsabilidade se não quiser cumprir os deveres de seu cargo e apela para a caridade dos monges para suportar aqueles que ele deve corrigir. Ele deve ter muito cuidado para não insistir na moralização para suportar o que é injusto e contrário à perfeição, pois desta forma ele faria da mortificação necessária para a obtenção de virtudes mais sólidas a arma mais poderosa na mão de alguém que, usando apenas o hábito do monge, seria um sério obstáculo à perfeição. Pois o erro é suportável nos fracos, não nos perversos.

Sobre a caridade (2)

A caridade exige que também devemos dar nossas vidas por nossos irmãos. Uma virtude tão grande exige não apenas o maior compromisso, mas também o dom de Deus, pois, como diz o Senhor, nada podemos fazer por conta própria (cf. Jo 15,5), mas podemos alcançar uma virtude tão elevada. Caridade é amor sincero para todos, para que nos tornemos verdadeiros amigos de nosso próximo. A Sagrada Escritura diz com razão que aquele que encontra um amigo encontra um tesouro. Para considerar como são os amigos. A amizade acontece não tanto por causa do hábito de vida, mas por causa das afinidades entre as pessoas, que se tornam tão próximas que podem confiar umas nas outras. E, claro, as diferenças e os contrastes não são descabidos, mas em tempos de necessidade, a comunhão de almas prevalece sobre tudo. O fato de que o próprio Senhor nos tomou por amigos (cf. Jo 15,15) e companheiros nos compromete a um conhecimento mútuo dos dons que Deus concedeu a cada um, para que nasça e cresça a estima, que mantém o amor mútuo; estima e amor de tal modo consolidados lhe darão a franqueza para ajudá-lo a superar suas deficiências e, ao mesmo tempo, a capacidade de suportar o que não podes corrigir. Ninguém deve perder seu caminho, ou seja, chegar à casa de Deus seguindo o mesmo caminho que os santos que nos precederam neste caminho. A pureza da regra deve ser preservada em todos os momentos. Ai de mim se cada um se tornar sua própria regra! Ai daqueles que não querem reconhecer suas falhas e corrigi-las, é-lhes permitido viver de acordo com seu próprio gênio, exigindo de outros que são fiéis a sua vocação tolerância para com aqueles que a traem e não querem se corrigir. Leia o que o Apóstolo ensina sobre aquele que escandaliza a comunidade: "Que este seja entregue a satanás para ruína de sua carne, para que seu espírito possa obter a salvação no dia do Senhor. Não sabes que um pouco de fermento faz toda a massa fermentar? Tirai o fermento velho, para que sejais massa nova, pois sois pães ázimos" (1Cor 5,5-7). É preciso estar sempre preparado para suportar a morte dos outros, dando a vida por seus amigos e até mesmo pelos vizinhos, mas na verdade. Portanto, não deixe que aconteça que o irmão que vive ao seu lado cometa um erro e, tendo notado isso, não digas nada, porque então serias culpado por ele, não tendo feito nada para impedi-lo de cair no poço.

A caridade exigida de cada pessoa é diferente, de acordo com sua condição e ofício. E quando dizemos diferente não queremos dizer que um amor diferente é exigido de cada um; pois nosso Senhor pede a todos que amem como Ele amou, isto é, sem medida. Ao contrário, a diferença diz respeito à forma como ela é exercida, uma vez que o dever para com o próximo difere de acordo com o ofício e a condição. Não estaria, portanto, de acordo com a caridade para quem tem um escritório omitir o que ela exige dele, de modo a não entrar em conflito com alguém que não o respeita. Se isto acontecer involuntariamente e por acaso, sem causar danos, ele considerará se deve tomar cuidado; se acontecer por descuido e hábito, ele deve intervir para instruir aqueles que são mal-orientados; se acontecer por malícia, mesmo uma vez, ele deve avisar aqueles que erram para corrigi-los.

O monge sacerdote

O monge sabe bem que aquele que foi chamado a seguir o Cordeiro imolado é convidado a participar com Ele não só na glória, mas também na paixão, pois a veste que ele veste se tornou branca ao ser lavada no sangue de seu Senhor (cf. Ap 7,14). Portanto, se ele quer provar a alegria íntima de ser amigo do Senhor a quem serve com devoção todos os dias, ele deve, como diz o Apóstolo, "completar em sua carne o que falta no sacrifício de Cristo por causa de seu corpo, que é a Igreja" (Cl 1,24), e isto é especialmente verdadeiro se ele é um sacerdote. De fato, antes de ser ministro do sacrifício de Cristo nosso Senhor, por causa do batismo pelo qual Ele se tornou misticamente seu corpo, o sacerdote, em virtude de sua condição atual, está associado a Ele em sua morte e ressurreição; por esta razão ele tem o poder de celebrar os mistérios em seu nome e com a unção do Espírito Santo. Quanto mal é feito à Igreja pelos padres que administram as imensas riquezas da paixão, morte e ressurreição do Senhor, como faria um mercador, que não tem nenhuma afeição nem àquilo que maneja, ainda que precioso, nem ao senhor a quem serve, a não ser pela utilidade que pode disso retirar. O sacerdote, por outro lado, não é mais santo que seus irmãos e, em muitos casos, muito menos virtuoso que eles. O sacerdote, por outro lado, embora não mais santo que seus irmãos, e em muitos casos muito menos virtuoso que eles, deve lembrar que, se deseja ser digno de seu ministério, deve esforçar-se para participar pelo menos de uma vida austera, se não penitente, como seria apropriado, na vida e missão de Cristo, que em sua vida terrena, como ensina o Apóstolo, "esvaziou-se a si mesmo, tomando a forma de um servo e tornando-se como os homens; tendo aparecido na forma humana, Ele se humilhou e se tornou obediente até a morte, até a morte na cruz" (Fl 2,7-8). Como então ele se tornará um companheiro fiel de seu Senhor? Como ele também participará do destino de seu Mestre, de modo a estar com Ele em glória, desfrutando-o ainda agora administrando suas infinitas riquezas? O Apóstolo diz isso nas palavras que ouvimos: "Humilhando-se e tornando-se obediente", para que seu ofício, realizado com toda obediência, cuidado e devoção, se torne o altar sobre o qual ele estabelece sua vontade, seus desejos e tudo o que nele a natureza rebelde gostaria de guardar para si, fazendo-se, pela graça de Deus, uma pura vítima que lhe agrada. Agora preste atenção: na lei antiga, Deus ordena a Moisés que o cordeiro a ser sacrificado seja sem defeito e sem mancha. Se, portanto, desejas ser uma vítima digna, procurarás cuidar de si com muita oração e desejo incessante e, não menos, com o humilde exercício da virtude, de acordo com a regra e os ensinamentos do abade, os defeitos que conheces em ti mesmo e os que são por ele manifestados; e esse mesmo exercício já será o de partir com nosso Senhor pelo caminho da cruz para consumar o sacrifício que é desvinculado e tão agradável a Deus, porque dele proveio a salvação ao mundo. Se queres reconhecer o milagre da salvação de Cristo, então és tu mesmo que deve torná-lo presente e eficaz hoje, consumando seu sacrifício, oferecendo-se ao Senhor, tanto agradecendo-lhe como vivendo sua vocação, e também acrescentando-lhe o que o abade lhe permitiu sacrificar, para que possas sentir mais plenamente, mesmo em sua carne, a graça de ter sido chamado a seguir o Senhor como um companheiro em sua paixão e missão. Isto é suficiente por enquanto para compreender que não se pode ficar satisfeito com a mediocridade, mas sim buscar a perfeição, como diz o bem-aventurado Tiago: "Quem fixar seu olhar na lei perfeita (isto é, a caridade), a lei da liberdade, e permanecer fiel a ela, não como um ouvinte esquecido, mas como alguém que a põe em prática, encontrará sua felicidade em praticá-la" (Tg 1,25); e o Apóstolo Paulo também encoraja os fracos dizendo: "Tendo deixado de lado tudo o que é oneroso e o pecado que nos assola, corramos com perseverança na corrida que nos espera, mantendo os olhos fixos em Jesus, o autor e consumador da fé". Em troca da alegria que lhe foi colocada, Ele se submeteu à cruz, desprezando a ignomínia, e sentou-se à direita do trono de Deus. Pensai cuidadosamente naquele que suportou uma hostilidade tão grande dos pecadores contra si mesmo, para que não vos canseis e não desanimeis" (Hb 12,1-3). Portanto, como verdadeiro amigo de Cristo nosso Senhor, não busque o que os homens gostam e procuram com todo desejo, como a honra mundana e a riqueza, que alimentam o orgulho, mas o que os aproxima do Senhor: oração incessante, serviço humilde, mortificação generosa combinada com a paz amorosa do coração.

Salvar o mundo

Não pense que o desejo de salvar o mundo é demais; pense nele antes como um presente de Deus. Pois nem uma vez o Cordeiro que tira o pecado do mundo exortou os discípulos a segui-lo no caminho para o sacrifício que traz salvação a toda a humanidade. Se, portanto, não puderes acrescentar nada à oferta do Filho, sacrificando-se, estarás, no entanto, unido a Ele neste que é o mais alto de todos os empreendimentos. Leia o que diz o evangelho: ao passar, Ele chamou seus discípulos para segui-lo no caminho. E para onde Ele iria, se não para a Montanha Santa, na qual o próprio Pai, como Abraão, imolaria o sacrifício? O Cordeiro inocente, portanto, de passagem, chamou e continua a chamar companheiros, para contar-lhes no caminho tudo o que ouviu de seu Pai. O que Ele ouviu do Pai? O plano de restaurar todas as coisas nele e de fazer dos homens o louvor de sua glória (cf. Ef 1,14), e de estar com Ele no céu, no lugar preparado para eles. E Ele chama seus amigos porque quer sentar-se com eles à mesa e dar-lhes, por eles e por todos, o pão que vem do céu e dá vida ao mundo, e que eles possam estar com Ele e ver com Ele pelo menos por uma hora, e ser testemunhas e participantes do amor que Ele tem pelo Pai e por toda a humanidade. Aos que Ele chamou, representados pelo corpo sob a cruz, Ele quer confiar a sua Mãe, e a ela quer dar os seus como filhos, para que seus tesouros pertençam uns aos outros e permaneçam unidos na expectativa do Espírito que Ele pretende enviar, para que possam continuar sua obra e levá-la a bom termo. Finalmente, Ele queria amigos e pediu ao Pai por eles, a fim de confiar-lhes a tarefa de perpetuar sua memória. Ele, com efeito, concluiu a ceia dizendo: "Faça isso em memória de mim". E isto Ele comandava, não como se comanda um servo, que não sabe o que seu pai faz, mas como se comanda um amigo, para quem Ele não tinha segredos, e que o conhece, e que, estando com Ele, compartilha sua missão, não como um companheiro distraído, mas como alguém que sente intimamente a responsabilidade. Assim foi com os apóstolos, que, ainda não tendo recebido o Espírito, fugiram no momento do julgamento, mas deram seu belo testemunho quando, fortalecidos pelo dom do alto, enfrentaram a boa luta, como seu Mestre. Não deve ser o mesmo para aqueles que, depois dos apóstolos, o Senhor chamou para serem sacerdotes de seu santíssimo mistério? Aqueles que Jesus Cristo nosso Senhor chama de sacerdotes não são administradores das infinitas riquezas de sua morte e ressurreição, como se fossem servos de um comerciante que, de pé em sua loja, dá os preciosos bens de seu senhor, sem se importar com nada, exceto com o lucro que possa vir a eles pelos favores que prestam. Os sacerdotes do Senhor, tendo recebido seu espírito, foram escolhidos sobretudo para serem seus companheiros em sua paixão, e cumprirão a tarefa de celebrar sua memória se não celebrarem os mistérios como servos, mas derem testemunho deles, celebrando-os antes de tudo em sua própria carne, para que todo aquele que os vê possa dizer que, mesmo sob a imagem pálida e monótona do sacerdote, sente a presença daquele que o tomou por amigo e mensageiro. Aqueles que aspiram ao sacerdócio devem, portanto, ter muito cuidado e saber que desejam um dom muito alto, já que o sacerdote é, acima de tudo, um companheiro e parceiro do Senhor em sua paixão. Que não busquem, portanto, privilégios, nem a honra que acompanha seu serviço, pois não lhes pertence, e nunca devem sentir que lhes é dado, mas ao Senhor, a quem a bondade dos fiéis, pela graça de Deus, pode ver neles, apesar de sua miséria. Que não busquem outra coisa senão servir do último lugar, lembrando seu Mestre que, cingindo seus lombos, lavou os pés dos discípulos, como convém ao último dos servos. E que não se sintam satisfeitos se todos os dias, imitando o Mestre que voluntariamente deu sua vida, também eles não oferecerem voluntariamente, pelo sacrifício eucarístico, algum sacrifício de sua própria carne por mortificação voluntária, para que possam dizer, como o bem-aventurado Paulo, que são imitadores de Cristo. Se aquele que foi chamado pelo Senhor tenta imitá-lo em seu sacrifício, mesmo que sua miséria perdure, no entanto algo da santidade daquele que o enviou para trazer o evangelho em seu nome será percebido nele: ele será como certas rochas ásperas e vis que contêm pedras preciosas. A santidade de Deus aparecerá ainda mais em sua pobreza, e isso, não as artes do homem, os atrairá para o Salvador de nossas almas; então acontecerá aos homens como ao buscador de ouro e gemas que, sabendo que pode encontrá-los porque viu seu esplendor, não pensa em afundar-se no lodo ou em consumir-se em rochas muito duras, tendo seu coração e seus olhos fixos no tesouro que certamente encontrará.

Necessidade do sacrifício

A necessidade do sacrifício pelo pecado é atestada pela Escritura quando ela diz que aquele que cometeu um pecado deve oferecer um sacrifício e o pecado será perdoado (cf. Lv 5,7-10). E o bem-aventurado Paulo ensina acerca de Jesus que Ele "parecia pagar o pecado com o sacrifício de si mesmo" (Hb 9,26). Os antigos ofereciam animais ou produtos da terra, que eram comidos no altar; desta forma eles prestavam homenagem ao Criador de todas as coisas, reconhecendo que só Ele é Senhor. Quando Jesus nasceu de Maria, Ele assumiu a forma humana e com ela tudo o que era próprio do povo santo: antes de tudo, a santa lei que Deus havia dado aos pais, pela qual o pecado é remediado pelo sacrifício. Querendo reconciliar o povo com Deus, Ele manifestou o que ouvira do Pai (cf. Jo 15,15) e enfrentou a descrença e a hostilidade do povo, que disse dele: "é um blasfemador" (Mt 26,65); por causa de sua fidelidade, Ele enfrentou a morte na cruz, na qual seus inimigos viram o sinal da maldição de Deus, como lemos: "Aquele que se enforca é uma maldição de Deus" (Dt 21,23). Mas essa morte, segundo a palavra dos profetas, foi o sacrifício dos justos: pois Ele, tendo suportado sem reclamar a vergonha que homens cegos e ímpios lhe haviam trazido, como um cordeiro levou ao massacre, e tendo aceitado a morte nas mãos dos homens, tornou-se para todos nós redenção e salvação. Ao não se opor a tal crueldade, Ele mostrou quão grande é o amor de Deus, que "amou tanto o mundo que deu seu Filho único, para que todo aquele que nele crê não pereça, mas tenha a vida eterna" (Jo 3,16). Era necessário, portanto, derramar sangue para a reconciliação da humanidade? Eu respondo que era necessário que o homem visse o amor com seus próprios olhos. E não há maior amor do que dar a vida (cf. Jo 15,13). Vejam, então, que não há e não pode haver amor sem derramamento de sangue; não há manifestação perfeita de Deus sem sacrifício. Ó maravilha inefável! Não é o homem que santifica a Deus, mas Deus sacrifica seu Filho para satisfazer a fome de amor do homem! Entre os homens há o Homem em quem Deus se agrada (cf. Mt 3,17), que ama seus filhos e os redime da morte, que veio ao mundo pela desobediência de Adão, pela perfeita obediência ao Pai. Ele enfrentou a hostilidade dos homens, que prepararam para Ele a morte da cruz. Contemplai agora o poder do amor: enquanto crucificado em meio ao sofrimento amargo, nosso Senhor Jesus orou e disse: "Pai, perdoa-lhes, porque não sabem o que fazem" (Lc 23,34). O sacrifício se torna uma voz irresistível movendo o Pai à paixão. Ele clama a Ele, o mais belo dos filhos dos homens, "sobre cujos lábios se derrama a graça" (cf. Sl 45,3); Ele reza e obtém para seus irmãos a graça da condenação que pairava sobre eles. Morrendo na cruz, o Amor implora o Amor, para que aqueles que Ele chamou de amigos, sem nenhum mérito próprio, possam estar com Ele; por isso Ele pede que o pecado não lhe seja imputado. Mas se quiseres conhecer toda a extensão do mistério diante de ti, vede como Jesus, abandonado em sua paixão, vive na carne o que Ele é como o Filho de Deus. De fato, na Trindade, o Filho é uno com o Pai (cf. Jo 10,30), de modo que "o Filho não pode fazer nada por si mesmo, exceto o que vê o Pai fazer; o que Ele faz, o Filho também faz" (Jo 5,19). Ao se tornar homem, essa comunhão perfeita se manifestou como perfeita obediência para a salvação do homem, pois o Filho veio para que os homens pudessem "ter vida e tê-la em plenitude" (Jo 10,10). Essa comunhão perfeita, que na Trindade é expirada pelo Espírito Santo, manifesta-se no tempo, no abandono obediente e perfeito à vontade amorosa do Pai, e quando o faz, na cruz, alcança sua consumação na morte e se mostra como sendo o ventre do Espírito, que, derramado sobre toda a humanidade, trabalha efetivamente para dar vida plena ao mundo. Se, portanto, vês a cruz, vês a comunhão das três Pessoas Divinas. E não apenas vês, mas te é mostrado como entrar na Trindade: a obediência é o caminho pelo qual o Espírito Santo transforma a criatura, tornando-a perfeita ao formar sua vontade com a de seu Criador e Senhor, e a introduz em sua morada santa.

Para tornar isto mais claro para ti, escute novamente o que diz Jesus: "Eis que venho para fazer tua vontade", e o bem-aventurado Paulo comenta: "Dessa mesma forma, Ele suprime o primeiro sacrifício a fim de estabelecer um novo. E é precisamente por causa dessa vontade que fomos santificados, pela oferenda do corpo de Jesus Cristo, feita de uma vez por todas" (Hb 10,9-10). Jesus apareceu no mundo como as primícias da nova criação e, enquanto o primeiro Adão preferiu ceder à serenidade e desobedecer a Deus, o novo Adão permaneceu fiel por não ceder ao medo da morte. A obediência é, portanto, o verdadeiro sacrifício a Deus; vale muito mais que holocaustos e sacrifícios (cf. Is 1,11ss.). Se, portanto, a obediência de Adão trouxe a morte ao mundo, a obediência de Cristo até a morte trouxe a vida ao mundo. Portanto, aqueles que aderem a Ele pela fé também se esforçam para imitar sua fidelidade e assim entrar com Ele na Vida. O que então farás diante de tamanha bondade? Caso te recusares a enfrentar as provações que sempre acompanham a vida do homem na Terra, e que na verdade são aumentadas por aqueles que desejam seguir a Cristo, se isso lhe custar algum sacrifício? Ainda não entendeste que o sacrifício é sempre acompanhado de amor, que é a comunhão com o Pai em perfeita obediência? Pois a vontade de Deus não é a dos homens, e sempre encontrará a implacável hostilidade daqueles que não a compreendem e a acolhem bem.

Sobre a oração do sacerdote

Que o sacerdote entenda bem que o Senhor o chamou para "estar com Ele" (Mc 3,14), para que ele se afaste de sua presença apenas para anunciar o evangelho. Se, portanto, perguntares o que significa "estar com Ele", pense na noite em que Ele foi traído, quando o Senhor pediu a seus discípulos que ficassem de vigília por pelo menos uma hora. Era a intenção do Senhor chamar seu próprio povo para lutar com Ele naquela hora decisiva pela salvação do mundo. E para que saibam que a luta que então começou continua pelo tempo, Ele acrescenta: "O espírito está pronto, mas a carne é fraca", e diz novamente, para que cada um se convença que é necessário orar continuamente, sem cansaço (cf. Lc 18,1): "Vigiai e orai, para não cairdes em tentação" (Mt 26,41), e também: "Vigiai e orai sempre, para que tenhais força" (Lc 21,36). Finalmente, se quiseres saber qual foi a oração do Senhor, leia e desfrute o que o evangelho escreve sobre ela: "Fiz conhecido o teu nome àqueles que me deste do mundo", diz ele, e ainda: "Pai santo, guarda em teu nome aqueles que me deste, para que sejam um, como nós somos" e novamente diz: "Pai, que aqueles que me deste estejam comigo onde estou, para que compartilhem da glória que me deste; pois me amaste antes da fundação do mundo" (Jo 17,6.11.24). Que grande amor! Ele nada pede por si mesmo, mas pede por seus amigos, que é o que Jesus nosso Senhor chamou de seus discípulos (cf. Jo 15,15). Ao deparar-se com ladrões, deteve-se entre eles, que, durante a noite, como leões rugindo, vagavam à procura de quem devorar, e os discípulos, como o bom pastor que não foge à aparência do lobo, mas defende suas ovelhas com sua vida. De fato, Ele ofereceu sua vida voluntariamente para a salvação do rebanho, tendo recebido esta ordem do Pai (cf. Jo 10,17-18); dessa forma Ele ensinou aos discípulos não somente em palavras, mas ainda mais em ações, que somente "quem perder sua vida a encontrará" (Mt 10,39). A oração do Senhor não parou, portanto, quando o sofrimento começou, mas continuou mais intensamente, até a cruz, onde continuou a interceder pelos pecadores não só com seu espírito mas com toda sua carne, sacrificada como um sacrifício, dizendo: "Pai, perdoa-lhes, pois não sabem o que fazem" (Lc 23,34). O cordeiro, levado ao abate sem reclamar, agora levantava sua voz em defesa de seus assassinos: enquanto o sangue corria para baixo para dar vida à terra, a voz subia acima dos céus, até o trono do infinito poder. Poderia o Pai ter resistido à oração do Filho cujo sangue, em vez de clamar por vingança como o do justo Abel, era mais como um rio insuportável à ira de Deus? Agora contemple e compreenda: quando subir ao altar para celebrar os mistérios divinos, estarás renovando a paixão do Senhor até que Ele venha (cf. 1Cor 11,26). Esqueceste de que foste escolhido pelo Senhor como um amigo, para renovar sua memória diante dos olhos dos homens?

Ele disse: "Fazei isto em memória de mim", e se referiu ao que Ele tinha feito à mesa, mas Ele também quis dizer tudo o que estava destinado à mesa, ou seja, toda a sua paixão e, na verdade, toda a sua vida pela salvação do mundo. Pense então: o Senhor constituiu os apóstolos para celebrar sua "memória", talvez quisesse dizer que se limitavam a repetir como servos distraídos de gestos aprendidos pelo hábito? A participação íntima no que está acontecendo com o amigo não é um tanto solicitada a um amigo? Aquele que celebra os mistérios não levará os sinais disso em sua própria carne? Acaso deixarás o apóstolo ir sozinho para o martírio? Pois o Apóstolo Paulo, falando de si mesmo, diz: "Alegro-me em meus sofrimentos por vós, e completo em minha carne o que falta aos sofrimentos de Cristo em seu corpo, que é a Igreja" (Cl 1,24), e então, dirigindo-se a todos: "Exorto-vos, pois, irmãos, pela misericórdia de Deus, a oferecer-des vossos corpos como sacrifício vivo, santo e agradável a Deus; este é o vosso culto espiritual" (Rm 12,1). Não aceitarás, então, o conselho do Apóstolo? Não te oferecerás a Deus, em união com Cristo nosso Senhor, "como sacrifício de suave odor"? (Ef 5,2). Vede, então, como pela imposição das mãos foste assimilado àquele que te tomou como amigo e te investiu misticamente em sua missão, que consiste não só em pregar o evangelho e celebrar os mistérios, mas em mostrar viva a imagem do Filho (cf. Gl 3,1), para que os homens, vendo como é grande o amor de Deus, possam acreditar. Não queres também repetir com o bem-aventurado Paulo: "Fui crucificado com Cristo. Não sou eu que vivo, mas é Cristo que vive em mim. Esta minha vida na carne eu a vivo pela fé no Filho de Deus, que me amou e por mim se entregou"

(Gl 2,19-20). Pois o próprio sacerdote é chamado a ser, em sua própria carne mortal, um memorial do Senhor. Entenda então como Ele não poderá dizer que cumpriu sua missão até que, subindo Ele mesmo à sua cruz, junte sua voz à da vítima inocente para fazer ressoar no tempo a irresistível invocação: "Pai, perdoa-lhes..." Este mistério aterrorizou os homens santos, quanto mais ele nos fará, ainda tão longe da santidade, sentirmo-nos mesquinhos! Quanta contemplação deve ser oferecida àqueles que se apresentam à ordenação!

O sacerdote, vítima de expiação em união com o Senhor

Que honra imerecida e sublime é ser escolhido como um amigo do Cordeiro que celebra seu casamento com sua Noiva vestida com o traje escarlate! Que confusão ver como o Cordeiro sem defeito e sem mancha não reconheceu a companhia de cordeiros com manchas escuras e cegos e coxos! Quem será capaz de lhes dar a perfeição que se exige das vítimas de um sacrifício? "Um coração contrito e humilhado não desprezais, ó Deus", diz o santo Profeta Davi (cf. Sl 51,19): porque o amor elimina um grande número de pecados (cf. 1Pd 4,8), e aquele que é salvo pela misericórdia recebe um coração novo, capaz de compaixão; porque o amor é o fruto maduro da gratidão. Entrou no mosteiro para entregar-se livremente à paixão com o Senhor; recebeu a graça de não parar na porta da casa de Ana; cruzou-a com o discípulo amado pelo Senhor, para entrar com ele em sua paixão (cf. Jo 18,16). Negarás isso agora? Por medo, recusarás ser um dos seus? Não sabes que quem quiser salvar sua vida a perderá, mas quem perder sua vida por causa de Cristo a encontrará depois de pouco tempo?

(cf. Mt 16,25). Vais te recusar a segui-lo? Acaso o amor não te chamou? O próprio Senhor o sustentará. Mas o sacrifício requer cordeiros sem defeito e sem mancha; o que isso significa, se não ter um coração cheio do desejo de ser purificado? Mas, dizei-me, o ouro não está purificado no cadinho? (cf. Sb 3,6). Haverá alguma vez uma purificação sem paixão? Portanto, sigam o Mestre enquanto Ele vai pelo caminho estreito; estejam com Ele diante dos principais sacerdotes do conselho; acompanhem-no à sala do trono; não desviem o olhar quando Ele for flagelado e coroado de espinhos e depois vilipendiado e humilhado. Fixe seu olhar nele quando Ele estiver camuflado em escarlate e escarnecido. Não pare, mas siga-o até o palácio de Herodes: observe-o com consternação enquanto é ridicularizado como o Rei dos reis e Senhor dos senhores. Sinta sua dor quando Ele é apresentado à multidão que grita "crucificação, crucificação". Fique ao seu lado quando Ele está carregado com uma cruz muito dura, que o esmaga com o imenso peso dos pecados de toda a humanidade e, se puder, levante um pouco seu peso, como fez Simão Cirineu. Contemplar seu rosto ferido enquanto ele é limpo por Verônica. Apegue-te a Maria naquele encontro terrível no caminho do Calvário. Ouça o que Ele diz às mulheres que choram e peça a misericórdia de Deus para ti e para todos. Deixe a compaixão invadir seu coração ao ver seu corpo mais puro, despido de suas vestes, vestido com o manto real de seu próprio sangue. Fixe seu olhar nos membros trespassados do Filho de Deus, ouça os golpes do martelo, as vozes desordenadas dos bandidos, os gritos dos opressores, veja o choro silencioso da Mãe, que logo será sua. Tente seu ouvido e escute a respiração suja, o perdão inefável concedido ao ladrão suplicante e a oração que se eleva do alto da cruz para ceder pelos pecadores. Receba o Espírito de Jesus moribundo, recolha o sangue e a água jorrando do lado trespassado do Cordeiro que tira os pecados do mundo. E então junte-se a José de Arimateia para recebê-lo em seus braços e, ainda mais, em seu coração, com amoroso respeito, o corpo de seu Mestre e Senhor; deposita-o na nova tumba preparada para Ele e, virando a pedra, pegue a mão dela que lhe foi dada como mãe e traga-a para sua casa. Fixando seu olhar no Senhor, o amor que purifica e cura crescerá em seu coração. Então, noite e dia, aguardarás a perfeição, temporizando com aquele que deu sua vida pelos ímpios, de fato por nós. A compaixão será o início daquela caridade necessária para ser um sacrifício vivo e agradável a Deus.

A partir disso compreendeis que vieste [ao mosteiro] para entregar teu espírito nas mãos do Pai (cf. Lc 23,46); pela oração, do trabalho duro, da comunhão perfeita com seus irmãos e irmãs e da obediência ao abade, vivereis e mostrareis a todos os que buscam a Deus o quanto Ele é grande, e quanta paz é desfrutada pelos filhos que, como o Filho, se confiam ao Pai. Tendo abandonado o mundo, te tornaste alguém que imitou o Cristo e o seguiu no deserto para lutar contra o demônio e vencê-lo. No deserto, deves te esforçar para te libertar mediante o silêncio, buscando conhecer o Senhor, e para lá voltando muitas vezes durante o dia, podendo ouvir sua voz e alimentar-se de sua palavra. Foste tornado sentinela para vigiar os inimigos que ameaçam a cidade de dia e de noite, e para superá-los com orações enquanto eles ainda estão longe. Deixaste o mundo para viver na companhia dos anjos que sempre contemplam a face de Deus, e para poderes lutar junto com eles de forma eficaz, intercedendo para que ninguém pereça na luta. Mas mais do que isso, recebeeste a graça de estar com Cristo em seu combate vitorioso. Ao vestir a roupa escarlate de sacrifício, que apresentas todos os dias, imitando o Mestre, que de boa vontade deu sua vida por muitos, porás os demônios em fuga. Se desejas, portanto, saber que sacrifício é agradável a Deus, considerai como nada é mais perfeito que a obediência. Pois é de Jesus que o Apóstolo Paulo diz: "Tornou-se obediente até a morte na cruz" (Fl 2,8); portanto, assim como o Senhor obedeceu ao Pai pela obediência a José e Maria em sua infância e juventude, e o obedeceu pela obediência à lei em sua maturidade; e como no passado Ele foi obediente ao sumo sacerdote e a Pilatos e mesmo aos soldados que o crucificaram, não lhes dando resistência, assim serás obediente ao Senhor de todas as coisas tantas vezes quanto for obediente ao abade, e com tanta frequência quanto dever obediência a seus irmãos como o último dos servos a seu amo. Assim, superando o orgulho com humilde obediência, colocará o demônio em fuga e salvarás a cidade; não tu, mas o espírito que vive em ti por meio da graça que recebeste.

Mais uma coisa devo te dizer para teu consolo. Consideremos como Jesus, que foi conduzido pela obediência à morte na cruz, foi então colocado no túmulo e ali, em segredo, já que ninguém pode ver a obra de Deus, o Pai restaurou sua vida, segundo o que lemos no mesmo lugar: "Por isso Deus o exaltou e lhe deu o nome que está acima de qualquer outro nome" (Fl 2,9). Será o mesmo para todos se, por obediência a Deus e ao homem, ele souber crucificar sua própria carne com suas paixões (cf. Gl 5,24): Deus então o levantará para que, vestido com a roupa branca, acompanhe o Noivo ao casamento.

A misericórdia é o caminho seguro para a perfeição

Ninguém se salva por si mesmo, nem a virtude assegura a vida do homem. O sábio diz amargamente: "Vaidade das vaidades, tudo é vaidade" (Ecl 1,2), com efeito "Há uma sorte única para todos, para o justo e para o ímpio, para o puro e para o impuro, para quem oferece sacrifícios e para quem não os oferece, para o bom e para o mau" (Ecl 9,2). Em vão, portanto, os escribas pensavam que sacrifícios, esmolas, jejuns e longas orações poderiam obter a salvação. Pois o homem é mortal e pecador; ele é como um escravo cujas obras, embora sejam reparações, não mudam sua condição, e não pode, portanto, libertar-se, muito menos salvar sua vida, pois só Deus é livre e vive para sempre, e aquele que é gerado por Ele. A lei foi dada para que Israel pudesse conhecer o modo de vida. Mas sabê-lo não é o mesmo que obtê-lo, assim como saber o caminho não é o mesmo que poder entrar no local de moradia. Somente para aqueles que são convidados a participar do casamento. Ninguém tem direito a ele, ninguém o merece, mas é somente por graça, como Jesus deixa claro quando se refere a seu pai dizendo a seus servos: "Ide às ruas e chamai todos os que encontrardes para o casamento" (Mt 22,9). Foi somente pelo mistério insondável de sua misericórdia, portanto, que Deus elegeu os amigos de seu Filho para o posto de filhos adotivos, dando-lhes sua própria vida. E quem são esses amigos do Filho? Eles são aqueles que sabiam que estavam condenados e acreditaram na palavra que os perdoou. E qual é essa palavra? É o que diz: "Hoje, estarás comigo no paraíso" (Lc 23,43). E a quem Jesus disse essa palavra pela primeira vez? Àquele que o reconheceu como Rei e Senhor, sabendo ao mesmo tempo que estava naquela condição por sua própria culpa, enquanto estava inocente e somente porque tinha querido, para estar unido em tudo com seus semelhantes. Isso significa que as obras não têm valor? Isso significa que as obras da carne não têm valor, mesmo que sejam de grande virtude. Por outro lado, as obras do Espírito são aquelas que tomam sua força da caridade, que é o próprio Deus. E a maior obra do Espírito, da qual todos eles dependem, é a fé; pois está escrito: "Que ninguém pode ser justificado diante de Deus pela Lei é porque os justos viverão pela fé". Agora a Lei não se baseia na fé; pelo contrário, ela diz que quem pratica estas coisas viverá por elas. Cristo nos redimiu da maldição da Lei, tornando-se uma maldição para nós, como está escrito: "Maldito aquele que está pendurado na trela, para que em Cristo Jesus a bênção de Abraão passe aos gentios e nós recebamos a promessa do Espírito pela fé" (Gl 3,11-14). A lei acusa aquele que a trai, mas não revela aquele que conspira o mal em seu coração. Deus, por outro lado, olha para o coração. Assim, alguns que parecem ser perfeitos por suas obras, como o fariseu no templo, são como sepulcros caiados, dos quais nada se esconde (cf. Mt 23,27), enquanto outros que parecem dignos de desprezo vão para casa justificados (cf. Lc 18,14). Agora, diga-me: Quantos homens, mesmo querendo obedecer à lei, sucumbem à sua própria fraqueza e humilhação? Deus irá julgá-los por seus frutos externos ou por sua compunção de coração? Deus é rico em misericórdia e treme de compaixão quando vê o homem fraco de pernas ou completamente enfermo, deitado em seu berço, ou cego ou surdo ou mudo ou leproso, que anseia por ser curado e já não tem nem voz para implorar por cura. Seu coração treme de compaixão e se curva sobre todos aqueles que em nome da lei são desprezados e distantes; seja o que for que nosso coração nos reprove, Ele nos tranquiliza dizendo que é maior do que nosso coração e conhece todas as coisas (cf. 1Jo 3,20). Não é o medo de incorrer em culpa que muda um homem de pecador para um homem justo, mas o amor: somente o amor sabe como dar vida ao coração e contém sua paixão. Aqueles que experimentaram o amor souberam o caminho para se tornarem bons. Porque o amor vence o medo; quem é alcançado pelo amor também sente que ele o satisfaz muito mais do que a vã alegria do vício. O amor cura, de fato, ele aumenta. Quantas vezes até homens virtuosos sucumbiram a tentações mesquinhas por causa do cansaço, das quais teriam rido em outros momentos! Isto nos faz perceber que nem todo o mal que é feito depende da vontade, porque mesmo uma vontade resoluta pode ceder sob o peso da paixão. Será então que o homem é um escravo das paixões e que não está em seu poder se libertar delas? Respondo dizendo que o homem está naturalmente inclinado a satisfazer as paixões e que precisa de uma educação longa e firme para resistir a elas, assim como precisa ser instruído cuidadosamente sobre os meios a serem utilizados para este fim e saber distinguir o bem do mal entre muitas coisas. Além disso, como é sabido, mesmo o homem mais perfeito ainda retém inclinações naturais que podem despertar quando menos espera, e a força interior que o impele a satisfazê-las pode facilmente tornar-se incontrolável se ele não se preocupar em respeitar sua própria fraqueza, ou seja, não se presumir e fugir, na medida do possível, de tudo o que o cansa além da medida. A graça de Deus sustenta quem a procura, mas não substitui o que o homem deve fazer com o bom uso de suas forças. A partir disso poderás ver que existem duas forças que levam um homem a cometer atos desordenados: a primeira está inscrita em sua própria carne, e seu domínio sobre ela depende do humilde equilíbrio com o qual ele é capaz de evitar o que poderia superá-lo (como o zelo indiscreto) e da educação com a qual ele aprendeu a contê-lo; a segunda depende da malícia, onde, embora ele conheça o mal e possa evitá-lo, ele o elege como bom. Vou dar um exemplo: há duas razões pelas quais um homem pode coxear: primeiro, porque seu pé dói; segundo, porque deseja dessa forma atingir algum propósito próprio, como seria enganar alguém pela cobiça. Excluindo o último, que, como todos podem ver, envolve a vontade, quanto ao primeiro, terá que ser visto se a dor em seu pé se deve ao fato de ser coxo, a uma ferida tratável, ou a um calhau em seu sapato. Se este for o caso, ele deve removê-lo o mais rápido possível, para que a dor diminua e ele possa prosseguir com seus negócios. Se for uma ferida tratável, é óbvio para todos como seria conveniente procurar ajuda médica. Se, por fim, o homem se mantivesse coxo por causa de um defeito natural, ele não teria motivo para se sentir culpado por seu andar coxo, mas deveria simplesmente compensar seu defeito, ajudando a si mesmo com muletas resistentes e pedindo a algum irmão que o apoiasse, quando até mesmo aqueles que já não se encaixam mais; pois como aqueles que tiveram experiência disso sabem bem, andar torto, por qualquer razão, machuca as costas, e ninguém que seja sábio se dá um mal que ele poderia evitar. Pelo exemplo, aprenderás como deves, se desejas sinceramente servir ao Senhor, tentar se livrar de tudo o que dificulta a caminhada. Por esta razão será de grande ajuda para abrirdes teu coração com simplicidade ao pai de tua alma, para que Ele, como um bom médico ou um bom mestre, possa amadurecer suavemente e poderosamente em ti o que permaneceu imaturo e conter o que cresceria fora de qualquer proporção sem restrições. Dessa forma compreenderás que a desordem, que deves sempre reconhecer humildemente, e isso te ajudará a te apresentares ao Senhor e médico de nossas almas com a confiança de alguém que, embora reconheça ter sido descuidado e até mesmo muitas vezes malicioso, confessa com confiança que está doente e enfermo e leproso e pede insistentemente para ser curado, propondo-se a manter cuidadosamente a palavra que o restaura à vida e a cultivá-la em seu coração. Pois quantos já vi que se afastaram do Senhor, vendo em si mesmos apenas a culpa invencível e em Deus apenas o juiz severo e não antes o médico de nossas almas. Ele é um juiz para aqueles que pecaram com malícia e não querem apelar à sua misericórdia, mas é um médico muito misericordioso para aqueles que vêm de longe cheios de confiança para pedir para serem curados e a ele dizem infalivelmente: "Sua fé te salvou". Quem primeiro tiver a experiência de ser curado pela misericórdia de Deus saberá ser bom e misericordioso. Mantendo sempre diante de si a imagem de suas feridas, ele sentirá profunda piedade por aqueles que seus irmãos e irmãs descobrem diante de seus olhos, e se absterá de julgar, sentindo antes o desejo de ajudá-los. Quem então cultivar os sentimentos de Deus dessa forma, sem ter consciência disso, será admitido nas câmaras mais internas de sua residência.

Tornai visível Aquele que está presente

O Senhor diz a seus discípulos: "Eis que estou sempre convosco, até o final dos tempos" (Mt 28,20). E os cristãos sabem muito bem que a Cabeça está sempre unida e visível a seus membros (cf. Ef 4,15-16), embora só a possamos contemplar com os olhos da fé. Na grande liturgia da Igreja, Ele, invisível aos olhos, é representado pela vela acesa, que penetra as trevas e guia o povo; é também representado pela água, na qual os que vão ser batizados são imersos, para que possam emergir como novas criaturas revestidas em Cristo; todos podem reconhecê-lo novamente no altar, no qual são colocados os dons, que pela ação do Espírito Santo se tornará uma oferta de graça a Deus e alimento para o povo peregrino. Todos podem ver o Senhor na assembleia dos crentes, que ao encher a igreja construída pela fé do devoto também estão formando visivelmente seu corpo santíssimo, sacrificado na cruz em louvor à glória do Pai (cf. Ef 1,12.14). Mas o Esposo indissoluvelmente unido à Igreja, sua Noiva, é tornado visível pelo padre, especialmente quando, unido a todo o povo, ele celebra os santos mistérios. O sacerdote não é Cristo, nem pode presumir substituí-lo como mediador entre Deus e os homens, mas ele o torna efetivamente visível, para que ele seja verdadeiramente o complemento de Cristo Salvador. Vês, então, que dignidade te é dada e que responsabilidade assumes quando se apresenta para a ordenação? Não será suficiente para te libertares de todo pecado, mas serás obrigado a evitar qualquer coisa que possa obscurecer a imagem do

Senhor em ti. Tudo em ti deve ser uma lembrança do Senhor, de acordo com suas palavras, que repetirás cada vez que o Sacrifício que reconciliou a criação com o Criador for renovado: "... em memória de mim". Vivei e fazei tudo de tal modo que tudo em ti seja *memoria Domini.*

Sobre os ministérios do sacerdote: celebrar o sacrifício

É dever do sacerdote oferecer a Deus o sacrifício do Coração e Sangue do Senhor, repetindo, de acordo com sua ordem, o que Ele fez na noite em que foi traído. Pense naquele dia em que, diante dos olhos de toda Jerusalém e de todos aqueles que tinham vindo à festa de Cristo, o sacrifício foi consumado e reconciliou toda a humanidade com o Pai! Quantos entenderam isso? A Escritura nos fala de um que foi crucificado com Ele, que lhe disse: "Lembrai-vos de mim quando estiverdes em vosso reino" (Lc 23,42); e do centurião que o reconheceu como filho de Deus (cf. Mc 15,39). A estes, que eram os mais distantes, Deus lhes abriu os olhos, para que pudessem dar testemunho da verdade. Os amigos, por outro lado, tinham fugido, superados pelo medo. Mas naquele dia terrível, por causa da maldade dos homens, o véu foi levantado, e os ímpios puderam olhar para o Amor que criou todas as coisas e sustenta todas as coisas. Aquele que tinha sido prostrado com dores (cf. Is 53,10) era o mais belo dos filhos dos homens (cf. Sl 44,3), o Filho em quem o Pai se alegra (cf. Mc 1,11). Enquanto todos viam o horror, os anjos celebravam o amor infinito das Pessoas Divinas. E esse amor experimentado por Deus na condição humana elevou toda a humanidade e toda a criação ao seio da Trindade. Entenda então como é grande a celebração do sacrifício: tu, uma pessoa tão pequena, és feito um ministro de um mistério tão grande!

Bendito seja Deus, que esconde sua grandeza de nossos olhos, pois quem poderia alguma vez resistir? És como o humilde servo admitido na sala mais secreta do palácio. Não és muito mais do que isso: és o companheiro e o amigo que o Filho traz consigo na presença do Pai, como convém àquele que o Senhor associou à sua própria missão a ponto de confiar-lhe a tarefa de continuar no mundo, especialmente repetindo no tempo o que existe desde a eternidade.

Sobre os ministérios do sacerdote: interceder pelos irmãos

Os peregrinos que vêm ao hospital pedem alojamento e pão, mas muito mais para rezar; eles pensam de fato que os homens que morreram no mundo e são todos dedicados ao louvor de Deus podem interceder por eles e obter o que eles querem, antes de tudo o perdão dos pecados. É por isso que eles partiram em sua viagem aos túmulos dos apóstolos Pedro e Paulo: para obter a remissão de suas dívidas por intercessão dos santos apóstolos. Mas com igual confiança eles confiam nas orações dos santos cujas relíquias veneram e a quem dão esmolas, e dos monges que guardam seus túmulos.

Sobre os ministérios do sacerdote: reconciliar os pecadores

Que grande coisa, que grande ministério é o de reconciliar os pecadores! Preste atenção às palavras do profeta; ele diz: "Aspergirei água pura sobre vós e sereis purificados; purificar-vos-ei de toda a vossa imundície e de todos os vossos ídolos; dar-vos-ei um coração novo, porei em vós um espírito novo, tirarei de vós o coração de pedra e vos darei um coração de carne. Incutirei meu espírito em vós e vos farei viver de acordo com meus estatutos, e vos farei observar e praticar minhas leis" (Ez 36,25-27). Não é ele quem fala, mas o próprio Deus por seu intermédio. O pecado cega, paralisa os membros e se afunda na cova. Mas Deus, que é rico em compaixão, ouve o grito daquele que geme sob a escravidão do pecado e diz: "Mesmo que seus pecados sejam como escarlate, se tornarão brancos como a neve" (Is 1,18). Por esta razão, Ele enviou seu Filho ao mundo em busca do que estava perdido (cf. Lc 19,10): ao cego que gritou: "Que eu veja!", Ele respondeu: "Vai, tua fé te salvou" (Mc 10,51-52); Ele olhou para o paralítico e, falando ao seu coração, perguntou-lhe, quase implorando: "Queres ser curado"? E àquele que respondeu e confessou a solidão em que o pecado o havia confinado, Ele disse: "Levanta-te e anda", e acrescentou: "Sei que estás curado; não peques mais, para que não te aconteça algo pior" (Jo 5,6.8.14). E depois de sua ressurreição, aparecendo aos discípulos, ordenou-lhes que perdoassem os pecados, dizendo: "A quem perdoardes os pecados sereis perdoados, e a quem não perdoardes os pecados, não serão perdoados" (Jo 20,23). Aquele que perdoa os pecados dá vida aos mortos. Pense, homem, para aquele que se ajoelha e confessa que está morto, há um coração novo! Um coração capaz de amar o Senhor, por causa do grande amor que Ele lhe mostrou ao libertá-lo da morte.

Sobre os ministérios do sacerdote: enfaixar as feridas dos corações despedaçados

Os peregrinos que vêm ao mosteiro não pedem apenas abrigo e refresco. Muitas vezes eles pedem ao monge para ouvir pacientemente a história de sua dor, que eles despejam em seu coração como no coração de Deus. Muitas vezes a história de tantas injustiças e tristezas que pesam sobre o irmão a ponto de esmagá-lo, eles movem os sentimentos, de modo a sentir vivas as dores das quais a confiança é aceita. E surge o desejo, na verdade a necessidade de amarrar estas feridas, de reparar as rupturas, de acalmar com o bálsamo da caridade aquela dor que parece tão viva. E, não menos importante, na alma nobre surge a indignação com o mal que aflige tanto o homem que quebra sua confiança em Deus. Como podes ajudar aqueles que, entregando-se ao seu coração, buscam sua ajuda? Olhe para o Senhor e imite sua bondade: aceite em silêncio, com sua própria compaixão, toda a dor que é derramada em sua alma. Deixai cada pensamento de orgulho na justiça, e fazei vossas as dores que vos foram confiadas; suportai o peso deles, deixai que vos batam e vos firam, deixai que batam até a vossa fé, até que surja o grito sincero: "Vinde, Senhor Jesus" (Ap 22,20). Aceitar a impotência diante do mal como um presente, porque isso também é a cruz, o fundamento de toda vitória.

Sobre os ministérios do sacerdote: pregar

A pregação é a tarefa mais importante do sacerdote, porque abre os corações e as mentes ao conhecimento do Senhor, alimenta a fé e sustenta a virtude daqueles que o buscam com um coração sincero, se ele é humilde e sábio, e especialmente se o Espírito Santo o assiste. Portanto, ele deveria ser instruído nas coisas de Deus e nos caminhos da virtude, mas deveria ser ainda mais daqueles que cantam como o santo Profeta Davi: "Uma coisa pedi ao Senhor, e só isso busco, para habitar na casa do

Senhor todos os dias da minha vida, para provar a doçura do Senhor" (Sl 27,4); a lei do Senhor está sempre diante de seus olhos e em sua boca (Ex 13,9), estes meditam sua palavra dia e noite. Ele é a voz de Deus, que, como diz a Escritura, "faz a ferida e a amarra, fere-a e sua mão cura" (Jó 5,18). Ele terá que falar francamente e sem nenhuma consideração, lembrando-se do profeta que adverte: ai dos cães burros! (cf. Is 56,10). Acima de tudo, porém, suas palavras devem vibrar com o sotaque de um pai ou irmão, que encoraja exortando: "Provai e vede quão bom é o Senhor; bendito é o homem que se refugia nele" (cf. Sl 34,9).

Mas como ele pode falar de Deus se não fixou seus olhos em seu rosto?

Sobre os ministérios do sacerdote: abençoar

Há fiéis que, ao encontrar o monge, querem beijar sua mão e pedir para serem abençoados. Eles não param para considerar se o monge merece respeito por sua vida santa ou se ele deve ser culpado por não observar sua regra. Ao contrário, ele lhes aparece como alguém que, estando familiarizado com Deus, pode transmitir sua bênção, e eles a pedem com insistência e humildade. Ao aderir ao desejo dos humildes, tu mesmo te tornas mais humilde, pensando que foi feito um dispensador dos bens de Deus. Não se aborreça de ouvir aqueles que lhe pedem para invocar o Senhor sobre eles, como se fossem alguém que quer tomar posse do que tens. Pois Ele não te pede nada que te pertence, mas algo que é dele, porque é filho de Deus, e Ele te pede isso como convém a um servo que se encarrega de distribuir os bens de teu Senhor. Portanto, aderirás a ela com toda a benevolência, vendo quão humildemente eles te pedem um serviço para o qual teriam todo o direito de te comandar.

Sobre as imperfeições

Quando te apresentas ao Senhor e pede a Ele que cure tuas falhas, prestai muita atenção aos sentimentos que te movem. Na verdade, muitas vezes o pesar de não sermos tão perfeitos quanto pensamos que deveríamos ser vem mais do amor-próprio do que da verdadeira humildade. Quem não gostaria de ser irrepreensível em todos os aspectos? Por outro lado, nossa humanidade, por mais educada que seja para a virtude, sempre retém aspectos difíceis de dominar. Além disso, a perfeição que Deus deseja é mais a da caridade do que a que agrada aos homens, ou seja, a perfeição nas virtudes. Portanto, quando te voltares ao Senhor, peça-lhe que corrija tuas falhas no que obscurece tua glória e não no que humilha teu amor-próprio.

Que seu zelo pelas coisas de Deus não te faça esquecer de Deus

Tende em mente que, quando estás ocupado com muitas coisas, não podes estar tão ocupado que teus pensamentos estejam apenas no que deves fazer; pois acabarias esquecendo aquele que o chamou para trabalhar em seu vinhedo. Serias como aqueles pregadores e professores que se destacam em falar de Deus, mas raramente falam com Deus. Da mesma forma, não deixes que teu zelo pela casa do Senhor o absorva tanto que te preocupes mais com a casa do que com aquele que nela vive. O monge que é sacerdote procure se esforçar para trabalhar pelo louvor de Deus e pelo serviço de seus irmãos, guardando seu coração tanto para a Cabeça quanto para seu Santo Corpo; isto é, que ele esteja pronto para louvar, assim como para restaurar a saúde de seus irmãos, cuidando diligentemente de suas feridas e restaurando sua vida, se eles a perderam, e enchendo-os com o único pão que os alimenta para a vida eterna. Leve a sério o que só pode ser realizado com a graça de Deus, muito mais do que o que requer esforço humano e riqueza de meios.

O coração faz a diferença

Mesmo no caso de homens eminentes, em muitos casos, embora o caminho para o bem e o que é expediente esteja claro na mente, a carne tende decisivamente para o lado oposto. As duas forças lutam ferozmente: a razão para alcançar o que sabe ser o objetivo mais nobre e mais desejável; a carne para satisfazer a paixão que a pressiona. É o coração que dá a ponta da balança de uma forma e não de outra, dependendo se ele está aberto ao amor do Senhor ou fechado em seus próprios interesses mesquinhos. Se queres um exemplo, pensai em um noivo e no quanto ele está disposto a se sacrificar em prol de sua noiva. Só o amor o torna capaz de renunciar a algo que poderia ser mais agradável ao seu gosto, já que lhe parece claro que obter a felicidade de sua amada é muito mais nobre do que satisfazer seus próprios desejos. Há também aqueles que estão inclinados ao bem que lhes é sugerido pela reta razão, mas apenas por orgulho, já que não suportariam ser, aos seus próprios olhos, menos do que julgam ser digno da estima humana. Este, embora possa parecer virtuoso, é vítima de seu próprio orgulho e não menos culpável do que aquele que cede à paixão. Como, então, podemos despertar em nossos corações aqueles sentimentos que podem levar ao bem? Respondo: cultivando um grande amor ao Senhor, detendo-se com frequência para contemplar os mistérios de sua vida na carne, seu nascimento em uma caverna miserável, sua vida pobre, sua paixão dolorosa; e considerando que tudo isso Ele fez por nós. Que o homem de sentimentos nobres considere novamente como é conveniente compartilhar o destino de um Senhor tão grande e tão bom, e como é doloroso para a grande alma viver em conforto e satisfazer suas paixões enquanto um Senhor inocente é tratado como o menor dos servos e condenado como um criminoso. Ele não ficará indignado com tal injustiça e não abandonará prontamente todos os seus bens e não estará ao lado de seu Senhor? Se estes pensamentos não são suficientes – como é o caso dos covardes –, considere pelo menos a tristeza daqueles que, fechando-se ao amor do Senhor, permanecem presos em sua própria mesquinhez.

Tu me amas?

Após sua ressurreição, Jesus apareceu a seus discípulos junto ao Mar da Galileia e perguntou três vezes a Pedro: "Simão, tu me amas?" E Pedro respondeu três vezes: "Sim, Senhor, sabeis que vos amo" (cf. Jo 21). Essa pergunta é a mesma que o Senhor dirige a todos aqueles que, tendo nele acreditado, começaram a segui-lo. É uma mensagem que deve tocar em nossos ouvidos sempre que a carne se sentir atraída por algo que seja contrário ao caminho percorrido. Pois a carne se prende facilmente àquilo que a atrai e, da mesma forma, é facilmente dominada e possuída por isto. Será muito útil para o monge pensar sobre a questão colocada a Pedro e, quanto mais ele se sente apegado a algo, repeti-lo a si mesmo, como se fosse o Senhor falando consigo, dizendo: "Por acaso me darias isto... me darias aquilo?..." Pensai nisto: os santos Padres que começaram neste caminho tiveram o cuidado de deixar todas as coisas materiais para trás quando entraram no mosteiro; e, tendo entrado, tiveram também o cuidado de deixar todos os afetos para trás, e, com o auxílio da mortificação, tentaram conter as exigências da carne. E por que eles fizeram isto? Porque queriam receber tudo somente da mão de Deus, que provê para cada uma de suas criaturas, como ocorre com as aves do céu e os lírios do campo (cf. Mt 6,26.28). Eles o fizeram novamente porque é fácil para a liberdade ser minada por tudo o que parece ser necessário, quando em grande parte não é, e é avidamente procurada e ciosamente guardada. Fizeram-no, finalmente, porque se está preparado para dar tudo ao seu amado. Portanto, não se pode ofertar a alma enquanto se guarda todo o resto; pelo contrário, se não se dá tudo, dificilmente se dará a alma. Portanto, pense que o Senhor, antes de perguntar a Pedro se ele o amava, mostrou-lhe o quanto Ele o amava primeiro, dando sua vida pelos amigos que Ele havia escolhido. Agora, diga-me, quem se sente tão amado, não desejará ele amar da mesma maneira? Aí reside a base da pobreza que abraçamos.

Nada poderá nos separar do amor

Nem mesmo o pecado pode nos separar do amor de Deus, muito menos separar Deus de nós. Acaso não veio para buscar o que estava perdido? (cf. Lc 19,10). Ele não se sentou à mesa dos pecadores, independentemente do que foi dito sobre Ele? (cf. Lc 15,2). Portanto, acredite com certeza que mesmo quando estiveres dominado pelo pecado, o Senhor de nossas almas não te abandonará, mas continuará a estar contigo, sofrendo contigo a vergonha de teu fracasso. Se, então, nem mesmo o pecado pode afastar Deus de nós, o que pode afastá-lo? Responder-lhe-ei imediatamente: a falta de confiança nele. Isso é o que o maligno insinua, sugerindo que Ele não aceitou sua oração pedindo-lhe que o libertasse da fraqueza de sua condição. É também o que entra em seu coração com a sensação de fracasso que o assalta quando percebes que não resististe vitoriosamente à provação. Então terás que lembrar que o Senhor sabe mais do que ti, que és apenas pó e cinzas (cf. Jó 30,19), e que, não menos importante, Ele te quis como amigo e companheiro. Ele agora é médico e quer curar tuas feridas. Ele se tornará um juiz inflexível se tu, fechando-te orgulhosamente sobre ti mesmo, recusares o cuidado que Ele quer te prestar. Pertences a Ele porque fostes resgatado pelo preço de seu sangue: Como Ele poderia abandonar uma criatura tão desejada e amada? Tu lhe pertences (cf. Is 43,1) por causa de seu amor por ti: como poderia aquele que é fiel no amor se cansar de ti? Dizei, então, como Tomé: "Meu Senhor e meu Deus!" (Jo 20,28), e vá resolutamente a Ele com a confiança das crianças (cf. Mt 19,14). E Ele, pelo perdão, curará as feridas em teu coração e serás cheio de gratidão, que é o primeiro fruto do amor. E esse amor, somente esse amor, será capaz de torná-lo capaz de recomeçar, mais humilde e alegre, e mais atento, sabendo onde a fraqueza da carne ainda pode conduzi-lo.

Como um servo bom e fiel

O que conta não é o julgamento dos homens, que valorizam as coisas de acordo com o prestígio que trazem ao fazedor, mas o cumprimento da vontade de Deus, que é o Senhor de todas as coisas, e que tem as eras e o tempo firmemente em suas mãos.

Ao contrário, pergunte se fizeste o que o Senhor te pediu, mesmo a menor das coisas, e não te mistures com aqueles que se dedicaram a coisas que, aos seus olhos, podem parecer mais importantes do que aquelas que lhe são exigidas. Ao invés disso, estejas disposto a servir humildemente aquele que vê no oculto, e Ele te recompensará (cf. Mt 6,4) como um servo bom e fiel é recompensado (cf. Mt 25,21). De fato, viver ao lado de um Senhor tão grande e bom já é a recompensa mais desejável e o mais querido dos tesouros, e participar com Ele do trabalho de fazer novas todas as coisas renovando os corações humanos por meio do humilde exercício da caridade é o ofício mais desejável. Certifique-se de estar perto do Senhor que o chamou para servi-lo, e seja fiel a Ele, para que, por sua familiaridade com Ele, possa chamá-lo de seu amigo. Portanto, busque o escondimento e regozija-te de que ninguém o perceba, pois quanto menos recairdes sob o olhar dos outros, mais livre estarás para se mover na casa do Senhor.

Sobre os perigos da solidão

A solidão exige uma grande vigilância. Na verdade, facilmente pode se insinuar o inimigo da natureza humana. Na solidão e no silêncio é mais fácil para o coração descer às profundezas da memória, reconhecer a bondade de Deus e, ao mesmo tempo, a sua própria ingratidão. Quando isso é motivado pelo bom espírito, leva ao amor a Deus nosso Senhor e a uma humildade mais profunda. Mas se falta vigilância, o maligno entra sutilmente e, parecendo seguir o caminho do bom espírito, estimula o intelecto a considerar, das coisas passadas, especialmente as dolorosas, e com tanta insistência que logo só essas coisas aparecem, de modo que a alma se prostra a ponto de, tendo esquecido os muitos sinais do amor misericordioso de Deus, sentir uma necessidade incontrolável de fugir de seu olhar não menos que do seu próprio. Isso para que o que começou como uma graça de consolo se torne, por falta de discernimento, uma profunda tristeza. É por isso que é necessário temperar a solidão com a vida fraterna. Portanto, ninguém deve se abster de recreação, exceto por uma razão séria, pois não é menos importante para o equilíbrio interior do que a oração. Do mesmo modo, que se mantenha vivo o diálogo com o abade ou o monge ancião que foi colocado a seu lado como guia; não pense que é inútil visitá-lo num momento em que lhe parece que nada perturba a paz de sua alma; pois cultivando a comunhão com seu pai e teu irmão afastas o maligno, segundo o que o Senhor diz: "Onde dois ou mais estiverem reunidos em meu nome, estarei em meio a eles" (Mt 18,20). Ele então lembra do exemplo daqueles pais que viviam no deserto em busca de Deus na solidão: eles também trocaram visitas frequentes e sem demora abriram seus corações ao que parecia digno de sua confiança em termos de santidade e sabedoria, para não recair no perigo de pensar demais em si mesmos, seja considerando que estão crescendo na humildade. Na verdade, nunca devemos perder de vista o que deixamos de saber: habitar na casa do Senhor e desfrutar da visão de seu rosto (cf. Sl 27,4.8). Portanto, o abade estará atento, e quando lhe parecer que alguém traz os sinais de tristeza em seu rosto, ele o chamará para si, convidando-o a confidenciar os pensamentos que obscurecem seu rosto. Ele fará o mesmo com aqueles que, por várias razões, evitam os irmãos e se isolam. Dessa forma, será capaz de evitar os perigos em que as ovelhas que não andam com o rebanho costumam incorrer. Aqueles que por alguma razão caem na tristeza tendem a se reunir com aqueles que estão na mesma situação e, começando por confiar suas ansiedades uns aos outros, logo acabam falando mal de todos, alimentando assim aquela tristeza da qual todo pecado nasce como uma erva daninha.

Como o Senhor purifica as almas adiantadas

O Senhor usa para purgar as almas adiantadas, tirando-as de sua vista e retirando-lhes todo o gosto que vem da comunhão com Ele; elas ficam com a memória de que foram consoladas, mas agora sem qualquer consolo; e isso torna mais forte sua perplexidade e mais pungente sua rejeição. E como a doçura que acompanha a memória das coisas agradáveis vem do homem, o fato de que o pensamento das coisas de Deus – que são acima de tudo doçura humana – não é acompanhado de consolo é um sinal de que ele foi tirado por Deus e que Ele está trabalhando. Em vez de consolo, portanto, eles veem todos os seus erros aparecerem incessantemente e crescerem; eles o veem novamente como se ele estivesse presente a eles e com a mesma vivacidade de quando isso aconteceu. Para onde quer que olhem, veem situações que há muito foram esquecidas voltarem à vida, como se no ato de serem realizadas. Torna-se tão tormentoso para elas se reunirem em oração, que a oração, que antes era desejada e vivida como um refresco do espírito, agora é vista com medo, e é muitas vezes um tempo de medo e escuridão. Mas o Senhor não deixa a alma que o procura sozinha, nem o faz esperar muito tempo. Pois é verdade que naquela escuridão o maligno faz suas emboscadas, mas não lhe é permitido fazer-se sentir o fedor de sua respiração e o eco de seu rugido, pois a alma permanece firmemente nas mãos do Senhor, que a purifica por meio daquela aridez, como se a fizesse passar pelo julgamento em que o acusador é a própria consciência, que tudo vê e tudo reconhece pela luz que lhe é dada. Então gostaria de ter sido bem diferente do que foi, e esse mesmo desejo é um dom do Senhor, que o dá a conhecer o bem a ser desejado e o mal a ser desprezado. Assim, por causa do desejo de ser diferente e virtuoso, e por causa da tristeza de não ter aceitado a graça em sua passagem, bem como da angústia de ver-se tão miserável, o Senhor cumpre seu julgamento e deixa a alma, tendo deixado o pântano escuro e assustador dos pecados, entrar no mundo silencioso de sua misericórdia. Este é o dom que os médicos chamam de conhecimento, ou seja, autoconhecimento e conhecimento de Deus como um pai bom e misericordioso, lento para a ira e pronto para o amor. Com efeito, o bem-aventurado Agostinho disse: "Que me conheça, que te conheça, Senhor". Não há tempo predeterminado para este juízo.

Os homens de oração fazem muito em pouco tempo

Há, de fato, alguns a quem o Senhor deu o dom de experienciá-lo em um instante, e o que lhes pareceu ser uma infinidade de tempo durou um piscar de olhos; e há outros a quem o Senhor dá esta vivência em muitas e variadas ocasiões ao longo de suas vidas. Mas o fruto, e ao mesmo tempo o caminho, que surge dessa vivência é a perseverança na oração e a abertura a uma misericórdia cada vez maior. E esse é o sinal seguro da ação do Espírito Santo. Pois há muitos santos que fizeram coisas excelentes: sabiam passar muito tempo em oração; dialogavam com os poderosos e os humildes com igual simplicidade; tinham obras de caridade em suas mãos e eram capazes de levar muitos a grandes empreendimentos, realizando as coisas da Igreja, ainda que ficassem quietos em seus próprios lugares. E tudo isso mantendo sua habitual amabilidade. Quando se ouve falar de tais exemplos, pode-se pensar que esses homens ilustres estavam sempre em meio ao tumulto, mas aqueles que testemunham isso testemunham o fato de terem vivido uma vida reservada e sóbria, embora ocupada. De fato, sua longa familiaridade com Deus lhes permitiu acertar o alvo sem demora, de modo que eles puderam fazer em pouco tempo o que outros não podem fazer em muito tempo.

* * *

APÊNDICES
Por vezes repetições

Sobre a oração

Será muito útil para ti reservar tempo para o Senhor na oração ao longo do dia e depois manter o que reservaste. Na verdade, muitas vezes é mais proveitoso estar com o Senhor sem fazer nada além de lhe oferecer uma breve companhia, como se faria com um amigo, do que orar no coro, embora isso seja da maior importância para o monge. O tempo em que permaneces na presença de Deus será um tempo de descanso e confiança, em que não é o diálogo ou o silêncio que são importantes, mas sim o estar juntos. Pense, então, que és como um dos santos do paraíso, embora agora seus olhos não possam contemplar o rosto de Deus, exceto pela fé; regozije-te, portanto, que te seja permitido deter-te por alguns momentos na condição que o aguarda.

E ainda assim não se deve esquecer que a oração pode ser muito pesada. O fardo pode vir de estar cansado ou de se ter o coração cheio de pensamentos. Mas também pode vir de Deus, que quer colocar seu fiel servo à prova e fazê-lo sentir dessa forma que a oração é, antes de tudo, um dom. De resto, como os santos bem sabem por experiência própria, Deus é misterioso: colocar-se em sua presença, somente quando se compreende o quanto é grande, faz sentir todo o seu peso, quase ao ponto de ser esmagado. De fato, muitas pessoas – mesmo monges de longa experiência – estão acostumadas a pensar em Deus da forma como elas pensam de um grande governante. Mas Deus não é apenas grande, Ele está envolto em mistério, e ninguém pode contemplar seu rosto. Justamente por isso, Ele nunca deixa de surpreender e também de decepcionar, sempre parecendo diferente do que se pensava. Este é o caso, por exemplo, do que acontece no mundo: muitas vezes até os homens piedosos são perturbados pelo que lhes parece incompreensível, como seria o caso de uma calamidade que atinge pessoas inocentes.

O sentido do dever

Na vida espiritual, às vezes nos sentimos ansiosos por projetos e compromissos. Por um lado, há o dever e, por outro, o medo de decepcionar aqueles (o Senhor acima de tudo) que esperam virtude de nós. Mas é precisamente no momento do julgamento que nossa incapacidade de cumprir um propósito ou de cumprir um compromisso que assumimos ou nos foi confiado se torna aparente. Naquele momento de evidente inadequação, a alma sente a dor de sua própria incapacidade, da decepção que sente ter dado àqueles que tinham expectativas, das possibilidades que claramente desaparecem por causa do "teste" malsucedido. Junto com a dor, há também a ira para com as próprias limitações, e também porque nos foi pedido algo que parece estar evidentemente além de nossas possibilidades e, portanto, pela humilhação que disso deriva. Se estais diante de uma prova, não te sentes à altura da tarefa, não há alternativa, mas se és "forçado" a enfrentá-la e sair perdedor, o resultado será apenas autoaversão e ressentimento por tudo (pessoas e circunstâncias) que causou o fracasso.

Este também é o caso na vida moral. Há tantas situações em que é impossível não perder, porque somos muito fracos e, portanto, não somos capazes.

Deus a ninguém pede o impossível. Ele conhece a alma humana e sabe que, mesmo que a intenção seja generosa, a força não é suficiente para superar o desafio. Foi o que Jesus disse a Pedro: "O espírito está pronto, mas a carne é fraca; orai, pois, para que não caiais em tentação" (Mt 26,41; Mc 14,38). Jesus nos exorta a pedir força a Deus, porque só Ele é mais forte que o pecado; Ele nos convida a ficar com Ele: "Vigiai comigo" (cf. Mt 26,40). Isto significa manter viva a memória dele, cultivar seus desejos, ser prudente e não desafiar suas próprias fraquezas. O Senhor não espera nada da criatura: seu amor permanece fiel mesmo quando o homem é um pecador; ao contrário, Ele ajuda as pessoas a crescer confiando nele, tirando dele a força para resistir ao mal e vencê-lo. Em termos concretos, isto começa com a oração constante, na qual o desejo de bondade e o afeto pela pessoa do Senhor se tornam cada vez mais claros e mais sólidos. Como é libertador poder dizer ao Senhor e a todos: "Eu não sou capaz"! Pense em São Paulo, quando ele escreve aos cristãos em Corinto, e está ciente de que ele é apenas um homem com falhas, com um caráter impetuoso e uma história que não carece de contradições: "Esta é a confiança que temos por intermédio de Cristo, diante de Deus. Não é que sejamos capazes de pensar algo como vindo de nós mesmos, mas nossa capacidade vem de Deus, que nos fez ministros adequados de uma Nova Aliança, não da letra, mas do Espírito; pois a letra mata, o Espírito dá vida" (2Cor 3,4-6). Isso mesmo, "nossa capacidade vem somente de Deus". Professemos, portanto, humildemente nossa incapacidade diante dele e diante dos homens, e lhe peçamos assiduamente que sustente nossa fraqueza, o deixemos vencer em nossa carne, para que fique claro que sua força triunfa precisamente na fraqueza. E então somos obedientes à palavra do Senhor: se tomarmos em nós sua palavra e fizermos dela nosso guia, teremos a alegria de ver o Senhor triunfar em nós. Mas mesmo quando a derrota nos aguarda e nos encontramos caindo, não percamos o ânimo, mas sejamos como aqueles atletas que estão engajados na batalha com um adversário muito mais forte do que eles: mesmo que eles caiam e caiam, eles se levantam cada vez e retomam a luta, para que fique claro que, embora o adversário possa vencer pela força do corpo, na qual somos inferiores a ele, ele não pode vencer em espírito, no qual somos certamente iguais, se não superiores. Toda conversão começa hoje, de fato começa incessantemente todos os dias. Cada vez, portanto, dizemos para nós mesmos: "A partir deste momento, começo uma nova vida".

O desejo de pertencer a Deus é o começo e a alma do caminho

Se as contradições persistem em nossas ações e fraquezas nos levam a cair, permaneça firme o coração e o desejo de buscar ao Senhor. Não ocorra, como acontece com alguns que, incapazes de levar adiante suas intenções e muitas vezes se encontrando de cara para baixo no pó, acabam se resignando e até mesmo indo ao ponto de justificar sua desordem dizendo que não há remédio e que afinal não é tão grave e talvez nem mesmo um pecado.

Como homens iluminados, que conhecem a verdade, é necessário distinguir o que é desordenado e, sem mesmo julgar o próprio coração, mas deixando isso para Deus, admitir a responsabilidade e confiar-se à misericórdia daquele que conhece todas as coisas e, precisamente porque o Senhor é um Deus tão grande e bom, fortalecer o desejo de agradá-lo em tudo e pedir insistentemente que Ele envie seu Espírito para que Ele possa conformar nossa vontade à sua e torná-la capaz de sentir e agir como Jesus sentiu e agiu. Se, portanto, a fraqueza pode facilmente nos desviar, que nossos corações permaneçam firmes no que é bom.

Sobre o discernimento

Não há necessidade de dizer quão importante é, mas não é tão praticado quanto parece, pois pressupõe a capacidade de descer às profundezas do espírito apenas com a luz da confiança em Deus. Isto é uma graça, primeiro de tudo, e depois também uma capacidade que poucas pessoas têm. O Apóstolo ensina que o discernimento é um dom do Espírito, por isso deve ser pedido com humildade e inteligência, com confiança e oração incessante, e procurando de todas as maneiras imitar Jesus nosso Senhor em nossas vidas.

O propósito do discernimento é conhecer a vontade de Deus a fim de colocá-la em prática. Portanto, antes de mais nada, é preciso ter o desejo de servir ao Senhor em todos os momentos e sem reservas. Para chegar ao discernimento mais importante, ou seja, para determinar o estado de vida no qual servir a Deus, é necessário aprender a reconhecer e avaliar as moções desencadeadas pelas circunstâncias que surgem na vida diária e em certas ocasiões em particular. Este processo pode muitas vezes ser longo e trabalhoso, mas sempre dará luz e muitos frutos.

Compreendeste, portanto, que o discernimento não se trata principalmente de ideias e planos, e que ele não é realizado com base em razões de bom-senso, ou seja, julgando as hipóteses em consideração de acordo com sua maior ou menor adequação para o fim proposto.

Um exemplo talvez clarifique melhor do que raciocinar o que eu quero ensinar-lhes.

Quando se prescreve a uma pessoa doente um remédio que é desagradável ao paladar, quando ela o toma não duvida se é conveniente para sua recuperação obedecer às ordens do médico; mas, embora ela não precise se convencer do bem que isso lhe fará, sentirá uma repulsa interior em tomar o remédio que, por seu gosto, é repugnante à natureza. Bem vês que mesmo que a mente adere à cura, no entanto o gosto é prejudicado e reage por mil razões para se opor à determinação de combater dessa forma o mal ou, pelo menos, reduzir ao mínimo o que é tão repugnante a ele.

Será fácil para ti aplicar o exemplo à vida espiritual. Aquele que quiser abandonar o caminho do pecado, embora esteja claro sobre o que lhe é mais conveniente para atingir seu objetivo e esteja determinado a fazê-lo, sentirá um mal-estar interior quando colocar em prática sua intenção, abandonando seu comportamento desordenado, ocorrerá um íntimo desassossego; com efeito, é próprio da natureza reagir a qualquer mudança que a priva de algo a que estava acostumada, e os próprios sentidos despertam uma espécie de tédio e sugerem à mente muitas sugestões com uma riqueza de argumentos, todos contrários às intenções que ela fez.

Portanto, como bem entendes, mesmo antes de se deter nos pensamentos, é importante considerar os movimentos e reconhecer a partir de que vícios eles são gerados, sabendo muito bem que o que é tocado se move, e se algo em nós se eleva à perspectiva de uma vida mais parecida com a de nosso Senhor, é certamente porque nas profundezas mais profundas e ocultas de nossa alma a raça do pecado havia criado raízes, pronta para alimentar novos rebentos assim que a oportunidade surgir. E não se surpreenda se tais considerações surgirem mesmo quando parece que os frutos amargos do pecado não amadurecem mais, porque a mediocridade é tão prejudicial ao progresso espiritual quanto, se não mais, o vício descarado. Portanto, prepare-se: a paixão não lhe dará uma pausa até que seja completamente erradicada. Não será suficiente podar os galhos ou cortar o tronco; será necessário arrancar as raízes e deixá-las por um longo tempo no fogo do amor de Deus, para que sequem e para que o que foi ocasião do mal possa alimentar o fogo da virtude.

Bem-aventurados os puros de coração...

No Sermão da Montanha lemos: "Bem-aventurados os puros de coração, porque verão a Deus" (Mt 5,8). Quem são os puros de coração? A própria palavra lhe diz: os puros de coração são aqueles que têm seu coração purificado pelo fogo. Na verdade, o fogo purifica os metais e tudo o que está infectado. E aquilo que é purificado não tem impurezas, mas é puro, ou seja, composto de uma substância. Compreendes, então, que os puros de coração são aqueles cujos corações são puros, purificados e em contínua purificação, muitas vezes com labuta e dor. E o fogo que purifica certamente não é o fogo da paixão pelas coisas humildes, mas o fogo que sempre arde no coração de Deus. Bem, eles verão Deus. Eles o verão quando o tempo tiver cessado e seus olhos estiverem abertos para a visão. Mas eles saberão ver Deus também em todas as coisas: saberão descobrir seus sinais, porque seu olhar será um mundo de interesse, e não terão outra preocupação senão aquela que acendeu com o fogo de seu coração o que arde em seu coração.

Sobre a tentação

A tentação, ou seja, o impulso para fazer o que parece estar desordenado, pode vir da malícia, dos maus hábitos da carne, e pode vir de fora, como uma incitação. Todos veem que a malícia não convém ao homem íntegro, que, portanto, terá o cuidado de corrigir seus próprios sentimentos para não abrigar os maus. Os maus hábitos da carne também devem ser educados; e isto não é tarefa fácil, especialmente quando as inclinações profundamente enraizadas devem ser contrariadas. Finalmente, a incitação externa requer a maior vigilância, e pode ser superada cuidando para não dar lugar a malícia ou paixões. De fato, a solicitação dos sentidos externos ou internos pode vir de fora, mas somente se eles forem expostos, como é o caso do imprudente. É, em resumo, como o homem que sai ao ar livre: será atingido pelo sol, pela chuva ou pelo vento; se, por outro lado, ficares em casa, sentirás o calor, mas o sol não lhe atingirá; sentirá a umidade do ar, mas não se molhará; ainda ouvirá o rugido do vento raivoso, mas não sentirá sua violência. Dirás: se permanecerdes em tua própria fortaleza, certamente será capaz de te proteger dos perigos, mas não desfrutarás das coisas boas que o Senhor preparou para suas criaturas. Considerai, então, que estamos falando de paixões, que são reconhecíveis pelo afã com que empurram e pela falta de medida com que se expressam. Os dons de Deus são para o homem, mas aquele que não é livre de coração facilmente, preso à riqueza dos dons, esquece aquele de quem eles vêm, de modo que ao invés de elevá-lo ao Criador, eles o distanciam dele. Por outro lado, aquele que tem o coração limpo desfrutará da luz do sol, refugiar-se-á tranquilamente no ventre da noite, regozijar-se-á com o frio da brisa... suportará pacientemente o que o irrita e o colocará à prova, lembrando que Deus educa, de acordo com a necessidade, com consolo ou com provação, mas nunca nos deixa sós.

Tendo dito como nos defender contra a tentação de fora, isto é, tendo exortado à prudência, evitando de todas as maneiras possíveis o que pode prejudicar nossa fraqueza humana, resta dizer como nos defender contra a malícia e a luxúria. Diríamos então que a maldade pode ser efetivamente defendida pela humildade. Evitando todo julgamento e considerando os outros como superiores a si mesmo, como ensina o Apóstolo quando diz: "Nada façais com espírito de rivalidade ou vanglória, mas deixai cada um de vós, com toda humildade, considerar os outros como superiores a si mesmo, não buscando o seu próprio interesse, mas também o dos outros" (Fl 2,3-4). Conjugando essa atitude a consideração do amor de Deus, que chega a todos com o mesmo amor pelo qual vive a Santíssima Trindade (o verdadeiro tesouro, que nunca será tirado), todos verão claramente que não há nada mais desejável e que é muito insensato desejar outras coisas e honra entre os homens. Pois a malícia extrai particularmente daquele amor-próprio que leva à crença de que se é superior aos outros e à inveja daquilo de que se sente injustamente privado.

Resta agora dizer algo sobre as paixões. Elas são boas em si mesmas na medida em que levam ao que é necessário para o homem, de acordo com sua natureza. Mas elas podem facilmente se tornar más se confundirem seu objeto ou levarem ao exagero. Considere o seguinte: o corpo, como a mente, precisa suprir suas próprias necessidades, mas isto não significa que devemos nos entregar ao gosto. Assim, por exemplo, com a alimentação: o corpo não precisa de nenhum alimento saboroso e pode ser nutrido simplesmente com pão. O homem não foi feito para estar só, mas para viver em comunhão com seus semelhantes: a amizade é, portanto, apropriada, mas não precisa ser expressa por meio de gestos que excedam a sobriedade. Mais uma vez, o homem precisa do que é necessário para o corpo e a mente, mas não tem necessidade de possuir mais do que é essencial. Aquele que, como o monge, escolheu voluntariamente a sobriedade em tudo o que é necessário para o corpo, como já dissemos, e com a graça da obediência permanece fiel, terá mais dificuldade de cair nas paixões superiores, ou seja, na inveja, na ira e na acédia (pelo menos em referência ao que é base e material). Resta para ele, entretanto, o gravíssimo perigo do orgulho, que paira sobre todos. Para ser protegido contra isso, será útil cultivar um grande afeto pelo Senhor crucificado e a nossa Mãe, Maria Santíssima, que é a mestra dos amigos de seu Filho.

O que é santidade?

Àquele que, quando perguntado, diz "Bom Professor", Jesus responde imediatamente: "Por que me chamas de bom? Só Deus é bom" (cf. Mc 10,17-18). Da mesma forma, apenas um é santo e só Ele pode dar santidade, assim como um é o sol que ilumina o dia e tudo o que brilha reflete sua luz. Pois bem, aqueles que, deixando o mundo, vieram em busca de Deus, sabem que o caminho para a santidade é a obediência à sua vontade. E se me perguntares qual caminho seguir, responderei imediatamente, lembrando-lhe das palavras do Senhor: "Eu sou o caminho..." (Jo 14,6). Jesus nos ensinou os sentimentos daquele que tem Deus como pai; vivendo na aldeia de Nazaré, Ele nos mostrou que não há lugar na terra em que a vontade de Deus não possa ser feita; por sua palavra Ele nos fez saber o que habita no coração de Deus, e pelo dom do Espírito Ele nos capacitou a segui-lo em obediência ao Pai, mesmo passando pela morte à vida. Portanto, compreendes que a santidade não é fazer grandes coisas ou possuir muitas virtudes (embora os amantes de Deus tenham muitas virtudes, muitas vezes sem se dar conta), mas amar a vontade de Deus mais do que a própria e realizá-la com simplicidade. E ser igualmente feliz se a coloca na vista de todos e traz as honras dos homens, ou se a deixa nas sombras, esquecida por todos e até mesmo em desgraça. Mas não se esqueça do Senhor, que com o mesmo coração ama cada uma de suas criaturas.

Somente Deus é santo, e quem faz sua vontade une-se a Ele tornando-se um templo no qual Ele habita. Dizes: Qual é a vontade de Deus? Mas se perguntares de que forma prática deve ser cumprido, então podes tomar a regra que professaste, vendo o mosteiro como o meio pelo qual Ele o guia com segurança para o objetivo que o espera.

Reconhecendo sua fraqueza, viestes à casa de Deus para caminhar por um caminho seguro, traçado por outros e já pisoteado por inúmeros santos. Não permaneceste no mundo, onde, mesmo à luz dos mandamentos de Deus, muitas vezes deve encontrar seu caminho atravessando florestas densas ou adivinhar seu caminho em lugares áridos. No mosteiro, tudo está bem-ordenado e o tempo harmoniosamente marcado pelo louvor de Deus. Aqui o monge é levado nas asas da águia (cf. Dt 32,11) e desfruta da certeza de estar em um caminho seguro. Mas, se isto não for suficiente, há obediência ao abade, que, no lugar de Deus, chama de volta ao caminho aqueles que se desviam dele, ilumina-os sobre o que permanece obscuro para eles em termos de suas faltas e, se necessário, corrige-os com bondade, como convém a um filho amado, pois, como diz a Escritura: "O Senhor corrige aqueles que ama, como um pai corrige seu filho amado" (Pr 3,12). Mas a própria obediência é o caminho para a santidade. Considere cuidadosamente o que nosso único Mestre ensina quando diz: "Eu não vim para fazer minha própria vontade, mas a vontade daquele que me enviou" (Jo 6,38). Aquele que segue o caminho marcado por sua regra e obedece ao abade, vive em seu coração a obediência que Jesus deu ao Pai. Vês quão pouco importa o objeto da obediência em comparação com a própria obediência. Portanto, santidade não se encontra em grandes empreendimentos, mas em fazer bem e humildemente o que Deus lhe pede, quer isto o coloque na vista dos homens ou o esconda dos olhos de todos.

Havia um convertido...

Ele não sabia ler e havia passado toda sua vida trabalhando nos campos. Quando voltava do trabalho cansado, se suas tarefas não o exigiam, ficava sozinho sob uma pérgola e sentava-se em um banco, olhando para os campos de onde voltava. Um cão se aproximava dele e se enrolava a seus pés. Ninguém se lembra de nenhuma palavra de sabedoria singular sobre ele, e ninguém pode dizer nada sobre ele a não ser que fez seu trabalho com zelo e foi calmo e bom. Em resumo, ele era um daqueles que ninguém percebe, exceto quando falham. Entretanto, do silêncio de uma vida longa e laboriosa, a memória daqueles que lhe eram próximos trouxe de volta imagens: sem saber como dizer nada sobre ele, aqueles que o haviam conhecido o retratavam dizendo que seu rosto estava sempre brilhante e, com o passar dos anos, embora tentado pelo trabalho e escurecido pelo sol, parecia calmamente belo; ele nunca dava nada e era feliz com tudo. Ele permaneceu fiel a seus deveres, cumprindo-os com simplicidade. Ele havia se tornado tão manso que os animais se aproximavam dele sem medo. Quando ele estava no lugar dos convertidos, ele não adotou uma postura piedosa. Ele era geralmente absorvido, com os olhos abatidos, nunca franzindo a testa. Na recreação ele se sentava entre os irmãos: raramente falava – e se o fazia era apenas em poucas palavras – mas estava atento ao que os outros diziam; nunca se mostrava entediado com as conversas dos outros; raramente sorria, mas sua expressão era serena. Muitas pessoas iam até ele nos campos sob algum pretexto, começavam por perguntar-lhe algo, depois abriam-lhe o coração ainda mais do que pensavam, e ele parava, embora o trabalho fosse urgente, e ouvia pacientemente, como se não houvesse nada mais importante ou urgente. Mas ele não demorava se alguém quisesse detê-lo com conversa fiada. Ele estava inclinado a repetir a mesma coisa repetidamente, ou seja, que Deus é bom e consola. Ele vivia de acordo com a regra sagrada e era obediente em tudo, não apenas ao abade, mas a qualquer irmão que o comandava. Em tudo ele se deixou guiar pela mão de Deus, sem se preocupar com nada, como uma criança nos braços de sua mãe (cf. Sl 131,2). E ao estar com Deus, ele tinha vindo para refletir sua luz; de fato, ele era como uma vela, que fica mais brilhante quanto mais é consumida e dá a luz mais intensa quando está prestes a se extinguir. A serenidade que ele exalava fazia lembrar o comerciante que havia encontrado a pérola de grande valor, ou aquele que, enquanto lavrava o campo, havia descoberto um tesouro (Mt 13,45-46). Em resumo, ele parecia para todos ser alguém que já havia encontrado o que procurava e tudo o mais lhe parecia ser nada.

O homem vale mais do que suas ações

Que pai não continuará a amar seu filho mesmo que ele cometa erros, e muito graves? Ele se lembra do Rei Davi, que vagueou pelo palácio gritando "Meu filho, Absalão"! (2Sm 19,1). Lamentou a morte de seu filho que, em rebelião, havia reunido um exército contra ele para tomar seu reino e sua própria vida. Seus olhos não viram a ofensa, e seu coração não estava cativo da ira, mas consumido com amor pela fruta que vinha de seus lombos. Pela grandeza de seu perdão, então, compreendes quão grande é o amor de Deus por suas criaturas. Ele perdoa até mesmo aqueles que crucificaram seu único Filho. Isto é algo que quem ama pode entender, pois está preparado para perdoar uma criança, um amigo ou um ente querido, mesmo que os erros sejam óbvios. Quanto maior o amor, maior a tristeza pela ofensa recebida; mas ao mesmo tempo, sem negar o mal feito, e de fato por causa dele, a generosidade do perdão será ainda maior. Pois aquele que ama sabe ver além do mal. Deus, que ama sua criatura e a vê na verdade, continuará a amá-la, mesmo que ela o rejeite e o ofenda, e correrá para ela assim que ela der a entender que quer voltar à casa do Pai (cf. Lc 15). O perdão de Deus é o sinal de seu amor fiel. E nosso Senhor nos ensina a fazer do perdão o sinal e a perfeição do amor. Quando um infrator é preso, a maior tristeza é que todos se afastam dele e não há ninguém que o ajude, pelo menos fornecendo-lhe comida. Muitas vezes são as mães ou esposas que, diante da reprovação e do ridículo daqueles que jazem nesses lugares desesperados, os visitam e tentam, mesmo com grande sacrifício, aliviar um pouco sua dor. O crime pelo qual eles foram condenados certamente não é escondido deles, mas seu amor é maior do que o mais sombrio dos crimes. Aqueles que amam continuam a olhar com os olhos do amor. Aquele que não ama, por outro lado, julga e justifica a dureza de seu coração pelo mal cometido por seu irmão, não percebendo que ao fazer isso ele mostra que seu coração não está menos disposto ao mal do que aquele irmão a quem ele bane de seu coração.

A felicidade do homem depende do que ele deseja

A felicidade do homem depende do que seu coração deseja. Aquele que deseja o que não tem está sempre ansioso e triste, e aquele que deseja o impossível será irremediavelmente melancólico e amargo. Pelo contrário, aquele que se contenta com o que tem e não deseja coisas além de suas forças (cf. Eclo 3,21) estará sempre em paz.

Aquele que sonha com as riquezas e honras deste mundo não pensa que um dia terá que deixar tudo isso para trás e que, pelo contrário, a possibilidade de ter o que muitos desejam tornará a verdadeira amizade mais rara para e o exporá à inveja e à má vontade daqueles que têm as mesmas aspirações?

Este perigo também existe para aquele que deixou o mundo para se dedicar apenas ao serviço de Deus. A virtude apreciada por Deus nem sempre é aquela que é vista e elogiada pelos homens. Se considerares que o objetivo da vida é a visão da face de Deus, podes facilmente concluir que é inútil considerar as coisas deste mundo. E se só Deus pode saciar a alma, então mais do que aquilo que pode pedir vanglória deve ser buscado, o que na carne nos aproxima mais do Salvador do mundo. Muito mais afortunado, portanto, e desejável, é o que pode ser considerado mais humilde e também o que é desprezado pelos homens.

O monge que mantém seu coração voltado para o Senhor e purificou seus afetos para que nada possa distrair seu olhar, este pode ser chamado até para os mais altos cargos, que não só não o prejudicarão, mas neles servirá a seus irmãos como convém ao menor e servo de todos (cf. Mc 9,35). Mas um coração que não é purificado, embora professe querer servir a Deus sozinho e até tente parecer resignado, revelará sua fraqueza com dureza. Por isso, quando descobrires que os desejos estão surgindo em seu coração, examine cuidadosamente se eles o levam a seguir o Senhor mais de perto na forma humilde de serviço não compensado, ou se, na forma de virtude, eles não suportam a tentação para as honras deste mundo. E lembre-se de que a sede por honrarias é como a sede por riquezas: nunca é saciada e certamente leva à perdição.

Soli Deo honor et gloria

Série **Clássicos da Espiritualidade**

- *A nuvem do não saber*
  Anônimo do século XIV
- *Tratado da oração e da meditação*
  São Pedro de Alcântara
- *Da oração*
  João Cassiano
- *Noite escura*
  São João da Cruz
- *Relatos de um peregrino russo*
  Anônimo do século XIX
- *O espelho das almas simples e aniquiladas e que permanecem somente na vontade e no desejo do Amor*
  Marguerite Porete
- *Imitação de Cristo*
  Tomás de Kempis
- *De diligendo Deo – "Deus há de ser amado"*
  São Bernardo de Claraval
- *O meio divino – Ensaio de vida interior*
  Pierre Teilhard de Chardin
- *Itinerário da mente para Deus*
  São Boaventura
- *Teu coração deseja mais – Reflexões e orações*
  Edith Stein
- *Cântico dos Cânticos*
  Frei Luís de León
- *Livro da Vida*
  Santa Teresa de Jesus
- *Castelo interior ou Moradas*
  Santa Teresa de Jesus
- *Caminho de perfeição*
  Santa Teresa de Jesus
- *Conselhos espirituais*
  Mestre Eckhart
- *O livro da divina consolação*
  Mestre Eckhart
- *A nobreza da alma humana e outros textos*
  Mestre Eckhart
- *Carta a um religioso*
  Simone Weil
- *De mãos vazias – A espiritualidade de Santa Teresinha do Menino Jesus*
  Conrado de Meester
- *Revelações do amor divino*
  Juliana de Norwich
- *A Igreja e o mundo sem Deus*
  Thomas Merton
- *Filoteia*
  São Francisco de Sales
- *A harpa de São Francisco*
  Felix Timmermann
- *Tratado do amor de Deus*
  São Francisco de Sales
- *Espera de Deus*
  Simone Weil
- *Contemplação num mundo de ação*
  Thomas Merton
- *Pensamentos desordenados sobre o amor de Deus*
  Simone Weil
- *Aos meus irmãozinhos*
  Charles de Foucauld
- *Revelações ou a luz fluente da divindade*
  Matilde de Magdeburg
- *A sós com Deus*
  Charles de Foucauld

- *Pequena filocalia*
  Jean-Yves Leloup
- *Direção espiritual e meditação*
  Thomas Merton
- *As sete palavras do Cristo na cruz*
  São Roberto Belarmino
- *Tende o Senhor no coração*
  Mestre de São Bartolo
- *O Pão Vivo*
  Thomas Merton
- *O enraizamento*
  Simone Weil
- *Na liberdade da solidão*
  Thomas Merton
- *O sermão do Senhor na montanha*
  Santo Agostinho

Conecte-se conosco:

- **f** facebook.com/editoravozes
- 📷 @editoravozes
- 🐦 @editora_vozes
- ▶ youtube.com/editoravozes
- 💬 +55 24 2233-9033

www.vozes.com.br

Conheça nossas lojas:

www.livrariavozes.com.br

Belo Horizonte – Brasília – Campinas – Cuiabá – Curitiba
Fortaleza – Juiz de Fora – Petrópolis – Recife – São Paulo

EDITORA VOZES LTDA.
Rua Frei Luís, 100 – Centro – Cep 25689-900 – Petrópolis, RJ
Tel.: (24) 2233-9000 – E-mail: vendas@vozes.com.br